フレーゲ哲学の最新像

ダメット、パーソンズ、ブーロス、ライト、ルフィーノ、ヘイル、アクゼル、スントホルム

岡本賢吾、金子洋之 編

NEW PERSPECTIVES ON FREGE'S PHILOSOPHY

双書現代哲学 5

keiso shobo

"THE CONTEXT PRINCIPLE: Centre of Frege's Philosophy" in Logik und
Mathematik, Frege-Kolloquium Jena 1993. pp. 3-19 by Michael Dummett
Copyright © 1993 Michael Dummett
Permissions arranged with Walter de Gruyter GMBH & CO. KG through The
English Agency (Japan) Ltd.

"Frege's Theory of Number" by Charles Persons in PHILOSOPHY IN AMERICA
edited by Max Black (pp.180-203).
Copyright © 1965 by Cornell University Press

"The Consistency of Frege's Foundations of Arithmetic" by George Boolos in ON
BEING AND SAYING: Essays for Richard Cartwright edited by Judith Thompson
(pp.3-20)
Copyright © 1987 Massachusetts Institute of Technology
Permissions arranged with The MIT Press through The English Agency (Japan)
Ltd.

"Is Hume's Principle Analytic?" by Crispin Wright, Notre Dame Journal of
Formal Logic Vo.40, No.1, 1999, pp.6-30.
Copyright © 1999 University of Notre Dame

"Why Frege would not be a neo-fregean" by Marco Ruffino MIND Vo.112 (445)
2003, pp.51-78.
Copyright © Ruffino 2003
Translated and Published by permission of Oxford University Press.

"Is Platonism Epistemologically Bankrupt?" by Bob Hale from PHILOSOPHICAL
REVIEW 103 (1994)
Copyright © 1994 Cornell University
Permissions arranged with Professor Bob Hale through The English Agency
(Japan) Ltd.

"Frege Structures and the Notions of Proposition, Truth and Set" by Peter Aczel
in THE KLEENE SYMPOSIUM, edited by J. Barwise, H.J. Keisler and K. Kunen.
Copyright © North-Holland Publishing Company (1980) 31-59

"Proof-Theoretical Semantics and Fregean Identity Criteria for Propositions" by
Göran Sundholm THE MONIST, vol.77, no.3, pp.294-314.
Copyright © 1994, THE MONIST: An International Journal of General
Philosophical Inquiry, Peru, Illinois USA 61354. Translated and Published with
Permission.

フレーゲ哲学の最新像

目　次

マイケル・ダメット　　　　　　　　　　　　岩本　敦訳
文脈原理——フレーゲ哲学の中心 ……………………… 1

チャールズ・パーソンズ　　　　　　　　　　小川芳範訳
フレーゲの数の理論 ……………………………………… 37

ジョージ・ブーロス　　　　　　　　　　　　井上直昭訳
フレーゲ『算術の基礎』の無矛盾性 …………… 79

クリスピン・ライト　　　　　　　　　　　　津留竜馬訳
ヒュームの原理は分析的か ……………………… 113

マルコ・ルフィーノ　　　　　　　　　　　　須長一幸訳
フレーゲはなぜ新フレーゲ主義者では
なかったか？ …………………………………………… 171

ボブ・ヘイル　　　　　　　　　　　　　　　長谷川吉昌訳
プラトニズムは認識論的に
破綻しているか？ ……………………………………… 221

ピーター・アクゼル　　　　　　　　　　　　土谷岳士訳
フレーゲ構造と命題、真理、集合の概念 …… 265

目次

ヨラン・スントホルム　　　　　　　　　　　　金子洋之訳
証明論的意味論と命題についての
フレーゲ的同一性規準 ……………………… 309

編者解説（岡本賢吾）………………………………… 343

人名索引 ……………………………………………… 367

事項索引 ……………………………………………… 369

フレーゲの著作・論文索引 ………………………… 374

凡 例

一 各章の末尾に、典拠とした論文の書誌情報を示した。その章独自の表記法などを採用した場合には、訳注および書誌情報の欄でそれを明示した。

二 フレーゲの著作が引用・言及されている箇所については、以下の略記によって邦訳とそのページ数を補った。
　　例)『著作集1』──藤村龍雄編『フレーゲ著作集1 概念記法』(勁草書房)

三 原著のイタリック体による強調は、傍点で示した。ただし、強調の機能を持たない箇所については除いた。

四 原注は ( )、訳注は [ ] の通し番号で示した。

文脈原理——フレーゲ哲学の中心[1]

マイケル・ダメット
（岩本　敦 訳）

1　『基礎』における文脈原理の役割

　算術の哲学に関するフレーゲの仕事を解説するとき、人々は通例、その目標は算術を論理学に還元することにあった、という言い方をする。実際それは、この主題に関するフレーゲの最初の著書、つまり『算術の基礎』の、第4節での叙述に大変よく合致する。その箇所で彼は、自分の目的にとって算術的概念を定義することが必要であり、特にそれは数の概念そのものの定義を含む、と強調したのである。『算術の基本法則』第I部冒頭では、フレーゲは『基礎』の目標を少し違った仕方で、すなわち、算術が論理学の一分科であると示してみせること、という形で述べた。『基礎』執筆の際に彼の念頭にあった目標は、確かにそうしたものである。しかし後に見るように、それは当の『基本法則』の主たる目標を、さほど適切に要約しているわけではない。

　『基礎』のフレーゲは、文脈原理——第62節で「文という脈絡においてのみ、語は何かを意味する (Nur im Zusammenhange eines Satzes bedeuten die Wörter etwas)」という言葉で述べられた名高い原理——がその本の議論構成において中心的な役割を演ずることをはっきりさせている。文脈原理はフレーゲ哲学全体の中で最も難解な考えである。それはまず、『基礎』の序論で、その本全体を貫

く三つの**原則** Grundsätze のひとつとして取り上げられる。次いで第60節で力強く述べられ、第62節では、フレーゲがその節の冒頭で提示する根本問題、つまり、いかにして数はわれわれに与えられうるのか、という問題を解決する鍵として登場する。そして最後に第106節で再び引き合いに出されて、この原理こそが、数の物理主義的解釈を避けつつ、しかも心理主義的解釈に陥らないための、唯一の手段を与えるのだとされる。

一見すると、文脈原理は文脈的定義の使用を正当化してくれるのだと思われるかもしれない。しかし実際はそうではない。確かに、『基礎』のフレーゲは文脈的定義を好意的に見ていたが、彼はその本で文脈的定義を用いないのである。特に、彼は基数オペレータ「概念 F に帰属する基数 (die Anzahl, welche dem Begriffe F zukommt)」を文脈的に定義していない。彼はそれを明示的に、(二階の) 概念の外延によって定義する。[2] 基数 (Anzahlen) を表わすすべての名辞がまさにこの基数オペレータを使ってつくられることは言うまでもない。文脈原理はむしろ、基数オペレータの正しい明示的定義が満たすべき条件を見つけるための指針として役立っている。われわれはまず、基数名辞を含む言明が真となる条件──より特定して言えば、両辺に基数名辞がくる同一性言明の真理条件──を、そうした名辞の理解を前提しない仕方で述べるための手段を探す。すると、その条件が定義から導出されるということが、基数オペレータの正しい定義の規準となるのである。

文脈原理はまた、「いかにして数はわれわれに与えられるのか」という問いに対する答を提供してくれる。この問いはカント風に立てられているが、純粋に認識論的な問いというわけではない。仮に、数なる対象の存在がすでに明らかだとすれば、適切な問いは、われわれはそれらの対象をいかにして知るようになるのか、というものだろう。しかしこの段階では、フレーゲはまだそうした対象が存在

することを確立していない。だからその問いは、認識論と同じくらい存在論にも関わっている。それでは、文脈原理をどのように使えば、その問いに答えることができるというのか。文脈原理の第60節での定式化によると、「文全体が意義をもてば十分であり、それによって文の部分も内容を得る (Es genügt, wenn der Satz als Ganzes einen Sinn hat ; dadurch erhalten auch seine Theile ihren Inhalt)」。フレーゲは基数に関する問いを基数名辞の内容に関する問いと同一視する。それゆえ、先のカント的な問いに対する彼の答は、数がわれわれに与えられるのは、数名辞を含む文の意義を把握することにおいてである、というものである。

　文脈原理の二つの役割のうち、第一のものは問題がない。しかし、第二の役割ははるかに議論の余地がある。われわれはそれをどう評価すべきなのか。この問いに答えるには、フレーゲが文脈原理を使って数に対する指示[3]を正当化し、数の知識を説明し、数の存在を立証しようとした際の、哲学的背景を検討する必要がある。

2　意義と意味の区別

　フレーゲが、沈黙を守った1886〜1890年の期間に温め、1891年の講演『関数と概念』[4]で公にした新たなアイデアは数多い。しかし、そのうち最も際立って重要なものを選べと言われたら、ほとんど誰もが**意義** Sinn と**意味** Bedeutung の区別を取り上げることだろう。[5]彼がこの区別を行なったやり方は印象的で、三つの顕著な特徴を示しているように思われる。それらを列挙するなら、

（ⅰ）フレーゲは狭義の固有名にも**意義**を帰属しており、確定記述のような他の単称名[6]に限っていない。
（ⅱ）彼はこの区別をあらゆる論理的カテゴリーの表現に拡張し、

それらの**意味**が何であると解すべきかを決める際に、ひとつの明確な原理に従った。すなわち、いかなる表現であれ、その**意味**の確定は、その表現が現われる任意の文のもつ真理値の確定に対する寄与である、という原理である。

(iii) **意味**に関する体系的な理論が、表現の**意義**が何に存すると解すべきかを説明するための基礎を提供する。すなわち、表現の**意義**とは、当該言語を熟知した話し手にその表現の**意味**が与えられる仕方である。したがってまた、**意味**の理論は、表現の**意義**を言語的意味の他の成分から区別する手段を提供することになった。

これらの点が印象的なのは、フレーゲが単に**意義**と**意味**を区別しただけでなく、そうした概念をもとに詳細に組織された理論をつくり出したからである。その結果は、哲学の歴史における最初の本格的な意味の理論となった。他方、その理論の顕著な特徴と見なすのが自然でないのは、それが単称名一般について**意義**と**意味**の区別を行なっている点である。

フレーゲは狭義の固有名を確定記述と異なる論理的カテゴリーに属するものとは見なさず、両者を**固有名** Eigennamen という包括的な見出しのもとに分類した。われわれならこの**固有名**を、より慎重に「単称名」と呼ぶだろうが、しかし、フレーゲがしたように分類するのは自然なことである。確定記述を単称名に分類することを拒むためには、ラッセルの名を高からしめている理論のような、何か特別な理論が必要なのである。自然なのは、確定記述を狭義の固有名とともに単称名に分類することの方である。そして、そのような分類を行なってしまえば、単称名の意味ないし意義とその名辞が指示する対象との区別に導かれるのはほとんど避け難い。誰かがこのような区別を行なったことについて、特別な説明を引き合いに出

す必要はない。それはいわばデフォルトの立場である。それゆえ、フレーゲが単称名一般について**意義**と**意味**の区別を行なったからといって、それは彼の理論を他と区別する特徴というわけではまったくない。たとえ、狭義の固有名——指標性や論理的複雑さを欠く単称名——に**意義**を帰属することが議論を呼ぶとしてもそうである。むしろ、**意義**と**意味**の区別を説明する自然な出発点は、確定記述に適用される限りでのその区別であり、それが当の区別を他の表現に拡張していくための準備となるのである。

3 意味内容と表示されるもの

フレーゲの**意義**と**意味**の理論が哲学にいかなる寄与を行なったかに関しては、以上が妥当な評価であることに疑いはない。それゆえ、初めてこの理論に辿り着いたとき、フレーゲ自身まさにこうした仕方でそれを思いついたのだろうと考えるのは自然である。ところが、そんな想像をするとしたら、**意義**と**意味**の区別を立てる以前、つねづねフレーゲがどのように考えていたかについて、大変な思い違いをすることになる。1891 年より前には、いかなる時期においても、いかなる仕方においても、先に「デフォルトの立場」と呼んだ見解をフレーゲが採用することはなかった。彼は確定記述に対してさえ、われわれにとってまったく明らかに思われる区別、つまり、記述の意味と記述を使って指示される対象との区別を行なわなかった。実際その区別は明らかであり、ラッセルに従って確定記述が単称名のカテゴリーに属することを否定する論者によってさえ、何らかの形で承認されなければならないのである。確かにラッセル主義者は、フレーゲ的な**意味**としてひとつの対象をもつ、という性質を確定記述に帰属することを拒まねばならない。ラッセル主義者にとって、確定記述が、それが現われる文の真理値確定のメカニズムに対して

行なう寄与は、単にその記述が表示する（denote）対象を同定することに尽きるわけではなく、その点で確定記述は真正の単称名と異なっている。しかし、彼にとっても普通はそうした対象があるということに変わりはないだろうから、彼もまた、対象そのものと記述のその対象に対する関係との両方を、記述の意味から区別したいと望むはずである。そしてそれは、1891〜1906年の時期に説かれたフレーゲの成熟した学説に従う者よりも、さらに切実であるとすら言える。

　ところが、問題の区別がかくも明らかであるにもかかわらず、1885年を過ぎるまでフレーゲはそれに気づかなかった。『基礎』執筆の頃には、すでに彼は記号（sign）と記号が表示する（signify）ものとをしっかり区別するよう力説しているが、確かにそれは『概念記法』ではひどく不明瞭にされていた区別である。しかし、彼はいまだ表現の**意味内容**（significance）と表現が表示するものとの区別にまったく無頓着だった。両者は**内容** Inhalt という未分化の概念で一括されている。だからこそ『基本法則』のフレーゲは、自分はかつて「**判断可能な内容** beurtheilbarer Inhalt」という呼称のもとに、後に真理値と思想（文の**意味**と**意義**）として区別するようになった二つのものを混ぜ合わせていた、と述べたのである。『基礎』を初めとする初期の著作では、**内容**と**意味**という二つの語は実質的に交換可能な仕方で使われている。例えば『基礎』の第60節で、フレーゲはまず、完全な文においてのみ語は**意味**をもつ、と言い、そのあとで、文全体が意義をもつことを通じて文の部分も**内容**を得る、と述べている。**意義**という語はほぼ同義の第三の用語である。フレーゲがこの言葉を使うのは、特に定義もしくは意味の固定について語るときだが、文の**意義**と文の**内容**の間に原理的な区別があるわけではない。彼が**意義**と**意味**の体系的な区別に辿り着いたときこそ、意味内容と表示されるものとの違いを彼が初めて認識した

ときだった。つまり、どんな区別であれ、両者の区別を認識した最初である。この点をつかみ損ねても、『基礎』の大部分を理解する上で支障はないだろうが、しかしその場合、フレーゲが文脈原理をどう理解していたかについては誤解することになろう。

　フレーゲの著述がもつ明晰さと説得力、彼の知性の飛び抜けた力、彼が表明した実り豊かで革新的なアイデアの数々は、1891年より前の彼の思想にこの重大な欠陥があるという認識を、著しく困難にする。われわれがその問題にはっきり気づくことがない理由のひとつは、フレーゲがあまりにも明らかな区別を考慮に入れていないという事実が、非常に目立たないからである。『基礎』の中で、直ちに「これは間違いなく、表現の意味と表現を使って指示されているものとを混同している」と反応したくなるような箇所はほとんどない。しかしながら、その著書を注意深く検討してみれば、フレーゲの思考様式から問題の区別がまったく抜け落ちていることがよく分かる。それを示すひとつの例は**概念** Begriff という語の用法が揺れ動いている点だが、フレーゲはそれを自覚していないように見える。多くの箇所で、彼はその言葉を、英語の話し手が"concept"（概念）という語を使うのが自然であると感じるような仕方で使う。つまり、把握することができるもの、語や句によって表現されうるもの——言い換えれば、言語表現の意義に対して使っている。よく知られた例が出てくるのが第64節で、そこでフレーゲはわれわれがいかにして方向（直線の方向）の概念を手に入れるかを論じている。しかし、同じくらい多くの他の箇所で、彼はまったく違った仕方で、外的な対象がもつ性質を指すのにその言葉を使う。つまり、1891年よりあとでは述語ないし性質語の**意味**と呼ぶことになるものに対して使っている。第47節にそうした例が出てくる。フレーゲがそこで言っているのは、「すべてのクジラは哺乳類である」という文は何か客観的なこと、われわれの物の見方とは独立なことを述べて

いるが、しかしそれは動物に関わるのではなく**概念**に関わる話なのだ、ということである。それに先立つ箇所（第26節）では、植物学者がある花の花弁の数を告げるとき、彼は何か事実的なことを述べているのだ、と書いている。この例もまた、フレーゲの分類では、**概念**《この花の花弁》に関して何事かを述べていることになるはずである。

『基礎』のフレーゲが**概念**という語を使う気まぐれなやり方にはもう慣れてきたが、第27節の脚注を読むのはさらなる驚きである。その脚注でフレーゲは、**表象** Vorstellungen に客観的と主観的の区別があることを強調し、カントは両方を指して**表象**という言葉を使った、と不平を言っている。そして、自分は以後**表象**という言葉をもっぱら主観的な方のそれを表わすのに使う、と述べる。そこでわれわれは自然に、そしてまったく正当に、フレーゲは「**主観的表象** subjective Vorstellungen」という言葉で、彼がいつもは単に「**表象**」と呼んでいたものを意味しているのだ、と理解する。つまりそれは心的イメージや感覚のような、意識の流れに登場するもののことである。われわれはまた同じくらい自然に、フレーゲは「**客観的表象** objective Vorstellungen」という言葉で、彼が後に表現の**意義**と呼ぶことになるものを意味しているのだ、と理解する。この**意義**をフレーゲは客観的と見なし、**表象**のように心の内容の一部となるものとは考えなかった。しかし、このように理解して読み進めると、驚かされることになる。フレーゲは続けて、**客観的表象**は**対象** Gegenstände と**概念**に分けられる、と述べるからである。いまだ**意義**と意味の区別をしていない者が**概念**を**表象**と見なしうるとしても、それが「**表象**」という語の何か「客観的」な意味合いにおいてであれば、さして驚くにあたらない。意味内容と表示されるものとの区別をまだごくぼんやりとしか把握していない者において、それはまったく自然なことだったろう。しかし対象を、・対象・を・、**客観的**

表象と見なすということは、当時のフレーゲが問題の区別をぼんやりとすら把握していなかったことを示している。彼はその区別をいったん考慮して斥けたか、少しも思い至ることがなかったかのいずれかである。彼は客観的観念（**表象**）と、観念がそれの観念であるところのものとを、端的に区別していない。この一文が、たまたま筆が滑っただけ、というわけではないことは、**表象**という語を主観的な意味合いのためにとっておくことにした第 27 節の前後で、フレーゲが数についてどう言っているかを読み比べてみれば分かる。第 12 節で、彼は 100,000 という数をひとつの**直観** Anschauung と呼べるかもしれないと言っている。ただしそれは「論理的な意味合い」においてであり、フレーゲの理解では、カントは『論理学』[12]において**直観**という言葉にそうした意味合いを付与しているのである。しかし彼は、『基礎』のあとの方では数を**対象**として語る（第 56 節）。この用語法の違いは、フレーゲが直観（**直観**）と直観がそれの直観であるところのものとの違いを認識したことによるわけではない。それはもっぱら、彼が**直観**という語を特定の種類の**主観的表象**のためにとっておくことに決めたからである。ちょうど、**表象**という語を**主観的表象**一般のためにとっておいたように。

1885 年までのフレーゲの思考に潜むこの巨大な欠落は、1891 年より前のフレーゲの著作に基づいて哲学的論理学の理論を打ち立てようとする試みの虚しさを露呈させる。つまり、その後フレーゲが 1891 年以降の名高い一連の論文と『基本法則』第 I 部とで精巧に練り上げて説いた理論に匹敵するような、何か体系的な理論をそこから構築しようとしても無駄である[(3)]。整合的ないかなる哲学体系も、意味内容と表示されるものとの区別をすべて無視するわけにはいかない。さもないと、すべてのものが意味と同一視される結果になる。確かに、フレーゲの成熟した（1890 年よりあとの）学説における用語法では、すべてのものが**意味**であると言っても間違いではない。

しかし、その理論はすでに「**意味**」という語から、いわば針を抜いているのである。そこで言われているのは、われわれが語ることのできるものは何であれ指示の対象となりうる、ということに過ぎない。他方、「意味」という語の理論化以前の意味合いにおいては、山は意味でなく、人は意味でなく、徳は意味でない。

　もちろん、ある種の表現は意味内容をもつが何かを表示するわけではない、と整合的に主張することができよう。そうした表現は表示とは別の目的のために使用されるのである。共範疇的表現[13]という概念は、まさしく、意味内容をもつが何かを表示する役割を担うのではない表現を指す概念である。この原理は、伝統的に共範疇的と分類されてきた表現よりも、さらに広範囲に拡張しうる。例えば、「物化」に抗議する論者は、実際は別の目的を果たす語について、それが物を表示していると解することの誤りを批判しようとしているのである。もっとも、「物化」という用語は、何を「物」のカテゴリーに割り振るべきかを述べるのが困難であるため、必ずしも適切とは言えないのだが。意味を物化してはならないと論じたとき、クワインが主張していたのは、「意味」という語をそれ単独で説明すべきではなく、それを含むある種の句、例えば「意味をもつ」や「と同じ意味をもつ」のような句が全体として説明される必要がある、ということだった。ラッセルの「不完全記号」の概念が要求していたのも、そう呼ばれる表現には、それが現われる句に対してその表現がいかなる寄与を行なうかについて、何か体系的な説明が必要だということである。1891年以後に提唱されたフレーゲの成熟した論理学説について、それがフレーゲ自ら「不完全」ないし「不飽和」と分類した表現にまで**意味**を割り当てたことを誤りと見なす者もいよう。しかしいずれにせよ、ある種の語や句が非言語的なものを表示ないし指示するということを完全に否定したり、そうした表現が表示するものを当該言語においてその表現がもつ意味内容と

同一視したりすることは整合的となりえない。まさにこの理由によって、1886年より前のフレーゲの著作から、1891年以降に説かれた体系に匹敵する哲学的論理学の体系を引き出すことは不可能である。あるいは、何か維持しうる体系を取り出すことすらできないのである。

4 『基礎』のフレーゲは文脈原理を どう解釈していたのか

フレーゲが『基礎』で説いたアイデアと1891〜1906年の時期の学説とがいかなる関係にあるかは、解釈者にとって最大の問題となっている。中でも人々を最も悩ませてきたのが文脈原理であり、この問いをめぐって実にさまざまな見解が表明されてきた。フレーゲは、1890年よりあとに文脈原理を以前と同様の言葉で再び述べることはなかった。にもかかわらず、表現こそ違っても彼はその原理を保持し続けたと考えるべきだろうか。もしそうなら、どの言葉のうちに文脈原理の表現を探し求めるべきなのか。それとも、フレーゲは文脈原理を放棄したと結論すべきなのか。

もし放棄したのだとすれば、フレーゲの算術の哲学は、『基本法則』執筆の時期に彼が考えていた形と『基礎』で説いたそれとの間で、全体の構造がまるで異なるものだったに違いない。一見すると、そうでなければならないと思われる。

文脈原理によると、文全体に意義が与えられれば文の部分もそこから内容を得ることになる。だから『基礎』のフレーゲは、いかにして数はわれわれに与えられるのかという問いを、文に現われる限りでの数名辞の内容に関する問いと同一視することができた。そこで彼の答は、数がわれわれに与えられるのは、数名辞を含む文の意義を把握することにおいてである、というものであった。

いかにして数はわれわれに与えられるのかという問いは、すでに見たように、認識論に関わるとも存在論に関わるとも言える。意味内容と表示されるものとの区別が承認されるなら、文脈原理は認識論的な問いのみに答えるものだと思われよう。仮に表現の「**内容**」がその表現の意義に過ぎないなら、フレーゲの答はわれわれがいかにして数名辞に意義を付与するに至るかを説明することになる。つまり、数名辞を含む文に意義を付与することによって、ということである。まずそうした文の各々に全体として意義を与えることで、文を構成していた名辞もそれ自身の意義を得ることになるだろう。しかし、意味内容と表示されるものとの区別のもとでは、数名辞に意義が付与されたという以上には、ここから一歩も先へ進めないように思われる。そうした名辞が表示する (denote) 対象の存在を仮定することは、間違いなく正当化されない。存在論的な問いに答えるためには、何かさらなる論証が必要となろう。

　しかしフレーゲは、さらなる論証はまったく必要ないと見ていた。彼の議論は、数名辞を含む文に意義を与える方法が一度(ひとたび)示されたなら、認識論的な問いも存在論的な問いも答えられたことになる、という仮定のもとに進行していった。それゆえ、彼がそう仮定できたのは、ただ意味内容と表示されるものとを区別していなかったからだ、ということになる。『基礎』のフレーゲが表現の「**内容**」や「**意味**」について語るとき、それは二つのものを同時に指している。つまり、その表現を含む文を用いて何が言われるのかを把握するために知っていなければならないことと、実在におけるその客観的相関者とである。文脈原理のおかげで、数名辞の内容ないし意味を確保するには、数名辞を含む文の意義を確保すればよい。そして、数名辞に内容ないし意味を確保することは、数名辞が意味する、もしくは数名辞の内容となる、数というものの存在を確保することに他ならないのである。

5 『基本法則』に文脈原理は存在しうるか

　『基礎』のフレーゲは文脈原理を使用したが、それは彼が意味内容と表示されるものとを区別できなかったことに基づいていた。もしそうだとすると、手近な結論は、『基本法則』のフレーゲはすでに両者を区別していた以上、もはや文脈原理を保持することはできなかった、というものである。この結論を支持するように見える具体的な議論は数多い。

　(A) フレーゲが1891年以降も文脈原理を保持し続けたか否かという問いは、一見するとナンセンスに感じられる。それまで用いていた**内容**という未分化の概念を**意義**と**意味**に分割した以上、フレーゲにはもはや『基礎』で述べた形での文脈原理を奉ずることはで̇き̇な̇か̇っ̇た̇、と言うのが自然だと思われる。彼はもう、『基礎』で文脈原理を定式化するのに使った「**内容**」や「**意味**」という語で、かつてその本で意味していたものを意味することはなかった。いかなる表現によっても、かつての意味を意味することはできなかった。

　(B) フレーゲが**意義**と**意味**の区別を行なったあとも何らか修正された形で文脈原理が生き残ったのか否かと強いて問うならば、われわれの問いは二つに分かれるように見える。つまり、**意義**に適用される原理が部分的に生き残ったというのか、**意味**に適用される原理が部分的に生き残ったというのか、どちらに関心をもつかに応じて問いが分岐する。

　(C) 表現が**意義**をもつからといって**意味**をもつことが保証されるわけではない。フレーゲがこの点を一度(ひとたび)承認したならば、彼に主張できたのは、一群の文に**意義**を与えることで、各文に共通の構成要素となっている表現に**意義**を確保できるかもしれない、ということを出ないと思われる。問題の表現が**意味**をもつと言うためには、

別の論証を補う必要がある。

(D) フレーゲが『基礎』で述べた文脈原理のもつ印象的な特徴のひとつは、その原理が文に割り当てた中心的な役割である。他方、『基本法則』で説かれた**意味**の理論では、文は他と区別される論理的カテゴリーを成すわけではなく、たまたま真理値を**意味**にもつ単称名に過ぎない。それゆえこの点は、フレーゲは**意味**を支配する原理として文脈原理をもはや保持することができなかった、ということの決定的な理由を提供するように思われる。

(E) 最も重要な反論は次のものである。『基礎』に登場する文脈原理は、強固に内在的な見方を表現している。それが含意するのは、言語の内側からでなければ、言語表現の内容についていかなる問いを立てることも、いかなる問いに答えることもできない、ということである。言語の外側に立つ自分を想像して、そこから言語表現と実在におけるその相関者との関係を眺める、などということはできない。実在の構成要素をわれわれが把捉するとき、それはつねに、言語に表現される限りでの思想によって媒介されているからである。たとえ五感で知覚しているものを直示的に指示する場合であっても、指示対象をひとつの対象として同定する手続きは、その対象を環境から分離するのにわれわれが使っている特定の概念に依存する。それゆえ、ある表現の内容について形式話法で立てられた問いは、それが正当なものである限り、実質話法の問いに必ず還元されるはずである[14]。つまり、問題の表現を含むいくつかの文が真か偽か、という問いに帰着しなければならない。したがって、ある名辞が何を意味するか、何を表わすかを確定するにあたってなしうること、なすべきことは、その名辞が現われる文の真偽を判断する際に拠って立つべき基礎を定めることであり、それに尽きる。必要なのは、問題の名辞と、言語から独立した仕方で把捉された対象との間に、何か心的な結びつきを確立することではない。

しかしながら、『基本法則』では話が違ってくる。『基礎』のフレーゲは、いかにして数名辞が既存の言語であるドイツ語に導入されうるか、という問題を考察していた。これに対し、『基本法則』で彼はひとつの手段を思いついた。それは、言語そのものの外側に立つ手段ではなく、自分がいま扱っている言語の外側に立つ手段である。『基本法則』のフレーゲは、ドイツ語をメタ言語として、それと共通部分をもたない対象言語、つまり彼の記号言語について、その名辞の**意味**をいかにして定めるかを議論している。対象言語の名辞がどの対象を指示ないし表示する（denote）かをメタ言語で規定する際、彼はそれらの対象を言語から独立に心的に捉えているのではなかった。メタ言語の資源を用いて、それゆえ対象言語から独立に、それらの対象を取り出しているのである。メタ言語と対象言語を分離しておくこの工夫は、内在主義的な立場の動機を奪い去ってしまうように見える。つまり、対象言語に属する名辞の**意味**に関する問いはメタ言語的な問いであり、対象言語の文が真であるか否かという問いに還元される必要はない。

（F）（E）で与えた文脈原理の特徴づけは、ヴァン・ハイエノールトとヒンティッカが唱えたテーゼとよく符合するように見える。そのテーゼによれば、フレーゲにとって意味論も、それと同時に無矛盾性証明も、まったく不可能である。それらは言語を言語の外側から説明することを含むから、というのである。これが正しい解釈だとすれば、フレーゲが『基本法則』の時点でこうした見解を保持していたなどと、どうして考えられようか。確かにフレーゲは、その本でも別の場所でも、自分の形式体系の完全性証明を試みたことはなかったし、健全性すら証明しようとしなかった。図式的な非論理定項に対する解釈の変動を考えたこともなければ、まして対象領域の変動など思いもよらなかったので、完全性や健全性の概念を定義する手段をもっていなかったのである。しかし、フレーゲは『基本

法則』の第Ⅰ部で、彼の形式言語の意味論を説いてみせただけでなく、**意味**の理論という形で、それを一般的な意味論的枠組の中に組み入れている。そしてこの一般的な意味論的理論が、各論理的タイプに属する任意の表現について、その**意味**ないし意味論的値がいかなる形をとるべきかを定めたのである。たとえ『基本法則』のフレーゲがいまだいかなるモデル論をももっていなかったとしても、形式体系の意味論をもっていたことには疑問の余地がない。加えて、第Ⅰ巻の第31節で、フレーゲは彼の形式言語について、適正に形成されたあらゆる表現は一意的な**意味**をもつ、ということの証明を与えようとした。仮にこの論証が正しかったなら、彼の体系の無矛盾性が確立されていたはずである。[6] それゆえ、文脈原理が立てられたときの哲学的道具立ての全体を、フレーゲは斥けてしまったように見える。意味論は不可能だというヴァン・ハイエノールトとヒンティッカの解釈は、たとえ『基礎』について正しいとしても、『基本法則』については確実に誤りである。

　(G) 指示に関わる問いは言語に内在的であるというテーゼは、[16] 入れ替え論証をすべて無効にする。いま、自然数を表わす語の意味について、ひとつの説明が与えられたとしよう。このとき、"0"が1を意味し、"1"が0を意味し、"2"が3を意味し、"3"が2を意味し、等々であってもその説明は同様に満たされる、ということを指摘しても、そしてその指摘がまったく正しいとしても、当の説明が論駁されるわけではない。数2が何であるかについてわれわれが有する唯一の把握は、記号"2"や語「二」に関するわれわれの理解に由来する。それゆえ、問題の説明が正しいとすれば、"2"が3を意味しないという事実を疑問に付すことはできない。内在主義の見解では、ある言語に属する各語の指示を確定するものは、その言語の話し手が知っていることのうちにすべて含まれている。外在的ないかなる視点も、当の言語についてそれ以上に深い洞察を与えること

はできない。しかしながら、『基本法則』第Ⅰ巻の第10節で、フレーゲは入れ替え論証を使って値域名の**意味**がいまだ固定されていないことを示している。これは、指示に関わる問いは言語に内在的であるとフレーゲがもはや信じていなかったことを含意しているように見える。

（A）〜（G）は極めて強力な論陣を成しており、一体となって、1891年以後、文脈原理はフレーゲの思想の一部として生き残ってはいなかった、と主張している[7]。これらを前にしてその結論に至ったとしても、誰が責められようか。しかしながら、その結論はまったくの誤りなのである。

6　疑念の根拠を斥ける

『基礎』のフレーゲは、数を客観的な自存的対象として扱うことを正当化するために文脈原理を使用していた。1890年よりあとに彼が保持したどんなテーゼも、彼の思考の中で同様の機能を果たしていないとすれば、「文脈原理」と呼ぶに値しないだろう。しかしながら、彼は『基本法則』で、まさにその機能を果たすあるテーゼを保持していたのである。これは『基礎』から『基本法則』に至るフレーゲの思考の驚くべき連続性である。フレーゲが『基礎』で文脈原理を使ったとき、それは表現の意味内容と表現が表示するものとの区別を無視することに基づいていた。**意義**と**意味**の区分を導入することで、フレーゲは全面的にその区別を承認することになったが、しかもなお、彼は文脈原理を、それが『基礎』においてもっていた効力を完全に保ったまま、用い続けたのである。

フレーゲの目標は算術を論理学に還元することにあった、と述べるのは、彼の中心的な狙いを曖昧にする。彼は抽象的対象について、その存在を正当化する手段を手に入れたいと望んでいた。特に、基

礎的な数学理論（その理論の対象が、より基本的な他の何らかの理論によって与えられるのではない理論）の対象領域を形成する対象について、そう望んでいた。『基礎』において、文脈原理はこの手段を提供するものとして提示されている。しかし、この狙いは見えにくい。そこでは、概念の外延という考えを所与と解する権利があるのか否か、さらなる正当化を必要としないのか否かについて、フレーゲの考えがはっきりしないからである。『基本法則』では、その曖昧さは解消されている。すべての数学的対象は値域として表現されるべきものとなる。しかし、値域の存在を所与と解することはできない。それは正当化を必要とし、その正当化が強い形の文脈原理に依存することになるのである。

　これは数学の哲学において、哲学者たちがほとんど注意を払わなくなってしまった問題である。そうなったのは、それが解決不能であると考えてのことかもしれない。実際、形式理論に対する意図された解釈を述べるとき、現在普通のやり方では、その理論の対象が何であるかはインフォーマルには既知であると仮定されている。しかしながら、これは根本的な問題である。その解決なしには、いかなる数学の哲学も十分なものとは言えない。それどころか、その問題はより一般的な、哲学全体の中心に位置する問題の一側面に過ぎない。つまり、われわれはいかにして対象を指示することに成功するのか、という問題である。フレーゲはこの問題の解決に成功しなかった。彼の体系が矛盾したことがそれを示している。フレーゲの試みが興味深いのは、彼が少なくともその問題に取り組んだからである。

　意義と**意味**の区別のもとでは文脈原理が二つに分かれる、と考えるのは誤りである。フレーゲは『基本法則』第Ⅰ巻の第32節で、彼の記号言語に属する表現の**意義**は、その表現の**意味**を規定する約定によって確定される、と説明した。より正確に言えば、彼の説明

はこうである。文の**意義**とは、その文が真である——その文の**意味**が真理値《真》である——ための条件が満たされている、という思想である。そして、文より下位の表現の**意義**とは、文全体が表現する思想に対してその表現が行なう寄与である、と特徴づけられる。この定式化は、文脈原理の一種、**意義**を支配する原理と理解されたその変種、ではない。確かに、**意義**に関して文の一次性が表現されてはいる。しかしそれは、何か文より下位の表現が存在して、その**意義**が当の表現を一部とする文の**意義**から導き出されるということ、そんな表現がありうるということ、までは述べていない。**意義**を支配すると解された文脈原理であれば、こう言うだろう。われわれは語や句や記号の**意義**を、それを含む文の**意義**を定めることによって固定することができる、少なくともできる場合があるのだ、と。しかし、第32節のフレーゲは、そうは主張しなかった。むしろ彼は、任意の表現の**意義**を、その表現の**意味**が確定される特定の仕方によって与えられるものとした。あるいは、新たに導入される表現の場合、その**意味**が約定される仕方によって与えられるとした。したがって、文脈原理が**意義**について成り立つか否かは、それが**意味**について成り立つか否かに依存する。二つの問いがあるのではない、問いはひとつだけである。

『基本法則』のフレーゲは、『基礎』のときと違って、もはや文脈的定義を好意的に見てはおらず、第Ⅱ巻の第66節でその種の定義を完全に斥けた。しかし、文脈原理は定義の原理に関わるのではなく、当該の体系の原始記号がどのように説明されるべきかに関わっている。意味論的理論はいかなる手段でそれらの**意味**を、またそれによって**意義**を、約定すべきなのか。

フレーゲ後期の文脈原理は、『基本法則』第Ⅰ巻の第10、29、31の各節で述べられている。そこで彼は、値域名の**意味**を確定するには、それを引数(アーギュメント)としたときに原始的関数がとる値を確定すればよ

19

い、と提案している。それは実質的に、値域名を一部とする、より複合的な名辞の**意味**を確定すればよい、ということである。確かにこの新たな定式化は、『基礎』での定式化と違って文に特別な役割を与えておらず、結果として、循環的であるという印象が強まっている。しかし実際は、古い定式化と新しい定式化の違いは大したものではない。フレーゲにとって、考慮すべき原始的関数はすべて概念ないし関係であり、考慮される「より複合的な名辞」は、実はすべて文なのだから。[17]

フレーゲが入れ替え論証に訴えたことは、一時的な筆の滑りとする以外に説明するのが困難である。しかし、彼がその論証を正面から論駁することに完全に失敗したという事実は、かえってわれわれを安心させてくれる。つまり、そこから確たる結論を引き出すことはできないのである。反対に、その問題に対して彼が提示している解決策が十分だとすれば、入れ替え論証は初めから間違っていたというだけのことである。

確かにフレーゲは、自然言語の表現が**意義**をもつのに**意味**を欠くことがありうる、と認めていた。しかしそれは無関係である。文脈原理に基づく彼の約定は、原始記号の**意味**に直接関わっていて、しかもフレーゲは、それらの約定が彼の形式言語のあらゆる表現に**意味**を確保するのだ、と主張したのだから。ある記号に**意義**を確保したあとで、その記号が**意味**をもつかどうかさらなる探究を要する、などという話ではまったくない。むしろ、ある表現が**意味**を欠くのは、その表現を含むある種の文の真理値が未確定のままである場合に限られる。それゆえ、われわれの約定がすべての文に真理値を割り当てるに十分であると納得できたなら、それ以上に必要なものなど何もないのである。

7　文脈原理の理論的根拠

　ひとつの言語表現がいかなる対象を指示するのかという問いが、言語の内側からしか答えられない理由は、当の対象を取り出すには言語を使うしかない、という点に尽きるわけではない。それはまた、「指示する」という語自身、われわれがまさしく言語を学ぶことにおいて学んだ語だからでもある。われわれがその語を学んだとき、それは、ある語が一般に何を指示するか、特定の場面で使用されたときに何を指示するかを、他の語句を使って言うことと関連していた。指示の割当てが言語に内在的であるというのは、この意味合いにおいてである。ひとつの言語を用いて、別の言語に属する語が何を指示するかを言うときでも、その行為がわれわれの使用している言語に内在的でないことにはならない。問題の語が何を指示すると解するかは、その語をわれわれの言語へ翻訳して得られる語が何を指示すると解すべきかに、一致する他ないからである。[8]

　『基本法則』において、フレーゲは用法の確立された言語を説明していたのでもなければ、当該言語をメタ言語に翻訳することで用法を定めていたのでもない。彼はその言語の各式が何を意味するかを述べていたのである。しかしそれは、外側からではなく、内側からの記述だった。説明はメタ言語であるドイツ語で与えられたが、その説明は形式的な対象言語に属する表現の意味を、メタ言語ではなくその対象言語に内在的なものにした。フレーゲが記述しようとしたのは、メタ言語の知識を基礎として、いかにして形式言語の理解を手に入れられるか、ということではない。誰であれその形式言語を理解するためには何を知っていなければならないか、ということである。その説明は、二つの真理値についてよく分かっていること以外は、およそ言語というものの先行理解をまったく前提してい

なかった。だからこそ彼は、真理値が値域でありうるか否かの決定に注意を集中し、ユリウス・カエサルのような人間やイギリスのような国が値域であるか否かを考える必要がなかったのである。問題の形式言語を理解している者でも、人や国については何も知らないだろう。メタ言語を理解している者はそれらを知っているだろう、と反論するのは、フレーゲの目的を誤解することである。彼の戦略は、形式言語に属する名辞の**意味**を、いわば間接的に固定することだった。そのために、その言語に属するすべての文の真理値を確定する約定を用いたのである。ある言語を知っている者が、まさにそれを知っているがゆえに知っていると認めうるものは、何がその言語の文を真ないし偽にするのか、ということに尽きるからである。それゆえ、既知の何らかの言語で直接的約定を述べることが排除されるなら、いかなる言語であれ、その基本的名辞の**意味**が知られるようになる手段はこれ以外にありえない。文脈原理はフレーゲの思考において中心的な位置を占め続けた。しかもそれは、『基礎』においてその原理が有していた効力を完全に保ったままだった。**意義**と**意味**の区別は文脈原理に対する彼の信念を少しも弱めていなかったのである。

意味論は不可能だということになるだろうか。フレーゲの思想はヴァン・ハイエノールトとヒンティッカが認めているより精妙だった。私はこう解釈する。ひとつの言語に対する**意味**の理論は、もちろん何らかの言語で述べられねばならない。対象言語の解釈を定めることに関心があるなら、その言語がまだ理解できない以上、必ず対象言語と共通部分をもたないメタ言語で述べられねばならない。いま、対象言語に属する表現が現にもっている**意義**を、あるいは意図された**意義**を、その理論が明らかにするのだとしよう。するとそれは、対象言語を習得した誰もが知っているであろうことのみを具現した理論でなければならない。それゆえその理論は、メタ言語の

理解のみによって知られうることを、可能な限り利用しないよう努めねばならない。これには逃れ難い例外がある。判断を下す者は誰しも二つの真理値が何であるかを知っているが、この知識は言葉で述べることができないのである。思想を把握することができる者だけが判断を下すことができ、人間においては、言語を話すことができる者だけが思想を把握することができる。とはいえわれわれは、ある言語を習得している者が何を知っているのかを、二つの真理値を既知と前提するだけで、語ることができるのである。

したがって、われわれの理論は与えられた形の文が真ないし偽であるための条件を直接規定するものであってよい。つまり、文がその**意味**として一方ないし他方の真理値をもつための条件を直接定めるものであってかまわない。しかしそれは、名辞の**意味**を固定する際に、その**意味**がメタ言語で名指すことのできる何か真理値以外の対象であると規定するわけにはいかない。対象言語の習得は、その言語に属する文の各々が真となるための条件を把握することのうちに存する。当の言語を知っている者は、その把握においてのみ、名辞の**意味**を知るのである。それゆえ、しかじかの名辞はしかじかの対象を表示する（denote）とメタ言語で約定することは、せいぜい、理論が説明しているはずの事柄を了解済みとしているに過ぎない。他方、対象言語の話し手がある名辞の**意味**を規定しうる唯一の方法は、指示を同じくする何らかの名辞を使うことである。指示が同じであることの認識は、話し手が同一性言明を把握していることによる。しかしこれは、その名辞を含む文の真偽を何が確定するのかについて、話し手がもつ知識のほんの一部である。**意味**の理論が示さねばならないのは、まさにその知識の内容である。

フレーゲは意味論の可能性を信じただけでなく、意味論のための一般的枠組を構築した。しかし彼は、ひとつの言語に対する意味論はその言語に内在的でなければならないと考えた。意味論は何か外

在的な視点から言語を記述してはならない。飽くまで言語の内側から、その言語は知っているが他には何も知らないかもしれない者に、一体何が知られているのかを述べるのである。だからこそフレーゲには、何かメタ言語的約定を行なって、ユリウス・カエサルが値域となりうるか否かを決める必要がなかったのである。ユリウス・カエサルは対象言語で指示しえないからである。ヴァン・ハイエノールトとヒンティッカは、この見解を、意味論がまったく不可能であるという、より粗雑な見解と誤解した。『基礎』のフレーゲはいまだ彼の一般的な意味論的理論を構築していなかったが、『基礎』と『基本法則』で見方に違いがあるわけではない。フレーゲの思想は、実際は解説者たちが認める以上に精妙だったのである。

8　フレーゲの学説は維持しうるか

とはいえ、フレーゲは文脈原理を使って彼が取り組んだ根本問題を解決したのだ、と私が信じているという印象を与えたくはない。正反対である。フレーゲは、彼の解決策が自らの実在論に十分な支持を与えるということを確立するのに失敗したのである。さらに悪いことに、彼はその解決策の整合性を示すことすらなかった。たとえそれ自体が整合的だとしても、彼が実行したやり方はそうでなかった。ラッセルの矛盾がもたらした破局が、そのことを劇的な形で証明したのである。文脈原理は次のことを要求しているように見える。つまり、ある形式言語の解釈を定めるとき、まず変数の走る対象領域を規定し、そのあとで初めて原始記号の**意味**をその領域に即して約定する、といったやり方を試みるべきではなく、その二つの課題を同時に遂行する必要がある、ということである。これが可能だということは、明らかとは言い難い。そしてまた、フレーゲの無矛盾性証明を無効にし、実際彼の体系を矛盾に至らしめたのは、紛

れもなくこの手続きの含む循環であった。フレーゲは、値域名に**意味**を保証するためには、原始的関数をそれに適用したときの値を規定してやれば十分だ、と考えた。目的は、そうした名辞を含むあらゆる文の真理値を確定することである。その確定がなされたときにのみ、値域名の**意味**が固定されたと主張しうるだろう。しかしながら、その際フレーゲが帰納的論証でうまくいくと考えたのは自然だった。つまり、原始的関数名の一回の適用によって形成される名辞[18]が指示をもつことから、文を含む、任意の複雑さをもった他のすべての名辞が指示をもつことに至る論証である。彼の誤った無矛盾性証明は、まさしくそうした帰納的論証となるべく意図されていた。しかし、誤謬はまさに最初の一歩にあった。原始的関数名を支配する約定が、公理(V)に具現された値域の同一性規準を含めて確定的になりうるのは、対象領域が確定的である場合に限られる。しかし、対象領域は完全にもしくはほとんど値域から成っていて、値域名の**意味**を固定することでまさに確定される過程にあるのだから、この手続きは循環を含んでいたのである。

　この致命的な循環を回避することが可能か否か、しかも、量化領域を了解済みと仮定しない、その点で文脈原理に合致した何か一群の規定を置くことで回避しうるか否かは、明白と言うには程遠い。たとえできるとしても、そうした手続きが結果の実在論的解釈に保証を与えてくれるかどうかははっきりしない。文脈原理は内在主義の性格をもつので、フレーゲの実在論は形而上学的（外在的）実在論ではない。この形而上学的実在論に対しては、パトナムが大変説得的な批判を行なっているが、フレーゲの実在論はある形の内在的実在論であり、パトナムも喜んで受け入れるだろう[9]。しかし、だからといって完全に問題がなくなるわけではない。ある理論の実在論的解釈を正当化するには、たとえそれが内在的なタイプの実在論であっても、その理論の名辞に指示を帰属することが許されるだけで

は十分でない。そのように帰属される指示の概念が、実在論的解釈の重みに耐えるだけの堅固さをもたねばならない。すると間違いなく、意味論的理論において指示の概念が真正の役割を演ずることが要求される。つまり、ある名辞の指示を確定することは、その名辞を含む文の真理値を確定するための一ステップであるべきである。しかし、その名辞が指示をもつことが文脈原理に訴えることで正当化されたなら、その指示は意味論的に空虚である。それは単に、問題の名辞が一部となっている文の真理値か、やはりその名辞が一部となっている複合的な名辞の指示を規定することによって確保されたに過ぎない。その規定には、当の名辞の指示対象を同定することを含まない、何らかの手段が用いられているのである。

　文脈原理そのものを放棄することなく、実在論的解釈だけを捨て去るということも可能かもしれない。しかしそれは、ここで理解された限りでの文脈原理が整合的であると示すことができる場合に限られる。そしてその可能性はいまだ極めて疑わしい。その一方で、文脈原理の動機は大変強力なので、いかにしてそれを放棄しうるかを見るのは困難である。代わりの選択肢は、抽象的対象を含め、対象というものを把捉する何らかのやり方があると考えることである。その把捉は、対象への指示の理解や、さらには対象に関する思想の把握の背後にあって、しかもそれらに先立つのでなければならない。これは外在的実在論の一種であり、あまりに粗雑で考慮に値しないだろう。それゆえ私は、フレーゲ哲学の中心的特徴を擁護することも拒絶することもなく結びとせざるを得ない。私にできるのは、これはその解決が哲学にとって第一級の重要性をもつ問題なのだ、と力なく述べることだけである。

文脈原理

原注

(1) この講演は単独の議論と解されるべきである。以下で私は、最近の Dummett (1991) での主張を含め、以前に活字になった主張と多くの点で食い違うことを述べる。それゆえ、ここで述べることを私がこれまで書いてきたことと整合させようと試みても無駄だろう。

(2) Frege (1893), vol. I, §5, footnote 2. 序文の p. X も見よ。

(3) そうした試みの例として、Baker and Hacker (1984) と Shanker (1982) がある。後者は Dummett (1981a), (1981b) に対する書評である。

(4) この解釈を最初に提唱したのは van Heijenoort (1967) である。この論文の特徴的な件りをいくつか引用してみる。「論理の普遍性がもたらすもうひとつの重要な帰結は、体系の外では何も語ることができないし、その必要もない、ということである。実際フレーゲは、決してメタ体系的な問い(無矛盾性、公理の独立性、完全性)を提起することがない」(p. 326)。「概念に関わる(ように見える)言明のうち、一部は体系の中へ容易に翻訳することができる……。そうした翻訳が困難な言明は、よく検討してみれば、メタ体系的な言明であることが分かる」(note 5)。「普遍的な形式言語は自然言語に取って代わる」(p. 327)。Hintikka (1988) もまったく同様の見解を表明した論文であり、著者も認めるように、ヴァン・ハイエノールトに多くを負っている。「厳密に言えば、一般的なメタ論理はフレーゲにとって不可能だった」とヒンティッカは述べ、こう続ける。「同様に、モデル論も不可能だった。……メタ論理が不可能であるように、メタ言語も不可能である」(p. 1)。さらに、「フレーゲにとって、厳密に言えば無矛盾性の問題など存在しえなかった」(p. 8)。

(5) 厳密に言うと、フレーゲは図式文字をまったく使わなかった。彼の論理式において図式文字に見えるものは、彼の説明によれば、書かれていない先頭の全称量化子に束縛された変数である。確かに、解釈の変動という発想はフレーゲの全般的な物の見方にとっていくぶん異質だが、彼がそれを採用しても何ら矛盾する点はなかったろう。これはヒンティッカが、フレーゲにとって「……われわれの言語……の他のモデル(解釈)について語ることはナンセンスである」(op. cit., p. 2)と述べていることに反する。それどころか、仮にフレーゲが、ベルナルト・ボルツァーノが『学知論』(1837) の第 148 節で与えた

名高い分析性の定義を読んでいたなら、彼は自然にそうした考えに導かれていただろう。

(6) Hintikka (1988), p. 8 は、フレーゲの次のような言葉 (Frege (1980), p. 37, German: Frege (1976), p. 63) を引用している。これは 1899 年 12 月のヒルベルト宛書簡の文章である。「各公理が真であることから、それらが互いに矛盾しないことが帰結します。ですから、そのことについてそれ以上の証明は何ら必要ありません。」この発言を馬鹿にするのはたやすい。Hintikka (1988), p. 10 の所見がその一例である。「マイケル・レズニクが……「彼が手にしていたデータのもとでは、フレーゲの批判は完全に正当だった」と述べるとき、それが示しているのは、レズニクもまたフレーゲ同様、ヒルベルトの考え方を根本的に理解し損なっている、ということに過ぎない。」しかし、フレーゲの発言が大筋で擁護しうると見なしている点で、レズニクはまったく正しい。当時のヒルベルトはモデルを提示する以外の無矛盾性証明を想定していなかった。フレーゲが言っていたのは、無矛盾性は意図されたモデルに訴えることで証明できる、ということである。その後のいくつかの発言からすると、彼は無矛盾性を証明するにはそうするしかないと考えていたらしい。彼には、意図されたモデルをもたない公理系というヒルベルトの考えを受け入れることができなかった。しかしいずれにせよ、初等算術のように、意図されたモデルをもつことに議論の余地のない理論が存在する。そうした理論に対しては、意図されたモデル以上に見通しのよいモデルはありえない。少なくともフレーゲのように、無限領域の上の量化が有意味であるか、それゆえそもそもモデルについて語ることが有意味であるかについて、後年ヒルベルトが抱くようになった疑念をもたない者にとってはそうである。

しかし、このフレーゲの発言がなされたのは、『基本法則』第 I 巻の出版からほんの六年後のことである。たとえそれがどれほど擁護しうるにしても、この言葉はヒンティッカとヴァン・ハイエノールトの、フレーゲは無矛盾性証明の必要性も可能性も信じていなかった、という見解を支持しないだろうか。しないのである。公理が真であると認めうるのは、公理の言明に含まれる原始語が**意味**をもつことが保証されたときだけなのだから。そうした**意味**が確保されたと言うために、現に証明を必要とする場合もある。『基本法則』の無矛盾性証明が目

指していたのは、その本の体系の原始語について、まさしくそれを確立することだった。そこでのフレーゲのやり方に従えば、値域名に対して**意味**が保証されるのは、その値域名を含むあらゆる文が一意的な真理値をもつことを示せたときである。だから、もし仮に、フレーゲの主張通り意味論的理論がすべての原始記号の解釈を固定することが証明できたとすれば、それは体系全体の無矛盾性証明として何ら不足するところがないはずである。

(7) その大半は私自身がある時期提出していた議論である。

(8) ひとつの語に等しく許容可能だが指示を同じくしない複数の翻訳がありうる、というクワインのテーゼは無関係である。どの翻訳に決めるにせよ、その選択が、問題の語がわれわれの言い方で何を指示するかを確定する。競合する複数の翻訳が指示を同じくしない理由が何であれ、それがひとつの翻訳を他より正確なものとして選び出す理由にならないなら、競合するどの翻訳も完璧ではないことになる。

(9) 特に、Putnam (1990), chaps. 1 and 2 を参照。

訳注

　1993 年 10 月、『算術の基本法則』第 I 巻の刊行百周年を期して、出版地でもあるイェーナで「フレーゲ・コロキウム」が開催された。本稿はその際の講演原稿（英文）の全訳である。聴衆に配慮したのか、フレーゲからの引用は（注の中を除いて）ドイツ語のままだが、本訳ではそれを日本語に直し、念のためドイツ語原文を添える形にした。また、フレーゲ独特の術語や言い回しも（イタリック体にして）ドイツ語のまま使用・言及されているが、そうした表現は、日本語に直した上で**ゴシック体**で表記し、初出の際に原語を添えた。

[1] 正しくは、第 I 部に先立つ序論（Einleitung）の冒頭。

[2] 例えば、ダメットは概念《哲学者》の「もとに属する (unter ... fallen, fall under)」。概念《哲学者》のもとに属するのは対象であり、こうした概念は「一階 (erste Stufe, first-level) の概念」と呼ばれる。一階の概念 F のもとに属する対象たちと一階の概念 G のもとに属する対象たちとの間に一対一対応が存在するとき、F は G と「等数的 (gleichzahlig, equinumerous)」であると言う。そこで今度は、一階の概念 F をとって、《概念 F と等数的》という概念を考える。この概念のもとに属するのは対象ではなく（一階の）概念であり、こう

した概念は「二階（zweite Stufe, second-level）の概念」と呼ばれる。（もっとも、『基礎』においてはまだ「階」という用語は採用されておらず、フレーゲは「二次（zweite Ordnung, second-order）の概念」と言っていた。また、後年のフレーゲは、対象が一階の概念の「もとに属する」ことと区別するために、一階の概念は二階の概念の「うちに属する（in ... fallen, fall within）」、という言い方を好んだ。）

「概念 F に帰属する（zukommen, belong to）基数」という表現は、二階の概念《概念 F と等数的》の外延を意味するものとして定義される。ここに、概念の「外延（Umfang, extension）」とは、直観的に言えば、その概念のもとに属するものたちがつくる「集まり」のことである。例えば、概念《哲学者》の外延は、ダメット、パトナム、……といった対象たちの「集まり」であり、概念《概念 F と等数的》の外延は、（F 自身を含む）F と等数的な概念たちの「集まり」である。要するに、概念の外延は素朴に考えられた「集合」、フレーゲの言う「クラス（Klasse, class）」に相当するが、「外延」という言葉はすでに論理学用語として定着していたので、『基礎』のフレーゲは「概念の外延が何であるかは周知と仮定する」（第 68 節）と書いて済ませていた。ともあれ、フレーゲにおいて重要なのは、概念の外延が対象だということである。

[3] 「指示」は "reference" の訳。ダメットはこれをフレーゲの "Bedeutung"（訳注[5]を参照）の訳語として用いるが、"Bedeutung" が表現の指示するものを表わすことが多いのに対し、ダメットの "reference" は（例外もあるが、原則として）（ⅰ）表現とそれが指示するものとの間の関係、（ⅱ）何かを指示するという（表現がもつ）性質、（ⅲ）特定のものを指示するという（表現がもつ）性質、のいずれかを表わしている。ある表現が「指示をもつ」「指示を欠く」と言うときは（ⅱ）の意味であり、「表現の指示はその構成要素の指示によって確定される」と言うときは（ⅲ）の意味である。（なお、指示されるものを表わすダメットの用語は「指示対象（referent）」である。もちろんここでの「対象」は、フレーゲ的な意味で「対象」であるとは限らない。）目下の箇所は、数名辞が数を指示する指示関係の正当化という話だから、（ⅰ）の意味と見てよいだろう。

[4] G. Frege, *Function und Begriff*, Jena: Pohle, 1891. 1891 年 1 月

のさして長くない講演だが、これ単独で出版されたのでダメットは著書として扱っている。二種の日本語訳がある。「関数と概念」(藤村龍雄訳)、『フレーゲ哲学論集』所収、岩波書店、1988年。「関数と概念」(野本和幸訳)、黒田亘・野本和幸編『フレーゲ著作集4 哲学論集』所収、勁草書房、1999年。いずれの訳書も関連する他の諸論文の日本語訳を収める。

[5] フレーゲの "Sinn" と "Bedeutung" は、日本語ではそれぞれ「意義」「意味」と訳す習慣である。先に述べた方針により、原文でイタリック体のドイツ語がそのまま用いられている場合、訳文では「**意義**」「**意味**」とした。他方、ダメットは "Sinn" と "Bedeutung" をそれぞれ "sense", "reference" と訳すのがつねであり、本稿にもこれらの語がしばしば登場する。術語的に用いられている場合、訳文では前者を「意義」、後者を「指示」とした。「意味 (meaning)」は両者のいずれとも違って、意味一般を指す言葉である。

ダメットの整理によると、フレーゲの指示 (**意味**) の概念には、区別すべき二つの要素が含まれている。ひとつは「名前／担い手」関係であり、もうひとつは「意味論的役割」である。固有名は特定の対象、つまりその名前の「担い手」を取り出すという機能をもつ。フレーゲは、対象の同定に関わるこの「名前／担い手」関係を指示関係のプロトタイプと見なした。ダメットが「実在論的」「堅固 (robust)」といった形容を冠するのは、この種の指示概念である。他方、論理学の「意味論 (semantics)」では、推論の妥当性を特徴づけるために、文 (論理式) が真となる条件が規定される。文を構成する各表現はその論理的タイプに応じて値を付与され、それらの値から文の真偽 (真理値) が確定する。フレーゲが指示の概念を導入した眼目は、まさにこの種の意味論的説明を行なうことにあった。これが指示概念の第二の側面、「意味論的役割」であり、表現がそのタイプに応じた値——「意味論的値」と呼ばれる——をもつことを指す。

なお、フレーゲは言語的意味のうちに意義や力などいくつかの成分を区別したが、ダメットによれば、指示はそうした成分のひとつではない。ダメットの考えはすぐあとの本文 ((ⅲ)の項) からも窺われよう。

[6] 「単称名 (singular term)」は特定の対象を指示する表現のこと。「単称名辞」とも訳される。単称名のカテゴリーには狭義の固有名

(例えば「ダメット」)の他、指標詞(「私」)や確定記述(「20世紀最後の日本の首相」)が含まれる。

[7]　ダメットが「意味の理論 (theory of meaning)」と言うとき、二つの可能性がある。まず、(ⅰ)「意味の理論」が、意味とは何かという問いに答える哲学的理論、もしくはそうした理論を研究する哲学の一分野を指す場合がある。ダメットによると、これは「言語哲学」の別称(むしろ、より適切な呼称)である。他方、(ⅱ)特定の言語に対して立てられるある種の理論が「意味の理論」と呼ばれることもある。("theory of meaning" という用語をこの意味で使ったのはデイヴィドソンが最初であり、彼の訳書では「意味理論」と訳されている。)ダメットたちの考えでは、意味とは何かという問いに答える最良の方法は、ひとつの言語について、その言語の各表現の意味を規定する理論がどのような形をとるべきか、という(より具体的な)問題を探究することである。言語ごとに決まるこの理論が第二の意味での「意味の理論」だが、そうした理論を構築することは(ⅰ)に言う理論への寄与になるわけだから、両者の区別が微妙になる場合も少なくない。ダメットは(ⅱ)に言う理論を指して "meaning-theory" という語を使うこともあり、その場合は「意味理論」と訳せばよいが、"theory of meaning" は一応「意味の理論」としておく。ここは、「哲学の歴史における」とあり、特定の言語が念頭に置かれているわけでもないので、おそらく(ⅰ)の意味である。

[8]　「意味ないし意義」は "meaning or sense" の訳。その通常の用法においては、"meaning" は "Bedeutung" よりむしろ "Sinn" に近い。

[9]　"denote" は「表示する」と訳した。ここではラッセルの用法が意識されているが、必ずしもそれに限定されない場面で用いられる。同じく「表示する」と訳した "signify"(本稿での用法はフレーゲの "bezeichnen" に対応する)と区別するため、原文が "denote" のとき(四箇所)は原語を添えることにする。

[10]　ラッセルの用語を使えば、「表示対象 (denotation)」と「表示 (denoting)」。「指示対象」と「指示」と言ってもよい。

[11]　G. Frege, *Begriffsschrift*, Halle: Nebert, 1879.『概念記法』(藤村龍雄訳)、藤村龍雄編『フレーゲ著作集 1　概念記法』所収、勁草書房、1999 年。

[12]　I. Kant, *Logik*, ed. by G. B. Jäsche, Königsberg: Nicolovius,

1800. Akademie ed., vol. IX, p. 91 を参照。日本語訳は、例えば『論理学』(湯浅正彦・井上義彦訳)、『カント全集17　論理学・教育学』所収、岩波書店、2001年。

[13] 「共範疇的表現」は "syncategorematic expression" の訳。「共範疇語 (syncategorema)」はスコラ論理学の用語で、「人間」や「白」のようにそれ単独で何かを表示する語と違って、他の名辞と結びつくことで初めて何かを表示する語彙のこと。「すべての」のような、いわゆる論理定項がその典型である。

[14] 「形式話法 (formal mode)」「実質話法 (material mode)」はカルナップの用語。例えば、「"5" は数字である」は形式話法の文で、「5 は数である」がそれに対応する実質話法の文になる。

[15] 「意味論的理論」は "semantic theory" の訳。これは意味論的値 (意味論的役割) の理論を指し、フレーゲが構築した特定の意味論的理論は「**意味の理論**」と呼ばれている。ダメットが時として「指示の理論」と呼ぶ理論は、両者のいずれかである。意味論的理論は訳注[7]の(ii)に言う「意味の理論」、別名「意味理論」、の基礎となる。ダメットの構想するフレーゲ的理論では、意味論的理論をもとに「意義の理論」が構成され、それを補完する「力の理論」等を俟って初めて意味理論が完成する。論理学で言う意味論が「意味論的理論」と呼ばれるのは、それが単に妥当性を規定するための数学的理論ではなく、意味理論 (言語的意味の体系的説明) の基礎となる一般的枠組を提供する場合に限られる。

[16] 「入れ替え論証」を説明するために、まずは「値域」の説明から。「値域 (Werthverlauf, value-range)」とは関数に付随するある種の対象である。フレーゲの記号とは異なるが、関数 F の値域を "vr(F)" と書こう。二つの関数 F, G が同じ引数（アーギュメント）に対してつねに同じ値を返すとき、F, G は「同じ値域をもつ」とされる。つまり、vr(F) ＝vr(G) であるための必要十分条件は、任意の引数 x について $F(x)=G(x)$ となることである (値域の同一性規準)。『基本法則』はこれを公理のひとつとしているが、それこそが、しばしばラッセル・パラドクスの元凶とされる「基本法則(V)」(「公理(V)」) である。

　入出力のパターンが一致する二つの関数は「同じ値域をもつ」、ということから、素朴集合論の流儀で、値域とは入出力のペア (引数と値の順序対) たちがつくる「集まり」であると考えることもできる。

(現在では普通、これを写像の「グラフ」と呼んでいる。ただし、フレーゲにとって値域は「集まり」＝クラスを使って定義されるものではなく、逆にクラスが値域の一種と見なされるのだから、この種の説明に問題がないわけではない。）さて、『基本法則』では、概念は「ひとつの引数をとってつねに真理値を返す関数」である。例えば、概念《哲学者》は引数がダメットのとき真理値《真》を返し、引数がサッチャーのとき真理値《偽》を返し、……という関数である。こうした関数の場合、値が真理値《真》となる引数たちが分かれば入出力のパターンは一意的に決まり、逆もまた言える。つまり、概念の場合、値域はその概念の外延と同一視できる。

フレーゲは『基本法則』第Ⅰ巻第10節の初めで、値域を表わす名前——「値域名（Werthverlaufsname, value-range term）」——の指示対象が値域の同一性規準によって定まるわけではない、とする議論を与えている。それが「入れ替え論証（permutation argument）」である。いま、すべての値域名に指示対象が割り当てられたとしよう。ここで、対象を対象に写す関数で、異なる引数に対して同じ値をとることがないもの（「単射」）π を考えると、任意の対象 x, y について、$\pi(x) = \pi(y)$ と $x = y$ は同値になる。値域の同一性規準は二つの関数 F, G について $\mathrm{vr}(F) = \mathrm{vr}(G)$ と言えるための必要十分条件を定めていた。しかし、いま注意した同値性により、それは $\pi(\mathrm{vr}(F)) = \pi(\mathrm{vr}(G))$ であるための必要十分条件でもある。すると、本来 $\mathrm{vr}(F)$ を表わす値域名 "$\mathrm{vr}(F)$" に $\pi(\mathrm{vr}(F))$ を割り当て、$\mathrm{vr}(G)$ を表わす値域名 "$\mathrm{vr}(G)$" に $\pi(\mathrm{vr}(G))$ を割り当て、……といった割当てを考えても、値域の同一性規準に反することはない。「単射」π は任意だったから、特に、少なくともひとつの値域をもととは異なる対象に写すものをとれば、これは結局、値域の同一性規準が値域名の指示対象を確定していないことを示している——というわけである。フレーゲはこれを受けて、第10節の残りで解決策を講じているが、その際にもう一度入れ替え論証が出てくる。

"permutation" とは置換、つまり、ある集合からそれ自身への全単射のことで、前段落の π を指している（もっとも、ここでは π が「単射」であることしか使わなかった）。その後、同様の入れ替え論証がデイヴィドソンやパトナムといった論者によって利用されたが、このフレーゲの論証が元祖である。

[17] 二つの引数をとってつねに真理値を返す関数が、フレーゲの言う「関係 (Beziehung, relation)」である。引数がひとつの場合が「概念」だったから、例えば、否定の真理関数は概念であり、条件法の真理関数は関係である。

[18] 「関数名」は "functor" の訳。ダメットは関数を表わす表現を "functor" と呼ぶことがある。目下の文脈では、実質的にフレーゲの "Functionsname" に対応するので、「関数名」と訳した。

文献

Baker, Gordon P., and Peter M. S. Hacker. (1984) *Frege: Logical Excavations*. Oxford: Oxford University Press.

Bolzano, Bernard. (1837) *Wissenschaftslehre*. Sulzbach: Seidel.

Dummett, Michael. (1981a) *Frege: Philosophy of Language*. Second ed., London: Duckworth.

——. (1981b) *The Interpretation of Frege's Philosophy*. London: Duckworth.

——. (1991) *Frege : Philosophy of Mathematics*. London : Duckworth.

Frege, Gottlob. (1884) *Die Grundlagen der Arithmetik*. Breslau: Koebner. [『算術の基礎』(三平正明・土屋俊・野本和幸訳)、野本和幸・土屋俊編『フレーゲ著作集 2 算術の基礎』所収、勁草書房、2001 年。]

——. (1893) *Grundgesetze der Arithmetik*, vol. I. Jena: Pohle. [抄訳『算術の基本法則』(野本和幸・横田榮一・金子洋之訳)、野本和幸編『フレーゲ著作集 3 算術の基本法則』所収、勁草書房、2000 年。この訳書は第 II 巻 (1903) の抄訳を含む。]

——. (1976) *Wissenschaftlicher Briefwechsel*. Edited by Gottfried Gabriel, Hans Hermes, Friedrich Kambartel, Christian Thiel and Albert Veraart. Hamburg: Felix Meiner. [「フレーゲ = ヒルベルト往復書簡」(三平正明訳)、野本和幸編『フレーゲ著作集 6 書簡集 付「日記」』所収、勁草書房、2002 年。]

——. (1980) *Philosophical and Mathematical Correspondence*. Edited by Brian McGuinness and translated by Hans Kaal. Oxford: Basil Blackwell.

van Heijenoort, Jean. (1967) "Logic as Calculus and Logic as Language." *Synthese*, 17, 324–330.

Hintikka, Jaakko. (1988) "On the Development of the Model-Theoretic Viewpoint in Logical Theory." *Synthese*, 77, 1–36.

Putnam, Hilary. (1990) *Realism with a Human Face*. Cambridge, Mass.: Harvard University Press.

Shanker, Stuart. (1982) Review of Dummett (1981a) and (1981b). *Dialogue*, 21, 565–71.

---

*ここに訳出したのは、Michael Dummett, "The Context Principle: Centre of Frege's Philosophy," in *Logik und Mathematik : Frege-Kolloquium Jena 1993*, ed. by Ingolf Max and Werner Stelzner, Berlin: de Gruyter, 1995, pp. 3–19 である。なお、この論文は Michael Beaney and Erich H. Reck (eds.), *Gottlob Frege : Critical Assessments of Leading Philosophers*, vol. IV, London and New York: Routledge, 2005 に再録されている。

フレーゲの数の理論

チャールズ・パーソンズ
(小川芳範訳)

　フレーゲの『算術の基礎』を彼の先人たちによる数学の哲学とくらべてみるとき、たとえ比較の相手がカントのような大哲学者による著述であろうとも、明瞭さと厳密さにおいて、『基礎』はこの分野におけるきわめて大きな前進を意味するものであると結論しないわけにはいかない。同様に、フレーゲの分析は算術の基本的諸概念についてのわれわれの理解を増大させるものであるし、彼の明確な理解とは対照的に、先人たちによっては、せいぜい朧げにしか把握されていなかったような基礎的な哲学的論点が多く存在するという結論を避けることもできそうにない。

　『基礎』から受けるこうした印象を述べ立てたのには理由がある。というのは、彼の思想に対する批判的考察、そしていわゆる「フレーゲ—ラッセル説」、「数学の論理学への還元」あるいは「論理主義」についての考察においてはなおさら、それが忘れられているのである。たしかに、フレーゲの中心的主張である「算術は論理学の一部分である」というテーゼは当世風ではない。私自身、そのことにはそれ相応の理由があると思うし、テーゼに対してなされてきた批判の蓄積がもつ力はほとんど圧倒的であるとも思う。しかし、たとえ彼の論理主義テーゼの妥当性に議論の余地はないと多くの人が考えていた当時と比べて、今日のほうがフレーゲについての研究がより盛んであるというのが事実であるにせよ、彼が算術について行

った説明の何が正しく何が誤っているのかということに関して、われわれは依然明確な見解を欠いているのではなかろうか。本稿はそのような見解に到達するための一助となることを目指している。

I

ところで、この課題の遂行にあたっては、「算術は論理学の一部分である」というテーゼに過度に注意を限定しないほうがよい。『基礎』の議論を吟味してみると分かることだが、フレーゲは、先人たちに見受けられる混乱のいくつかを彼らのとは別の分析を通じて解消した後で初めて、このテーゼを導入している。私の見るところ、フレーゲの見解は三つのテーゼに分かつのが最善であり、以下において順に見ていくことにしよう。

(1) 「基数をもつ」というのは、われわれの解するところのフレーゲの特殊ないみでの、概念の性質（property）である。また、数を指示する単称名辞の基礎的なタイプは、「概念 F のもとに属する対象の数」、あるいはより簡潔に「F の数」('the number of Fs')、あるいは記号記法において「N_xFx」という形式をもつ。[1]
(2) ふたたびフレーゲの特殊ないみにおいて——数は対象である。
(3) 算術は論理学の一部分である。このテーゼはさらに二分されうる。
   (a) 算術の概念は論理学の概念によって定義されうる。
   (b) 算術の定理は純粋に論理的な諸法則によって証明されうる。

第一のテーゼについては多くの議論を要しない。言うまでもなく、フレーゲ独特のいみでの「概念」に訴えることは問題を惹き起こし

物議をかもすだろうが、これはテーゼにとって本質的ではない。基数を論ずるにあたっては、上に述べたような形式の単称名辞、もしくは、そのうちに現れる一般名辞がクラスまたはそれに類する存在者を指示する名辞によって置換されるような表現がなければ、さして先へ進めないことは衆目の一致するところであろう。

これとは別に、知覚対象にかかわる初等的な例において、クラスや概念よりももっと具体的な何かに対して、あるいは唯名論の諸要請にもっと調和するような何かに対して、数を帰することは可能か、という問題もある。しかし、フレーゲ自身はこの問題に関心を払わなかったようだし、数学の基礎にとってさしてそれが重要であるとも思われない。

II

次に「数は対象である」というテーゼについて考えてみよう。後になって分かることだが、これは第三のテーゼ「算術は論理学の一部分である」と密接なつながりをもつ。最初に注記すべきなのは、フレーゲにとって、「対象」の観念（notion）は論理的観念だという点である。彼の考えでは、ある一定の統語論的条件を満たす言語表現は、少なくとも、対象を指示すると見込まれて（purport to refer）いる。残念ながら、私は、それらの条件が正確には何であるのかについての一般的説明をもたない。命題の主語になることが可能であるということは要件のうちでもまず第一だろうが、これは論理的ないみにおいて、そう［主語になることが可能］なのでなくてはならない。そうでなかったら、たとえば 'Every man is mortal'（「だれも死を免れない」）中の 'every man' は対象を指示することになってしまうだろう。少なくとも定冠詞が現れるということは、［論理的ないみでの可能主語であるための］ひとつの重要な判断基準

となる。そして、'The number 7 is a prime number'(「7 は素数である」)のような例は、数表現がこの統語論的判断基準を満たしていることを示すように思われる。

『基礎』に挙げられるもうひとつのきわめて重要な判断基準は、あらゆる種類の対象について同一性言明が意義(sense)をもたなくてはならない、というものである。

フレーゲはこのことを非常に強いいみにおいて理解した。つまり、「___」と「...」が対象表現だとみなされるとき、たとえこれらの表現が指示するとされる対象がまったく異なるカテゴリーに属するとしても——たとえば、「___」が「月」で「...」が「2 の平方根」であるような場合でも——、「___=...」は有意義でなくてはならないのである。[1]さらに、同一なものの代入可能性の原理(the principle of substitutivity of identity)が満たされねばならない。

> さて、どの対象に対しても意義を持たなければならない、ある種の諸命題が存在する。それは再認命題であり、数の場合には等式と呼ばれる。(中略)どういう場合に、我々はある内容を再認判断の内容と見なしてよいのか? そのためには、次の条件が満たされなければならない。いかなる判断の中でも、その真理性を損なわずに、試しに仮定された等式の左辺をその右辺で置き換えることができる。(『基礎』第 106 節、『著作集 2』171 頁)[2]

これは、「同一性なくして存在者(entity)なし」というクワインの格率によって簡潔に表現される見解であり、『基礎』の議論の建設的部分におけるフレーゲの努力の一部は数を含む等式の意義を説明することへと向けられている。

上述の条件(そしておそらくはさらなる諸条件)を満たす諸名辞が量化の可能な位置に現れるという事実、および、われわれが存在

汎化のような推論（たとえば、「2 は素数である」から「偶数の素数が存在する」への推論）を行うという事実は、数名辞が対象を指示することが見込まれていることを示すと考えられるかもしれない。しかしながら、量化は、（概念を含む）関数上にも現れうる以上、フレーゲの観点からみれば、ここで示されているのは、数名辞は指示することが見込まれている、ということにかぎられると私は考える。

さて、われわれは、表現が対象を指示するように見込まれているかどうかについてのフレーゲの判断基準を受け入れるべきだろうか？　私が思うに、ここで、フレーゲによって明示的に述べられた諸基準から、クワインによって付加された基準、すなわち、量化可能性（accessibility to quantification）という基準、を切り離してもよいかもしれない。よく知られているように、後者は数学における構成可能性そして可述性をめぐる問題と縺れ合っている。そのせいで、それ［量化可能性という判断基準］を容認するわけにはいかないというわけではないのだが、いったん受け入れたら、「指示における掛かり合いの度合い」（"grades of referential involvement"）を区別するというような方向へと導かれることになるかもしれない。この留保をつければ、私にはこれまで言及してきたフレーゲの判断基準よりも適当な基準は見当たらない。それらの意義（significance）と言ったらよいのか、つまりは、対象であるとはどういうことか、ということについて、私は依然明確な理解を得られないでいる。特に、同一性が果たす中心的な役割ということについて、私は説明する術をもたない。強いて言うならば、それはたぶん、人間の認知的諸活動が空間・時間上に広がっている（spread out over space and time）ということに関わっているのだろう。

III

　私はここまで、表現が対象を指示すると見込まれているかどうかを決するための判断基準について、きわめて注意深く述べてきた。文中に現れるさまざまな数表現（number-words）のなかには、これらの基準を満たすものが少なくともいくつかある、かりにそういう風に数表現を説明できたとしよう。しかしこのことは、実のところ、せいぜいそれらが対象を指示すると見込まれていることを示しただけであって、それらが実際に対象を指示する、つまり、それらが実際に指示対象をもつことを示したことにはならないのではなかろうか。フレーゲの数の分析において、この点がどう理解されているかについて次に考えてみたい。

　これについての最も単純な説明は次のようなものである。すなわち、フレーゲによれば、Fの数とGの数とが同一であるであるための必要十分条件は、概念Fと概念Gのあいだに、彼の言うところの等数性（*Gleichzahligkeit*）――「数的同値（numerical equivalence）」と翻訳できるかもしれない――という関係が成立していることであり、概念Fと概念Gが数的に同値であるのは、Fを満たす諸対象とGを満たす諸対象とのあいだに一対一対応が存在するときである。これを記号「$Glz_x(Fx, Gx)$」で表わすならば、この段階におけるフレーゲの数の分析の結果を次の原理として表現できるかもしれない。

(A)　$N_xFx = N_xGx. \equiv Glz_x(Fx, Gx).$

　これに続いてフレーゲは、(A)がそれから帰結するということを当座の根拠として、次のような明示的定義を与える。すなわち、F

の数とは、概念Fと数的に同値という概念の外延、言い換えれば、概念Fと数的に同値な概念すべてからなるクラス、として定義される。

そうなると、数の存在についての問題は、たんに外延の存在についての問題へと還元されるように思われる。しかしその場合、フレーゲは二つの問題に直面することになる。

第一に、パラドクスを考慮に入れるとき、概念の外延の存在に関して、どのような仮定（assumptions）が許容されうるのか必ずしも明確でない。フレーゲは、概念FからFの外延$\hat{x}Fx$へと移行できるようにするための一般的な論理的法則を探し求めた。しかし彼の公理(V)

$$\hat{x}Fx = \hat{x}Gx. \equiv (x)(Fx \equiv Gx)^{(3)}$$

は、われわれをラッセルのパラドクスへと直接導いてしまう。したがって、その後の集合論においては、強さの異なるさまざまな存在仮定が公理(V)の代わりを果たすようになっている。

数名辞に対して指示対象を確保するものとして、フレーゲには概念の外延に代わる何も見出せなかったのかもしれない。そして、そうであるがゆえに、ラッセルのパラドクスは、算術が論理学の一部分であることを証明しようという試みにとっての打撃であるばかりか、数が対象であるというテーゼに対する打撃でもあると彼の目には映ったのかもしれない。

そしていまもなお、もし概念からその外延への移行が——少なくとも条件つきででも——許されないとすれば、算術をどのように学問的に基礎づけうるのか、数をどのようにして論理的対象として把握し、考察しうるのか、私には分からないのである。（『算術

の基本法則』第Ⅱ巻、後書き p. 253、『著作集3』403頁)

実際フレーゲは、論理的対象とは異なる種類の対象として数を把握する可能性については一切言及しない。

もっとも、少なくとも有限数については、まったく問題を生じないような外延としてそれらを同定することが可能である。これを行う自然な方法のひとつとしては、フォン・ノイマンによる順序数の構成の場合のように、個々の数を、その数と等しい数の要素をもつある特定のクラスと同一視するという方法がある。[(4)]

第二の問題点は、もし、何らかの根拠のもとに、必要なだけの外延を認めるとすると、それらと数とを同定する方法があまりにも多すぎるということである。実際、適度な秩序を備えて(reasonably well-behaved)さえいれば、クラスから成るいかなる系列も自然数を表現するものとして採用できるだろう。

フレーゲは自分の選択がどの代案よりも自然であると考えたに違いない。数的同値という関係は反射的、対称的、推移的であり、彼は数をこの関係の同値類のひとつと考えた。そして、この定義を動機づけるために、直線の方向という観念(notion)を「平行」関係の同値類のひとつとして論じている。[(5)] しかしこれはうまくいかない。通常の同値類はある所与のクラスの部分クラスであるが、これに対して、数はその適用範囲が非常に広くなくてはならないので、かりにある概念 F と数的に同値な概念(あるいは概念の外延)すべてが N_xFx の要素であるならば、そのとき N_xFx がパラドクスをもたらすような「無条件的な全体」でないという保証はまったくない。両者の違いは、次の事実に反映されている。すなわち、ツェルメロの公理群にもとづくような、もっとも自然なタイプの集合論体系において、通常の同値類の存在は容易に証明されるが、その一方、何かが F のもとに属するかぎり、フレーゲの N_xFx は存在しないこと

が帰結する。

　数名辞が指示対象をもつことを確実にするためには、数と外延とを同一視せねばならないだろうが、しかし、その場合、われわれはこの指示対象をほとんどいかなる方法で選んでも構わないというのだから、まったく奇妙なことである。想像してみてほしい。あるところに、通常の数論の言語を使用し、同一の集合論を受け入れている数学者の部族集団が暮らしているとする。彼らの公共生活においては、数はクラスと同一視されるべきかどうかという問いが口の端に上ることは決してない。しかし、成員の各々は自分個人で数をある特定のクラスの系列として同定していて、にもかかわらず、それがどの系列なのかを他成員に告げはしない。数論における二つの名辞が同一の数を指示するということをある成員が語るとき、もう一人の成員がそれに同意するか否かは、後者にとっての自然数が前者にとってのそれと同じかどうかには一切依存しないのである。

　読者はここで『哲学探究』のよく知られた一節（第1部、293）[3]を思い起こすことだろう。数論の名辞がどのクラスを指示するのかが何の違いも生み出さないとすると、「数とは、クラスと同一である可能性をもった対象である」というテーゼに一体どれほどの重要性があるというのだろうか？

　　　　Ⅳ

　ダメットは、注5にあげた彼の論文［「唯名論」］のなかで、この問題に対する別の見方を提案している。彼はフレーゲの［いわゆる文脈］原理、つまり「語は本来、命題の中でのみ意味をもつ」(6)あるいは「語の意味は孤立させて説明してはならず、命題という連関の中で説明しなければならない」(7)という原則に訴える。彼によれば、この原則が述べているのは、ある語の意義（sense）を確定するた

めには、その語が使用されている諸文の意義を確定すれば十分であるということであり、要するに、それらの文の真理条件を確定するという問題である。ある語が統語論的には固有名詞として機能しているとしよう。すると、その語の意義はその語の現れるさまざまな文の意義を通して確定されるだろう。そしてさらに、どの文が真なる命題を表現するかという言語外的事実によって、その語の指示対象は確定されるというわけである。

　ダメットによれば、この立場は、いざそう言われてみれば「分かりきったこと」だそうだ。しかし私の見るところ、それは深刻な曖昧さを含んでいて、その結果、先に述べた二つの問題点をうまく回避できるかどうかは疑わしい。ある名前について、それが現れる諸文脈の真理条件を特定することができれば、その名前はかならず指示対象をもつ。ダメットは文脈原理の意味するところをそう理解しているようだ。けれども、この解釈はフレーゲの諸原則と矛盾しないだろうか。というのも、ある名前の意義について十全な説明が与えられたからといって、そのことはその名前が指示対象をもつことを決して保証しないし、したがって、その名前の現れる文が真あるいは偽なる命題を表現するということも保証しない。とすると、たとえ［その名前の］意義が特定されたとしても、このこととは別に、［それの］指示対象が実際に存在するのかという疑問が当然生じるし、しかもこの問いは、［それが現れる文が表現する］命題の真理値について答えることができるようになる以前に、答えを与えられていなくてはならないように思われる。あるいは、ここで必要とされる表現すべての意義を特定しようとすると、その過程において、［その名前の］指示対象を特定するか、それが存在することを前提しなければ、これを行うことは恐らくは不可能であるだろう。つまり、どちらの場合でも、存在についての哲学的問題を退けるということについて、フレーゲの原理はダメットが考えているほどの有効

しかしだからといって、これらの考察によってダメットのフレーゲ解釈が誤りであることが示されるとも私は思わない。文脈原理のもうひとつの解釈として次のようなものが可能であるだろう。つまり、もしある名前を含む諸文が明確な（well-determined）真理値をもつことを示せれば、その名前が指示対象をもつことは定かであり、したがって真理値の確定に先立ってその名前の指示対象を発見する必要はない。フレーゲ自身、文脈原理は『基礎』における彼の数の分析にとって道標となるアイデアであると述べていることでもあり、私としてはこの方向で解釈を進めてみることにしたい。また、この同じ原理は、フレーゲが『算術の基本法則』において試みた、形式体系において適正に形成された名前は指示対象をもつ、という論証に根拠を与えるものであるとも見なすことにしたい。

ただし、文脈原理の適用に際しては、これらいずれの場合にも生ずる一般的な問題点がひとつ存在する。すなわち、それが文脈的定義あるいは明示的定義による名前の消去を可能にしないのだとすると、この原理はどのように適用されうるのかが理解しがたい。後述するように、フレーゲの取る手続きが示唆するようなタイプの文脈的定義を与えることは、まったく単純な理由から、不可能である。そして、『基本法則』の場合でも——そこでは、外延の名前がきわめて重要な考察対象となるわけであるが——、明示的定義を与えることが不可能なのは明らかだと思われる。

フレーゲは、対象名の現れる同一性文脈の意義を特定することが非常に重要であると考えた。実際、『基礎』で彼が取った手続きはこれを行うための努力であると見なしうる。これら［対象名の現れる］同一性言明（等式）は次の三形式をもつ。

(1) F の数 $= G$ の数

(2)　F の数 = 7

ただし、ここで「7」は数を指示すると解される他のいかなる表現で置き換えてもよい。

(3)　F の数 = ...

ただし、ここで「...」は「月」、「ソクラテス」あるいは「素数という概念の外延」といった、まるで異なるタイプの名前を表現している。

　形式 (1) の等式の真理条件は上述の原理(A)によって確定される。つまり、(1) は、F であるもの (Fs) と G であるもの (Gs) とのあいだに一対一対応が存在するとき、またそのときに限り、真である。そしてこのことは、後述するように、数の概念に訴えることなく定義可能である。

　個別の数をある特定の概念に帰属する数であると定義することによって、フレーゲは形式 (2) の等式を分析した。その結果、それらは実質的には形式 (1) の等式へと同化される。かくして、0 は自己自身と同一でないという概念の数であり、いかなる対象もその下に属さないような任意の概念の数であると判明する。$n+1$ は n で終わる自然数の系列の要素であるという概念の数である。尚、これらの等式あるいはフレーゲによるこれらの取り扱いに関してはここでは一切問題にしない。

　かくして、Ⅲ節の冒頭で言及した明示的定義は、フレーゲが述べるように、形式 (3) の等式を扱う場合にかぎって必要とされていると見なすことができよう。概念の外延という観念 (notion) がすでに理解されていると仮定した上で、フレーゲは、(3) の意義は

・　・　・　・　・　・　・　・　・　・　・　・　・　・　・　・　・
概念 F と数的に同値であるという概念の外延＝…

の意義に等しいと規定（provide）する。しかも、後者の意義についてはすでに確定されているのだから、先に述べたように、この明示的定義から（A）が帰結し、その結果、この定義は別の文脈においても役に立つということになる。

V

フレーゲは外延の導入が彼の議論にとって本質的であるとは考えていない、ということがピーター・ギーチによって主張されている。[11] ギーチは形式（1）の等式についての分析がそれだけで「数は対象である」というテーゼを確立するに十分だと考えているようである。

数、数の概念いずれにも言及することなく「B であるものと等しい数だけの A であるものがある」の分析に成功したフレーゲは、今度はこの分析を数的同一性の判断基準として提供することができる。すなわち、それは「A の数と B の数は同一の数である」といえるための基準となる。数を同定するためのこの明確な判断基準をもって、フレーゲは、数を対象と見なすことを妨げるのはもはや偏見のみであると考えた。私自身、フレーゲは正しいという考えに強く傾いている。[12]

形式（3）の等式を扱うにあたっては、(a) それらはすべて意義を欠いているとか、あるいは (b) それらはすべて偽である、と決めて（specify）しまえば、非常に単純に処理できるように見えるかもしれない。最初の選択肢は、「惑星の数＝月」であるとか「(等式 $x^2+3x+2=0$ を満たす解の数) ＝素数のクラス」のような例に

おいてはもっともらしい。ただし、これを採用すれば、対象は単一の領域を構成しており、したがって関数および概念はすべての対象について定義されていなければならない、というフレーゲの立場を放棄することになるだろう。他方、第二の選択肢は、「...」が閉項であるとき、理に適っているようだが、これは、数は他の何らかの方法によって与えられた対象と同定されねばならない、という要求を退けることを意味する。

しかしながら、これらいずれの解決策にもある致命的な欠点がある。明らかなことだが、「...」が自由変項のときの (3) の意義が説明されねばならないのである。ここでたんに、「$N_xFx=y$」は何についても真でない、と宣言 (declare) することはできない。それは (1) に関する約定と矛盾することになるだろうし、われわれの議論領域 (universe) には数は含まれないという帰結を導くことになるだろう。この事態に対処する方法は、「$N_xFx=y$」に対して明示的定義を与えるか、あるいは F の数が何であるかについてのわれわれの理解を前提したうえで、「$N_xFx=y$」はただその対象についてのみ真であると断言するか、のいずれかしかないように見える。だが、それでは実質的には指示に関しての論点先取ということになる。この困難はまったく一般的であって、数が他の対象と同一の議論領域に属すべきであるかどうかという事実には無関係である。なぜならば、数を含むことになる議論領域上への量化の使用にとって、「N_xFx」が変項によって置換されうるような位置に現れることは必要不可欠だからである。そして、数の上への量化を行わないことが、「数は対象である」というテーゼを放棄することに等しいのは言うまでもない。

しかしながら、「...」が閉項（フレーゲの用語では「固有名」）であるときの「$N_xFx=...$」の説明は、量化子の走る範囲がある人の記号体系 (formalism) において名前をもつ対象だけに限定されるとい

う条件のもとでならば、それで十分だと見なされるかもしれない。なるほど、もしそうだとすれば、どの対象について「$N_xFx=y$」は真であるかということについて、われわれはすでに説明を与えてしまっていたことになり、したがって、先述の反論は効力を失うだろう。しかし、この条件は、もし件の記号体系が、ある程度の集合論と実数論を含むほどの古典数学を（標準的な方法で）表現すべきだとすれば満たされえない。なぜならば、その場合、議論領域は非可算無限の対象を含むのに対して、記号体系はせいぜい可算無限の名前を含むにすぎないからである。

『基本法則』（第Ⅰ巻第28〜32節、『著作集3』133〜142頁）においてフレーゲは、文脈原理の一般化とおぼしきものに基づいて、彼の形式体系における適正に形成された名前はどれも指示対象をもつことを示そうと試みる。これは、特に、フレーゲが値域（Werthverläufe）とそれらについての公理(V)を導入するにあたって、この導入を直接的に正当化するために行った唯一の試みである。その際フレーゲが使っているのは、指示的な第一階関数名の項場所に、ある対象名を代入したときに生成する名前がすべて指示対象をもつならば、その対象名は指示対象をもつ、という原則である。同様に、適切なタイプの指示的な名前を代入した結果がすべて指示対象をもつならば、関数名は（その階数にかかわらず）指示対象をもつ。対象名を含むいかなる文（すなわち、真理値を指示することを見込まれた名前）も、ある関数名をその対象名に適用した結果と見なすことができるのだから、最初の原則は「固有名は、それが現れる文がすべて真理値をもつならば、指示対象をもつ」というダメットの原理の一般化なのである。

実践上は（in applications）、単純名が指示対象をもつことを示せば十分である。困難なのは、そしてわれわれの議論にとって重要なのは、クラス抽象の場合である。ただし煎じ詰めれば、「$\hat{x}(...x$

...)」が指示対象をもつことを示すには、たとえ「＿＿＿」という名前がどのような対象を表現しているのであれ、等式「$\hat{x}(...x...)=$＿＿＿」が確定した（well-determined）真理値をもつことを示しさえすればよい。

しかしながら、この議論は二つの理由からうまくいかない。第一に、「＿＿＿」が自由変項である場合、等式の真理値が確定されなければならないということを、上述の諸原則は述べていない。したがって、量化を解釈する場合と同一の問題がこの場合にも生ずる。もうひとつの困難は非可述的構成に由来する。フレーゲの論ずるところによれば、「$...x...$」が指示的であるならば、「$\hat{x}(...x...)$」も指示的である。しかし、「$...x...$」が指示的であることを示すには、「＿＿＿」が何であれ、指示的な対象名でさえあれば、「...＿＿＿...」は指示的であるということを示さなくてはならない。ところが、すべてがうまくいったとすると、これらのうちのひとつが「$\hat{x}(...x...)$」である。かくして、「$...x...$」を「$x \in x$」あるいは「$-(x \in x)$」とした場合を考えてみれば分かるように、それらの規則が循環や矛盾を除外するかどうかは、まったく明らかではない。

古典数学の一部を犠牲にして、可述的集合論を採用すれば、フレーゲはこれらの問題点いずれをも回避できるだろう。しかし、これはやはり彼の哲学の精神にそぐわない。抽象的対象についての彼の実在論は、名前を持つものだけに存在を認め、それら全体の上への量化を認めないような立場（たとえば、変項を分岐階層に整列させることによって可述性を実現する伝統的なやり方においては、このようなことが帰結するだろう）とは相容れない。しかも、この方策は当然、概念および関係に対する量化についても可述的な解釈を要求するだろうから、数的同一性はもはや単一な関係としては存在しないだろうし、したがって、基数の観念（notion）は、フレーゲの意図した（カントール的な）それとは異なるものとなるだろう。ただし、

自然数の初等算術はこの影響の埒外にあるので、もし適用を自然数に限定すれば、「数は対象である」というテーゼを維持することができるかもしれない。しかし、この可能性はフレーゲの意図するところからかけ離れているので、これ以上ここで検討することはしない。

フレーゲの実在論的観点からみれば、数名辞およびクラス抽象名辞（class abstracts）の意義の特定を完遂することはできない。［というのも、その作業にあたっては］原理的に許されないような諸前提を、それらの指示に関して導入することが避けられないのである。しかし、この状況は次のように理解することもできる。そういった名辞の意義について、原理(A)と公理(V)は情報を与えてくれる。そして、その情報を通じて、われわれは少なくともある種の文脈から数およびクラスへの指示を消去することができるだろうし、かくして、それらの対象への指示を含む命題のいくつかについてその真理値を確定することができるようになる。したがって、その情報は無益ではない。そのいみで、(A)、(V)あるいはこれに類する原則を部分的文脈的定義と呼ぶことができるだろう。それらはある種の存在者を前提することについて何らかの正当化を与えてくれる。ただし、(V)の例化のひとつがラッセルのパラドクスを生じさせるという事実から明らかなように、これらの原則は矛盾に関してさえ安全性の保証を与えてくれない。

クラスによって「F の数」に明示的定義を与えるということに関して、もう少し述べてみたい。上述の反論は、この種の定義の可能性が数の存在を保証するのだという考えを放棄してしまえば、その効力をほとんど失う。ただしこのことは、たとえ哲学的に動機づけられた「合理的再構成」として役立つような理論においてすらも、そういった明示的定義は使用されてはならない、というようなことを意味するわけではない。重要なのは、数の導入が定義によってク

ラスへと還元されうる、そのようなクラスの導入についての一般的説明と正当化が、数については［クラスを介さずに］直接的になすこともできた、という点である。数とクラスの同定は、数がクラス以上に問題のある存在者なわけではないことを示すという哲学的な目的にとっては依然有効でありうる。しかし、抽象的存在者に関しては、無限に多くの異なった定義が可能である——あるいは、おそらくいかなる定義も不可能であると言うべきなのかもしれないが——という事実によって具体的に示されるような一般的な困難が存在する。これは要するに、異なるカテゴリーに属するさまざまな抽象的対象という概念は、どんなに高度に発達した数学的理論においてさえも、あるカテゴリーに属する対象と別のカテゴリーに属する対象との同一性を述べる命題の真理値を確定しない、ということである。異カテゴリーの対象間の等式を偽あるいは無意味だと推測したくなるような何らかの根拠（presumption）がひょっとすると存在するかもしれない。しかし、次の事実はその根拠を弱める。つまり、理論の単純さのために、そのような推定の根拠が無視されるということがあるにせよ、理論の論理的斉合性（logical coherence）という点については、そうした無視によって何ら不都合は生じないし、また、実際の応用において起こりうる最悪の帰結はせいぜいのところが誤解であって、これは容易に解決可能なのである。しかも、同一カテゴリー内においてさえ、同様な困難が生ずることがフレーゲによって指摘されている。つまり、もし X が議論領域から自身の上への一対一写像であり、そして（V）が成立するとの前提の下で、

$$\tilde{x}Fx = X(\hat{x}Fx)$$

と仮定するならば、

$$\tilde{x}Fx = \tilde{x}Gx. \equiv (x)(Fx \equiv Gx)$$

もやはり成り立つ。したがって、フレーゲが外延について前提する唯一の条件は、それらがどの個別的対象であるかを確定するためには十分でない。⁽¹⁴⁾

かくして、弱められた形ではあるものの、われわれは依然先の困難を抱えたままである。つまり、数およびクラスは定まった（definite）対象と見なされるが、その一方で、それらの同一性および差異関係に関して、無限に多くの、しかも両立不可能な諸前提があって、われわれはそれらから自由に選択を行えるように見える。このことは、抽象的存在と具体的存在とのあいだにアナロジーは成立しないということを端的に示すのだと解されるかもしれないし、または、この困難は直観へのある種の訴えかけによって解決されうるのだと解されるかもしれない。⁽¹⁵⁾

VI

次に、算術は論理学の一部分であるというテーゼについて考えてみたい。フレーゲによる数と外延との同定がこのテーゼのための議論の一部であったことを思い出せば、われわれは自ずとこの問題に行き着くことになる。彼によれば、値域（Werthverläufe）とは、もっとも一般的な種類の「論理的対象」である。そして概念からその外延への移行が、論理的な根拠に基づいて対象の存在を推論する唯一の方法であった。⁽¹⁶⁾ いったんクラスの存在へ関与せざるをえなくなるならば、集合論は「論理学」であるという考えは否定されるべきだとする理由を私はここでいくつか挙げるつもりである。だが［それとは別に］、形式的な数学理論においては、対象の措定をクラ

スを使った明示的定義によって置換しようというフレーゲの計画が現実に実行可能であるというのは、たしかに一つの重要な事実である。

正直なところ、私はこのテーゼをどう評価すべきかよく分からない。ダメットの示唆するところによると、同一の種類に属する対象間に成り立つある同値関係を、新たな種類に属する対象の同一性基準とすることは、抽象的対象への指示を導入するにあたって最も一般的な方法である。そして、もしそうだとするならば、抽象的対象はすべてクラスとして構成することができる。クラス存在 (class-existence) についての諸公理を論理的原理とするには、これでは不十分であるかもしれないが、もしこれが正しいとすると、驚くべきことであるし、重要でもある。

算術は論理学の一部分だというテーゼを立証するためのフレーゲの議論は、基数という一般概念についての分析をその第一部分とする。彼はまず、概念に帰属する基数は原理(A)を満たすような対象でなくてはならない、と論じた上で、(A)が証明可能となるよう、「N_xFx」についての上述の明示的定義を与える。(有限) 自然数の観念の分析を行うためには、さらに、基数のクラスから自然数が選り出されなければならない。

ここまでの分析が基数という一般的概念のそれとして十分であるかどうかを問うこともできるかもしれない。ここまで私はあたかも基数の観念にとって本質的なのは、それが(A)によって与えられる同一性条件を備えた対象だということであるかのように語ってきた。これを除けば、基数がどんな対象であるのか、たとえば、基数は何か別の方法によって与えられた対象と同一であるのか否かというようなことは、どうでも構わないかのように語ってきた。そして実際、『基礎』においてフレーゲが強調するところでは、本質的なのはたしかにそれだけなのだ。しかし、それにもかかわらず、私には彼が

本当にそう考えているのかどうかどうも疑わしく思われる。この点を明確にするために、「ある概念 F について、F の数を知るとはどういうことであるか？」という問いから生じてくる、(A)の一つの正当化について考えてみよう。まず言えるのは、「F の数」というのがすでにそのような名前である以上、F の数を知るということは、たんに所与の同一性条件を備えた対象の名前を知るということではありえないということである。

フレーゲの分析は議論の余地のない事実に基づくものだが、そのことは次のように説明できるだろう。有限数の場合は、F の数がそれであるようなある自然数 n を、何らかの標準的なやり方で名指すことができれば、われわれは F の数を知っている。そしてそのような数を獲得する基本的な方法としては、数え上げがある。n 個の F であるものが存在するということを数え上げによって確定するということは、これらの対象を、ひとつずつ、1 から n までの数と対応させるという作業を伴う。かくして、F であるものと $1, ..., n$ を一対一対応させることが可能であること、つまり、F と 1 から n までの数という概念とが数的に同値であることは、n 個の F であるものが存在するということにとっての必要条件のひとつであると言える。この条件と以下の数学的考察とから、数の観念 (notion) を説明する際の一対一対応の役割を展開させることができる。

(1) もし F であるものと 1 から n までの数とを、ひとつずつ、相互に関係づける (correlate) ことができるならば、概念 G に帰属する対象は F に帰属する対象と相互に関係づけられるとき、またそのときに限り、1 から n までの数と相互に関係づけられうる。

(1) と n 個の F であるものが存在するためのわれわれの条件とから、次のことが帰結する。つまり、

(2) もし n 個の F であるものが存在するならば、G であるものと同じ数の F であるものが存在するのは、F であるものと G であ

るものとのあいだに一対一対応が存在するときそしてそのときにかぎる、すなわち、有限の場合では原理(A)は成立する。

(3) FであるものとGであるものとのあいだの一対一対応がある関係Hによって確立されるということは、同一性を備えた一階述語論理の次の式によって表現できる。

$$(x)[Fx \supset (\exists!y)(Gy \cdot Hxy)] \cdot (y)[Gy \supset (\exists!x)(Fx \cdot Hxy)]$$

なお、ここで「$(\exists!z)Jz$」——「Jzであるような唯一のzが存在する」と読まれる——は次の式の短縮形である。

$$(\exists z)[Jz \cdot (x)(Jx \supset x = z)].$$

かくして、FとGは、FであるものとGであるものとのあいだの一対一対応を確立する関係Hが存在するとき、そしてそのときに限り、数的に同値であるので、「$Glz_x(Fx, Gx)$」は同一性を備えた二階述語論理において、しかも数の概念に訴えることなく、明示的に定義されうる。

(4) それぞれの自然数nにとって、n個のFであるものが存在するための必要十分条件は、同一性を備えた一階述語論理の式によっても表現することができる。ここでクワインにしたがって、[17]「Fxであるようなxがちょうどn個だけ存在する」を「$(\exists x)_n Fx$」と書くならば、

(a)　$(\exists x)_0 Fx \equiv -(\exists x)Fx$
(b)　$(\exists x)_{n+1} Fx \equiv (\exists x)[Fx \cdot (\exists y)_n (Fy \cdot y \neq x)]$

となり、したがって、ある特定のnにとって、数的量化子は段階

的に消去することができる。かくして、「$(\exists x)_2 Fx$」は

$(\exists x)\{Fx\cdot(\exists y)[Fy\cdot y\neq x\cdot-(\exists z)(Fz\cdot z\neq x\cdot z\neq y)]\}$ すなわち
$(\exists x)(\exists y)[Fx\cdot Fy\cdot x\neq y\cdot(z)(Fz\supset.z=x\lor z=y)]$

と同値である。

　フレーゲはカントールにしたがって、有限の場合と同様に無限の場合にも、基数が満たさなければならない基本条件として(A)を理解した。しかし、フレーゲは(A)を自然数の日常算術 (ordinary arithmetic) のための基礎として使用した点で、また数的同値性を二階論理の言語のみによって表現する可能性に思いいたった点で、カントールを超えた。言うまでもないことだが、これらさらなる二つのステップなくしては、これまでの一連の手続きが算術の論理学への還元になっていると主張することはできない。

　上述したように、フレーゲの議論の残りの部分は、基数から自然数を選り出すことに費やされている。彼の実際の手順とは異なるが、これはペアノの三つの基礎概念、「0」、「自然数」、「後続」、に定義を与え、ペアノの諸公理を証明する手続きの形で述べることができる。「0」と後続関係は、「$N_x Fx$」を使って次のように定義される。

$0 = N_x(x\neq x)$
$S(x,y)\equiv(\exists F)[N_w Fw = y\cdot(\exists z)(Fz\cdot N_w(Fw\cdot w\neq z)=x]$

かくして、自然数は、0が後続関係での祖先になるような関係をもつところの対象、つまり

$NN(x)\equiv(F)\{F0\cdot(x)(y)[Fx\cdot S(x,y).\supset Fy].\supset Fx\}$

と定義することができる。ペアノの諸公理はこれらから証明可能である。「N_xFx」の形式の名辞を導入する際、そして(A)を証明する際を除いて、集合の存在を措定するいかなる公理を使用する必要もない。したがって、この議論は(A)を公理と解することによって遂行可能である。ただし、誤解を招かないように指摘しておくならば、私は、二階述語論理を集合論というよりはむしろ論理学だと暫定的にみなしている。なぜならば、フレーゲの観点からみれば、高階タイプの変項の変域は概念であるだろうが、一方、彼が数と同定する外延は、数えられる対象と同一の領域に属する対象でなくてはならないからである。

　ペアノの基礎概念に定義を与え、ペアノの諸公理を証明すること、これは、フレーゲ自身の形式体系ばかりでなく、ラッセルのタイプ理論においても、そして、パラドクスの発見（言うまでもなく、これはフレーゲの体系の不整合を明らかにした）によってもたらされた状況を改善すべく構成されたその他の集合論でも遂行することができる。実際、先に見たように、無限に多くの方法によってこれらの定義を与えることが可能である。算術が論理学の一部分であるということを示そうとして、論理主義者たちが達成したのは、算術は集合論でモデル化されうるということの証明であったと言われることがある。しかし、次の点が指摘されなくてはならない。すなわち、数を表現するために集合を選ぶというフレーゲの選択がもし放棄されるとすれば、集合論上でペアノ算術をモデル化するのに、上述した（1）～（4）に述べられる事実、あるいは「数的同値」にもとづく基数の一般的分析に訴える必要はまったくない。

VII

「算術は論理学の一部分である」というテーゼに対する二つの主

要な批判について次に考えてみることにしたい。第一の批判が指摘
するのは、このテーゼを正当化する形式的定義および証明が、外延、
クラス、あるいは集合の概念を利用し、そうした対象の存在を前提
にするという事実である。そして［この事実によって］集合論が論
理学である、ということが否定される。また、算術を哲学的に基礎
づけるため、あるいは算術についてのある種の認識論的テーゼ（た
とえばカントやミルの見解）を論駁するためには、算術を集合論へ
と還元するだけで十分だ、ということも否定される。

「数は対象である」というテーゼについて論じた際、われわれは、
クラスの存在仮定を正当化することのうちにフレーゲの困難を見出
した。たしかに、クラスの存在を主張する命題の数々が論理法則で
あってはじめて、集合論は論理学であると言えるだろう。しかし、
このことは論理的妥当性についての通常の定義にそぐわないとポー
ル・ベナセラフは指摘する[18]。というのも、その定義にしたがえば、
ある式が論理的に妥当であるのは、それが、空でない議論領域にお
いて、いかなる解釈の下でも真である（つまり、議論領域にどのよ
うな対象がどのくらいの数だけ存在するかとは無関係に真である）場
合、そしてその場合に限られるからである[19]。この定義は、先にわれ
われがフレーゲの見解を定式化する際に使用したような、高階論理
に対しても当てはまる。しかし、数とクラスが対象であるためには、
それらいずれかの存在を主張する法則は、量化子がその上を走る議
論領域のうちに特定の対象群が含まれることを要求するだろうし、
また、たとえその法則がたかだか初等数論にとって十分な数の存在
者を認めるだけだとしても、それは議論領域が無限であることを要
求するだろう。

したがって、述語論理はいかなる集合論よりもはるかに一般的で
あり、それゆえ、述語論理こそが「論理学」の名により相応しい、
ということにははっきりとした意味がある。この見方は次の事実に

よっても確かめられる。すなわち、論理的な強さに応じて順序づけられる、クラスの存在についての可能な仮定は無限に多くある。もしここで「強さ」が、述語論理によってそれらの仮定から証明されうるものと解されるかぎりはそうなのである。これに加えて、より強い仮定は、多くの点で、はるかに複雑で、曖昧で、しかも疑わしい。述語論理の完全性とは対照的に、そのような諸仮定からなる適正に定義された（well-defined）体系はどれも、ある強いいみにおいて不完全で、かつ、自然なやり方で拡張可能である。しかし、そのような拡張に必要とされる諸原理が自明であるとか、あるいは論理的に説得力をもつ、ということを見て取るのはむずかしい。それらが非可述的に定義されたクラスを許容する場合はことにそうである。かくして、集合論に含まれる存在論的コミットメントは、集合論と述語論理とのあいだに存する重要な形式的相違点の数々に結びついており、述語論理のほうが、伝統的に「形式論理」として考えられてきたものにはるかに近いように思われる。

　フレーゲに対する譲歩として、高階述語論理のなかには少なくもいくつか純粋に論理学的な体系と呼べるようなものがあるという主張を私は受け入れてきた。われわれのフレーゲに対する批判はこの条件のもとでも妥当性を失わない。高階論理の集合論への同化を拒否する根拠は、フレーゲの概念の理論のような存在論的理論に求められなければならないだろう。フレーゲの理論は、概念が「不飽和である」がゆえに、概念と対象とが根本的に異なると主張するのである。しかし、たとえそうだとしても、高階論理の諸体系のあいだには、集合論諸体系のあいだの強さの差異と比較できるようないみでの区別が存在する。高階論理は存在論的コミットメントをもつ。たとえば、概念全体の上への量化を通じて概念を定義できるほどの豊かな二階述語論理を考えてみよう。かりに、第一階の変項が対象のクラス D の上を走るように、ある式が解釈されるならば、われ

われは、第二階の変項に解釈を与えるに際して、D に属する対象群に適用される概念からなる、適正に定義された領域——たとえそれが文字通りに D 上の概念すべてからなる領域ではないにせよ、量化の下では閉じている程度に十分包括的であるような領域——を前提しなくてはならない。形式的にも認識論的にも、この前提は、集合論に備わる力、問題点いずれもの源泉であるあの前提、つまり、与えられたクラスのすべての部分クラスからなるクラスが存在するという前提、に比較されうる。したがって、たとえフレーゲの概念の理論が受け入れられたとしても、高階論理は一階論理よりはむしろ集合論に類するものなのである。

クラスという概念は、数の概念と比較して、本質的に (intrinsically) より多くの問題をはらむものであり、したがって、算術の集合論への還元は算術の哲学的基礎づけという目的にとって適切でない——ときにそう言われることがある。そして実際、この主張を正当化する根拠をいくつか挙げることもできる。存在仮定の数々、非可述的定義をめぐる諸問題、集合論的パラドクス、連続体仮説のような一定の集合論的命題が不確定である可能性。しかしながら、初等数論の基礎づけにとっては非常に弱いタイプの集合論で十分であるということは指摘されるべきであろう。集合論に関する問題点の多くは、非可述的に定義されたクラスの存在をもってはじめて生ずるものであり、初等数論の展開にとっては非可述的なクラスの存在を仮定する必要はないのである。集合論のうちに数学の一部をモデル化するために、非可述的クラスの存在が必要不可欠とされるならば、それは数学そのものが非可述性を伴うという理由によるに他ならず、したがって集合論への還元にまつわる困難ではない。

しかし、たとえ弱い理論を理解するためであっても、集合についての一般的な概念をもつこと、もしくは、集合の概念が数の観念を含むような何らかの仕方で制限されていると仮定することが必要と

なるのではなかろうか。その理論は、有限集合についてのみその存在を証明することが可能であるようなものであるかもしれない。けれども、その理論の量化子に対し、それらは有限集合の上を走るという解釈が与えられるとすれば、還元はさして役に立つものではないだろう。集合全体の上への量化を含む命題が明確な真理値をもつためには、どのような集合が存在するのかが客観的に確定されていなければならない。これをうまく避けることは可能かもしれないが、そのような命題がすべて明確な (definite) 真理値を有するという仮定——この仮定は古典論理をそれらの命題に対して適用する際には既に必要不可欠であるように見える——が、初等数論において仮定される必要のあるいかなる原理よりも強力で、疑わしいものであるのは間違いない。

VIII

考察したい第二の批判は、算術が集合論に還元可能であることを、もっとも重要ないみにおいて、否定する。この批判の起源は、集合論の基礎に関する批判と同じ時期にまで遡ることができるが、少なくとも表面上は、後者とは無関係である。それはブラウワーとヒルベルトにも見出されるが、もっとも詳細な議論はおそらくポアンカレによる。[20] 近年ではパパート [Seymour Papert] によって取り上げられており[21]、それはまたウィトゲンシュタイン[22]およびワン[23]による批判とも密接に関連している。

この反論によると、還元は、自然数の観念を利用するがゆえに、循環論法的だとされる。これはもちろん、自然数の観念、もしくは自然数を使って定義された観念が、還元が遂行される当の集合論における原初的な名辞として現れるといういみではない。というのも、明らかにそのようなことは生じていないからである。主張されてい

フレーゲの数の理論

るのは、むしろ、こうである。すなわち、そもそも集合論を構築するためであれ、明示的定義をつうじて数論的命題が還元されることとなる集合論的命題の真理を見てとるためであれ、あるいは集合論的命題とそれらに対応する数論的命題の同値性を見てとるためであれ、いずれの場合においても、われわれは自然数の観念を使わざるをえない、というのである。このことは、実際、非常に単純な論法によって示すことができる。集合論の体系を構築し、これと数論体系との対応を確立するにあたっては、特に帰納的定義というものが本質的な役割を果たす。たとえば、各々の体系における定理の定義は、典型的には、次のような形式の帰納的定義になっている。まず一定の公理群と推論諸規則が指定され、次に、定理とは公理のひとつであるか、または、定理から推論規則のひとつを一回適用することによって獲得されうるものと定義される。集合論における数論のモデルは、数論のそれぞれの式 A に対して集合論的翻訳 $T(A)$ を定義することによって確立される。すなわち、「もし A が数論の定理であるならば、$T(A)$ は集合論の定理である」ということを証明するためには、われわれはまず A が公理である場合についてこれを証明しなければならない。次に、A はそれぞれ定理である B と C から数論の推論規則によって帰結すると仮定しよう。その上で、われわれの集合論において $T(A)$ が $T(B)$ と $T(C)$ から演繹可能であることを示せばよい。帰納法の仮定により、$T(B)$ と $T(C)$ はそれぞれ集合論の定理であるから、$T(A)$ も集合論の定理である。数論における定理の定義に対応する帰納法により、A が数論の定理であるならば必ず $T(A)$ は集合論の定理だということになる。

　この反論の根拠となっている観察はたしかに正しいが、これだけでは還元主義者を論駁するには十分ではない。というのも、還元主義者は、自分の定義する概念はすべての文脈において、そして特に論理体系の記述や［体系間の］対応関係の確立に関わる使用文脈に

おいて、自然数の概念（および、帰納法を含む同値的な概念）と置換可能だと主張するかもしれないからである。したがって、われわれは次のようなことを思いえがくことができる。つまり、数論形式体系と集合論的形式体系のいずれにおいても、「A は定理である」を、「すべての公理を含み、かつ推論規則のもとで閉じたあらゆる式クラスに A が属する」と定義するのである。これはタルスキがいくつかの著作でやってみせたことでもある。指標づけという目的のため、自然数が序数的に使用されるときにはいつでも、それらは集合論的な定義項に取って代わられることになるのである。

これに関連して、パパートによるポアンカレ的な反論を考えてみたい。[24] パパートが述べているのは実質上次のことである。すなわち、フレーゲ＝ラッセル的な手続きは、二つの異なる自然数のクラスを定義しており、したがって両者の同一性を示すために数学的帰納法が必要とされる。なぜならば、集合論においては、「0」、「$S0$」、「$SS0$」… が明示的に定義されている一方で、その上さらに述語「$NN(x)$」が定義されるからである。さて、それでは「$NN(x)$」が、$0, S0, SS0, …$ がそうであると定義されているものについて、そしてそれらについてのみ、真であることはいかにして知られるのか？ そう聞かれれば、われわれは「$NN(0)$」と「$NN(x) \supset NN(Sx)$」を証明できる、と答えることになるだろう。

もし、証明の最終行が「$NN(S^{(n)}0)$」であるならば、[25] 代入とモードゥス・ポネンスとによって、「$NN(S^{(n+1)}0)$」の証明が得られる。かくして帰納法により、すべての n について、「$NN(S^{(n)}0)$」の証明が得られる。

同じように、帰納法を使って、「$NN(x)$」が真となるようなすべての x がある数字によって表示（denote）されることを証明できる。まず 0 についてはこのことは明らかである。もし $n = S^{(m)}0$ であるならば、$Sn = S^{(m+1)}0$ である。かくして、（集合論の派生規則として

の）帰納法により、もし $NN(x)$ ならば、ある $m \geq 0$ について、$x = S^{(m)}0$ である。

ここで証明されたのはメタ言語的な命題である。パパートに対する返答は、記号 $S^{(m)}0$ からなるクラスは同じ装置によって定義可能だということになるだろう。すなわち、$Num(x)$ がこれらの記号についてのみ真であるとすれば、$Num(x)$ は次のように定義できる。

$$Num(x) \equiv (F)\{F(\text{'0'}) \cdot (x)[Fx \supset F(\text{'S'}\frown x)]. \supset Fx\}. \qquad (26)$$

上記の二つの帰納的証明のうちの最初のほうは、この定義の応用である。それはちょうどその二番目のほうが $NN(x)$ の定義の応用であるのと同じである。

ただし、この回答に対して、パパートは再び同一の問いを投げかけることができる。もし $NN(x)$ が成立するならば、x は $Num(y)$ であるような対象 y によって表示される、ということをわれわれは形式的に証明することができる。さらに、もし $Num(y)$ ならば、y を「$NN(x)$」中の「x」に代入した結果が証明可能であるということも形式的に証明できる。しかし、「$Num(x)$」の外延がまさしく「0」、「S0」、「SS0」等からなるということはいかにして知られるのか？

これは明らかに潜在的に無限な後退の始まりである。ここで起こっているのはこういうことである。もし帰納的定義が明示的定義によって置換されるならば、これら両者が外延の等しい概念を定義していることを示すために帰納的証明が必要とされるのである。この問題は、帰納的定義についてわれわれが独立した（independent）理解を有することを否定することによって回避することができる。すなわち、『「0」、「S0」、「SS0」等』によって何を意味しているのかと問われれば、パパートは「$Num(x)$」との同値性が判明することになるような明示的定義によって答えざるをえないだろう。しか

し、パパートに対する先の返答は、「$NN(x)$」の場合のような明示的定義を与える装置は、もっとも初等的な (elementary) 帰納的定義からさえも独立に理解可能である、という主張に基づいている。しかし、明示的定義はあらゆる概念の上への量化を含意する以上、これはとてもありそうにない。言語表現——(フレーゲの考えでは) それらが概念を指示するのであるが——の帰納的生成というようなことを離れて、概念が何であるのか、概念の総体とはどのようなものであるかを理解するのはとうてい困難なのである。

これとは別の問題点もある。パパートがそれを念頭においていたことは、彼の叙述が示しているのだが、こちらのほうは帰納的定義が明示的定義によって置換されるかどうかという問いとは独立である。たとえば、ある数字「$SSS0$」と、「$F(SSSS0)$」という形式の命題について考えてみよう。いったん「$F0$」と「$(n)[Fn \supset F(Sn)]$」が証明されれば、われわれは命題「$F(SSSS0)$」を証明する二つの独立な方法を手にすることになる。ひとつは、帰納法により「$(n)Fn$」を推論し、全称例化により「$F(SSSS0)$」を得る方法。もうひとつは、帰納法を使わず、モードゥス・ポネンスを連続的に適用することで、結論を導いてもよい。

$$\cfrac{\cfrac{\cfrac{\cfrac{F0 \quad F0 \supset F(S0)}{F(S0) \quad F(S0) \supset F(SS0)}}{F(SS0) \quad F(SS0) \supset F(SSS0)}}{F(SSS0) \quad F(SSS0) \supset F(SSSS0)}}{F(SSSS0)}$$

帰納法を使った証明は、モードゥス・ポネンスの連続的適用によって、われわれはそのような証明を構成することが・で・き・る・のだ、という保証を与えると言われる。しかも、このタイプの証明の複雑さに

は際限がない。(それにしても、構成がつねに可能であることはいかにして知られるのか? 他ならぬ帰納法によってである!) この手続きの適用によって $F(S^{(n)}0)$ を証明するには、ある特定のステップを n 回繰り返すことが必要不可欠であるわけだが、われわれはその場合、帰納を明示的定義へと還元することによっても、あるいは、「$F0 \cdot (n)[Fn \supset F(Sn)]$」がまさに「すべての自然数 n について、Fn」という命題の真理についての規準 (criterion) を構成するのだというウィトゲンシュタイン的な学説に訴えることによっても、[28] 個々のケースを証明するためのこれら二つの方法のあいだに衝突が起こることはないという保証を得ることはできない。「帰納法の一ステップは無限の三段論法を含む」とポアンカレが語るとき、彼の言わんとしたのは、モードゥス・ポネンスの反復適用によって得られる個々の証明すべての可能性は、この一ステップによって保証されているということである。彼の言葉は少なくとも次のような程度において正しい。すなわち、二つの方法(個々のケースにおける構成という方法と、帰納によって得られる一般的命題からの推論という方法と)のあいだに衝突はありえないというアプリオリな保証をわれわれが実際にもっているのだとすれば、それは論理学、集合論のいずれに基づくものでもないのである。

IX

「数は対象である」というテーゼについて論じた際、未決のまま残しておいた問題に戻ろう。「算術の単称名辞が指示対象をもつことを保証するのは何か?」という問題である。

次のような二つの異なる数字のシステムがあるとする。

0, S0, SS0, ...

0, *T*0, *TT*0, ...

その場合、両システム間に存在する順序—保存的な対応関係によって、いつ二つの数字は同一の数を表示するかが固定される。まったくのところ、これ以上根本的な基準があるとは私にはとうてい思えない。したがって、論理主義を批判するものたちが「一対一対応の概念はわれわれの数の概念において構成的な役割を果たす」というフレーゲの主張を否定するつもりならば、私はそれは彼らのほうが誤っているのだと言わざるをえない。ここからさらに、数についての二つの概念、順序数と基数、は相互依存関係にあることが帰結する。基数は「応用された順序数」であると言ってもいいかもしれない。すなわち、もし数というものがそれらの順序とともに与えられるならば、一対一対応との関係、したがって、数的同値との関係は、数が応用されてはじめて現れる何かなのであって、純粋数学的対象としての数の本性に帰属するものではないのではないだろうか。しかしながら、数名辞の系列、あるいはそれと同タイプの順序を表現する何か、を介することなく、どうやって数が与えられると言いうるのか、私にはとても理解できない。さらに言うならば、ここで問題となっている系列は範例なのであり、したがって、それと同値な何か他の系列によって置換されうるのだということが、もしも数の概念の一部としてそのうちに含まれていないのだとしたら、たとえば、数名辞の「見てくれ (design)」といった、通常その代表的系列にとってきわめて偶然的であると考えられるような特性が、実のところ重要性をもっているのだというような不自然な結論が帰結することだろう。しかしその一方、フレーゲの諸定義は、たしかに、自然数の観念に対して不必要な複雑さをもたらしている。彼は、一対一対応の存在についての明示的主張によって自然数を定義するが、これが自然数についての言明の意義の一部を構成する必要はない。

ある初項から始めて、(後続関数を表現するような) なんらかの基本操作を繰り返すことによって構成されるということが、数名辞のシステムにとって本質的だと見なされているとしてみよう。その場合に、いかにして数名辞が指示対象をもつようになるのかということについて、次のようなモデルを試してみよう。当初、各名辞は指標的表現のように機能する。すなわち、「第一」、「第二」などの表現が実際そうであるように、各名辞は、数え上げにおいて、相互に関連づけられている対象を指示する。その後、ある種の抽象化によって、それら数名辞の指示対象はいつの場合も同一であると理解されるようになる。ここで個数 n が存在することは、その序列においてある対象が n 番目であるような、順序づけられた集合が存在するという事実によって保証される。どの数名辞についても、それ自身に至るまでの諸数名辞は集合をなすだろう。だとすると、それら数名辞が指示対象をもつことを保証するのは、数名辞の生成ということだけであって、それ以外にいかなる隠された事実も必要とはされない。[29]

小さな数の場合は、それらの存在に対する保証は、感覚経験が物理的対象の存在について与える保証といくらか類似したものとなる。しかし、前者においては、ある一定のタイプの順序を例化するものであれば何でも構わないのであり、しかも、そういう例は感覚経験において見出されるのだから、それらを見つけることができないというのが一体どういう事態をさすのか、われわれは想像することさえできない。かくして、小さな数が存在することの明証性をアプリオリであると見なしたい気持ちに駆られるのである。

数名辞の構成を無限に続ける可能性ということをわれわれは口にする。そして、この可能性を根拠にして、数名辞をもたないような数についても、それらが存在すると言うことができる。しかしながら、これはあくまで具体的な可能性からの外挿であって、したがっ

て、実無限個の集合——数の代表がそこから選ばれる——という仮説よりも、こちらの可能性のほうを大きな数の存在についての保証として支持する唯一の理由は、それが前者よりも弱いということにすぎない。それは、言ってみれば、「経験の可能性」はわれわれの知覚にとって小さすぎるあるいは遠すぎる空間の諸領域へと広がっている、というカントの仮定に比較されうるものなのである。

算術は論理学の一部分であるというテーゼに関するわれわれの結論はこうである。たしかに、ここ何年かにわたってこのテーゼについてなされた批判の数々は、論理主義テーゼが誤謬であることを示すに十分であるけれども、それは、ポアンカレ、ブラウワー、そしてヒルベルトがそうしたと思われるような、無条件的なやり方で退けられるべきではない。私の見るところ、フレーゲは、一対一対応という論理的な観念（notion）が、序数、基数いずれのいみにおける数の観念にとっても必要不可欠な構成要素であることを明らかにしている。算術は論理学の内容にとって明らかに付加的である内容をもつという点をフレーゲは見落としたが、それはちょうど算術における存在諸仮定に対応しているのであり、これらの仮定は直観と外挿への訴えかけを伴うのである。（ちなみに、算術に必要とされるのと同種の直観的構成は、論理的真理の真理を知覚することのうちにも入り込んでいる。）

同一の訴えかけは集合論にも必要とされる。ただし、いったん一般集合論の枠組みを超えて、無限集合の存在を仮定する場合には、もちろん、外挿の度合いはより大きい。自然数の観念と有限集合の観念との関係に関しては、私の考えでは、両者は対をなすものであり、どちらか一方を欠いて他方を理解することが不可能であるのは明らかである。紙幅の都合上ここでは取り上げないが、「2＋2＝4」のような算術的等式と、フレーゲ―ラッセル流の分析において、それらの等式と密接に結びついているとされる論理的真理とのあいだ

には相互関係が存在しており、したがって、一方を他方のたんなる省略形と見なすわけにはいかないのである。[4]

原注
(1) このことは「関数は、その項となるすべての対象について定義されていなくてはならない」というフレーゲの一般的見解から帰結する。なぜならば、同一性は、彼にとって、二項関数だからである。この点に関しては次を参照のこと。*Funktion und Begriff*, 19-20、『基本法則』第Ⅰ巻第56～65節、『基礎』第66節および第106節（『著作集2』126～127頁、170～171頁）。
(2) 『基礎』第61～69節（『著作集2』120～130頁）。
(3) 私の記法──基本的にクワインの *Methods of Logic*, New York: Henry Holt, 1959, Rev. (2d) ed. のそれに等しい──は『基本法則』の考え方よりもむしろ『基礎』のそれにしたがう。なお、後期フレーゲにおいては、概念は特殊なタイプの関数であり、ここに提示された公理は、任意の関数とその値域（とフレーゲが呼ぶところのもの）とを関係づける点において、『基本法則』の公理Ⅴよりも特殊である、という事実を本稿では考慮の外におく。ただし、説明の便宜上のこの措置は、論述範囲からの『基本法則』の除外を意味しない。
(4) この点については、たとえば、W.V.Quine, *Set Theory and its Logic*, Cambridge: Harvard University Press, 1969 の第7章を参照のこと。
(5) M. Dummett, "Nominalism," *The Philosophical Review*, 65 (1956) 491-505. 特に p. 500 を参照のこと。
(6) 『基礎』第60節（『著作集2』119～120頁）。
(7) 『基礎』第106節。
(8) 『基本法則』第Ⅰ巻第28～32節（『著作集3』133～142頁）。私の論点にとってこの議論が重要であることは、M. D. Resnik の指摘による。彼の博士論文 "Frege's Methodology," Philosophy Dept., Harvard University, 1963 に、その議論についてのより詳細な分析がある。
(9) より一般的には、関数の値域。注3参照。
(10) 『基礎』第106節。

(11) "Class and Concept," *The Philosophical Review*, 64 (1955) 561–570 および G. E. M. Anscombe and P. Geach, *Three Philosophers*, Oxford: Blackwell, 1961, p. 158.

(12) Anscombe and Geach, *Three Philosophers*, p. 161. 数と外延との最終的な関係について、ギーチがどう考えているのかは判然としない。

(13) 注1に挙げられている文献を参照のこと。

(14) 『基本法則』第Ⅰ巻第10節(『著作集3』69〜77頁)。フレーゲは、一定の値域を真および偽と同一視することによって、この不確定性を少なくする。

(15) 同じような問題は具体的存在者の場合、たとえば、物理的事象と心的事象とのあいだ、にも生じるかもしれない。

(16) 先(43頁)に引用した一節(『基本法則』第Ⅱ巻、後書き253頁)に加えて、『基本法則』第Ⅱ巻第147節(『著作集3』379〜380頁)、および、ラッセル宛書簡(1902年7月28日付)in Gottfried Gabriel et al., eds., *Wissenschaftlicher Briefwechsel*, Hamburg: Meiner, 1976, p. 223 も参照のこと。

(17) *Methods of Logic* §39 (2d ed.), §44 (3d ed.), New York: Holt, Rinehart and Winston, 1972.

(18) 彼の博士論文 "Logicism: Some Considerations," Philosophy Dept., Princeton University, 1960, p. 196n において。

(19) 「空でない」という条件は、たんに議論の単純さという理由から、特別なケースを除外するために付されたものと解されても構わない。

(20) *Science et méthode*, Paris: Flammarion, 1908, 4章.

(21) "Sur le réductionnisme logique," in P. Gréco et al., eds., *Problèmes de la construction du nombre*, Paris: Presses Universitaires de France, 1960.

(22) *Remarks on the Foundations of Mathematics*, Oxford: Blackwell, 1956, G. E. M. Anscombe, tr., Part II of 1st ed.

(23) "Process and Existence in Mathematics," in Y. Bar-Hillel et al., eds., *Essays on the Foundations of Mathematics Dedicated to A. A. Fraenkel*, Jerusalem: Magnes Press, 1961.

(24) 注21参照。

(25) 「$S^{(n)}0$」は、n回の「S」に「0」が続くということを表わす。

(26) x と y が言語表現であるとき、$x\frown y$ は両者の連結、つまり、x に続けて y を表記した結果を表わす。

(27) この点については特に "Problèmes épistémologiques et génétiques de la recurrence" in *Problèmes de la construction du nombre* を参照のこと。

(28) F. Waismann, *Introduction to Mathematical Thinking*, New York: Ungar, 1951, Theodore J. Bena, tr., 9 章．

(29) P. Benacerraf, "Logicism: Some Considerations," 162-174 および "What Numbers Could Not Be," *The Philosophical Review*, 74 (1965) 47-73 を参照のこと。

訳注

[1] 以下、"Sinn" の通常の英訳語としての "sense" ではない、一般的な使用における（と解すべき）"sense" は「いみ」と訳出する。

[2] フレーゲからの引用はすべて、『フレーゲ著作集』全6巻（勁草書房）による。

[3] 『哲学探究』の当該箇所の記述は以下の通り。

　　わたくしは自分個有の場合についてのみ、「痛み」という語が何を意味しているかを知っている、と自分自身について言うとき、――わたくしはこれを他人についても言ってはならないのだろうか。では、どのようにしてわたくしは一つの場合をそのような無責任なしかたで一般化できるのか。

　　さて、ひとはみな、自分自身についてのみ、痛みの何たるかを知っている、とわたくしに言う！――各人が箱を一つもっていて、その中には、われわれが「カブトムシ」と呼んでいるような何かが入っている、と仮定しよう。何人もそれぞれ他人の箱をのぞきこむことができず、各人とも自分のカブトムシをみることによってのみ、カブトムシの何たるかがわかるのだ、と言う。――このとき、各人とも自分の箱の中に［それぞれ］ちがったものをもっていることが、当然ありえよう。ひとは、そのようなものが絶えず変化している、と想像することさえできよう。――だが、いま、この人たちの「カブトムシ」という語に一つの慣用があったとしたら？――そのときは、その慣用は一つのものの表記の慣用ではないだろう。箱の中のそのものは、一般に言語ゲームの一部ではないし、また、ある何か

ですらない。なぜなら、その箱がからでさえありうるのだから。——いや、箱の中のこのものを通りぬけて（短絡させる）ことができるのだ。それが何であろうと、それは消え去せてしまう。

すなわち、ひとが感覚の表現の文法を（対象と［その］表記）という見本にしたがって構成するときには、当の対象が関係ないものとして考察からぬけおちてしまうのである。(『哲学探究』第1部、293)［『ウィトゲンシュタイン全集8』藤本隆志訳、大修館書店、1976年、199〜200頁］

[4] 上掲論文はパーソンズの論文集 *Mathematics in Philosophy: Selected Essays* (1983) に再録されたが、再録にあたりパーソンズは原著で三頁弱ほどの後記を付している。そのなかで彼は、マーク・スタイナー (Mark Steiner) の著書 *Mathematical Knowledge* (1975) における上掲論文に対する論理主義の立場からの批判への回答を行うのであるが、大まかに言って、パーソンズの論点は以下のとおり。

(1) スタイナーの論述においては、パーソンズによるパパート説の紹介部分とパーソンズ自身の見解との区別がかならずしも明確でなく、誤解を招くおそれがある。

(2)「パパートにたいする先の返答は、「$NN(x)$」の場合のような明示的定義を与える装置は、もっとも初等的な帰納的定義からさえも独立に理解可能である、という主張に基づいている。しかし、明示的定義はあらゆる概念の上への量化を含意する以上、これはとてもありそうにない。」(本書68頁) という主張について、言語表現の帰納的生成というようなことを離れて、概念が何であるのかを理解することはできないということをパーソンズはその根拠としてあげているが、これに対してスタイナーは「フレーゲの言う概念とは結局のところ集合であるが、集合の観念は言語が帰納的に展開するという認識に先立ちうるし、したがって帰納法の集合論への還元可能性を除外するものではない」との反論を提出する。パーソンズはスタイナーの反論の正当性を認めたうえで、しかしながら、帰納的生成は別の場面（たとえば、反復的 (iterative) 理解によって、集合論の諸公理の導入を動機づけようとする場合など）においても集合論についての私たちの理解のうちに姿を現わすことに留意すべきだと述べる。

(3) スタイナーは、論理主義者は自らの公理が真であることを知っ

ている、という前提の下に議論を進めるが、これに対してパパートおよびパーソンズは、論理主義者が「論理」と理解するものにかんがみて、そもそもそのような知識の所有は自明だろうかと疑問を投げかけているのだと理解されるべきである。また、Ⅷ節最終段落において論じられた、個々のケースにおける構成という方法と、帰納によって得られる一般的命題からの推論という方法との「衝突」の可能性ということについて、これは詮ずるところ、ある特定の公理が無矛盾であるかどうかという問題に他ならず、したがって論理主義者が公理(の真理)についての知識をもつという前提の下では問題とはなりえない、とスタイナーは論じるが、これは必ずしもそうとは言えない。論理主義者 L の理論が有限個の公理 $A_1, \ldots, A_n$ からなり、各々の $i \leq n$ について、L が A_i の真理を知っているとして、ゲーデルの第二不完全性定理により、たとえ L が自らの知っていることから論理的に帰結するすべてについて知識をもつと仮定しても、これだけでは、これらの公理を備えた理論が無矛盾であるという知識を L がもつと結論するには十分でない。より強力な集合論の助けがあれば、この問題は解決可能だと反論されるかもしれないが、集合論が強くなればなるほど、論理主義者が公理の真理を知っているという前提はその正当性を失うのではないか。パパートの念頭にあったのは、規則遵守をめぐるウィトゲンシュタインの議論に現われる懐疑と似通ったものであり、論理学あるいは集合論に訴えることでそれを解消することはできないだろう。

(4) ポアンカレによって提起された問題群は、帰納法の他原理への還元可能性に関して、ある限界を設定するが、しかしその一方で、このことは帰納法が論理法則と重要な点において異なっていることを示しはしない。というのも、論理法則の妥当性を確立しようとするさいにも、帰納法を取り扱うさいに論理主義者が直面するのと同じような「循環」に私たちは直面するからであり、したがって、この問題はさらなる探究を必要とする。

＊ここに訳出したのは、Charles Parsons, "Frege's Theory of Number," *Philosophy in America*, ed. by Max Black, Cornell University Press, 1965, pp. 180–203 である。なお、この論文は Parsons, *Mathematics in Philosophy: Selected Essays*, Cornell University Press, 1983 と William Demopoulos (ed.), *Frege's Philosophy of Mathematics*, Harvard University Press, 1995 に再録されている。

I〜IXの節の分割は再録時に加えられたもので、もとの論文ではひとつづきになっているが、読みやすさを考慮し、再録された論文を参照して節を加えた。

フレーゲ『算術の基礎』の無矛盾性

ジョージ・ブーロス
(井上直昭訳)

フレーゲの『算術の基礎』は矛盾しているのか。この問いはまずい仕方で提出されているように見えるかもしれない。というのも1884 年に出版された『基礎』は、フレーゲの『概念記法』(1879年)や『算術の基本法則』(第1巻、1893年、第2巻、1903年)にみられるような形式的体系を含んではいないからである。よく知られているようにラッセルは、現在ラッセルのパラドクスと呼ばれているものを導出することによって、『基本法則』の体系が矛盾していることを示した。他方、『概念記法』の体系は第二階論理の一つの公理系を提示したものとして再構成できるだろうし、だからこれには幸運にも通常の無矛盾性証明が適用できる。つまり、その公理たちの普遍閉包とそこから推論規則によって導出可能なすべてのものが任意の一要素モデル (one-element model) で真であるということを観察すればよい。[1]『基礎』は形式的体系をまったく含んでいないのだから、われわれの問いは、それに答えられるように、まず言葉の変換が必要とされると考えられるだろう。

その一方で、言葉の変換がなされ、われわれの問いがまずい仕方で提出されていようといまいと、『算術の基礎』は矛盾しているに決まっていると思われるかもしれない。『基本法則』は、すなわちそこでの体系は矛盾している。この体系は以前の著作である『基礎』で輪郭づけられた数学的プログラムを形式的に実行した成果と

広く見なされており、しかも構想段階の研究でわれわれが見慣れているよりもはるかに徹底的した形で、この数学的プログラムの展開を含んでいる。それゆえ、ラッセルが後の著作の中に見出した矛盾は以前の著作の中に潜伏していたに違いない。

さらに矛盾を強く窺わせる兆しが、『基礎』における「対象」、「概念」そして「外延」という中心的概念のフレーゲの使い方の中に見出せる。フレーゲによれば、対象は概念のもとに属するが、ある種の外延——とりわけ決定的には数——は概念を含んでおり、しかもそれらの外延自身が対象なのである。それゆえ、『基礎』では存在者（entity）が概念と対象という二つのタイプへと区分されているにもかかわらず、フレーゲが一つではなく二つの例示関係を用いていることは明らかである。すなわち「のもとに属する」という関係（対象を概念へと関係づける関係）と「のうちにある」という関係（概念を対象へと関係づける関係）を用いており、そしてこれらの関係がときには相互に成立することは明白である。つまり、数1は「1と同一である」のもとに属する対象であり、そしてこの概念は数1のうちにある概念である。さらにもっと不吉なことに（一つの否定記号のゆえに）、数2は「0か1と同一である」のもとには属さないが、この概念は数2のうちにある。したがって、『基礎』の実在が二つのタイプに区分されているとしても、そのことはラッセルのパラドクスに対する防御にはほとんどなっていないようにみえるだろう。

ラッセルのパラドクスだけが脅威なのではない。フレーゲが数0を概念「自分自身と同一でない」に帰属する数と定義していることを思い出してもらいたい。(2) もしこのような数が存在するのであれば、概念「自分自身と同一である」に属する数、すなわち最も大きな数だって存在するのではないだろうか。カントールのパラドクスもまた脅威なのである。

このような状況だから、『基礎』があからさまな矛盾を回避しているのは単にそれが形式性を欠いているからなのであって、それが適切に形式化されたならば、フレーゲが『基礎』で採用した諸原理は矛盾しているはずだと想定することはまったくもっともらしい。

このもっともらしく、普通に受け入れられている——と私は思うのだが——推測は以下に見るように間違っている。あらゆる場面でフレーゲは必要とされる概念の存在を自由に想定しているけれど、彼は決して節操なくむやみやたらに外延を使っているのではない。私が後で議論するように一つないし二つの重要ではないがおそらく啓発的な例外はあるものの、『基礎』の中心的な諸節でフレーゲがその存在を主張している外延は「概念 F と等数的」という形式の高階概念の外延である。（「等数的」という語はフレーゲの *gleichzahlig* の訳語である。）そのような外延が存在するという主張は、『基礎』の第68節から第83節までに記述されている数学的プログラムを実行可能にする一つの方法でもって、非常にさまざまな第一階概念の存在主張と矛盾なく調和させることができる。それどころかさらに私は、それら中心的諸節の内容全体を捉えている上に、それに対してシンプルな無矛盾性証明を与えることができる形式的理論、FA（「フレーゲ算術」）を提示したい。そしてこの無矛盾性証明はなぜ FA が無矛盾であるのかを示す。

FA は、それを支えている論理が通常のペアノ—ラッセル流の表記法で書かれた標準的な公理的第二階論理であるような理論である。フレーゲは FA を彼の『概念記法』の体系の拡張として提示することもできた。実際のところ、『基礎』を書いているときフレーゲは『概念記法』の表記法を日常語へと翻訳しているのだと自覚していた証拠がある。フレーゲが後の研究で彼自身の主張を反芻しその意義を論じる際に、より以前の研究をほのめかしたりそれに言及したりしている箇所がたくさんあるというだけでなく、第79節で祖先

関係を定義するにあたって、彼は変項 x, y, d そして F をそれらが『概念記法』で演じていたのとまったく同じ論理的役割で使っている。

FA は三種類の変項をもった体系である。すなわち、第一階（もしくは対象）変項 a, b, c, d, m, n, x, y, z, …, 一座の第二階（もしくは概念）変項 F, G, H, …, そして二座の第二階（もしくは関係）変項 ϕ, φ, …。FA の言語の唯一の非論理的記号は η であり、概念変項と対象変項がくっつく二座の述語文字である。（η は $\in$ を想起させるように意図されており、「外延のうちにある」と読まれるだろう。外延は対象だというフレーゲの教義は η の二番目の変項値の場所が対象変項によって充当されるという事実によって表現される。）したがって、FA の原始式は Fx（F は概念変項）、$x\phi y$ そして $F\eta x$ という形をしている。FA の式は通常のやり方で命題結合子と量化子によって原始式から構成される。

等号は通常の第二階の定義をもっていると見なすことができる。すなわち、$x=y$ であるのは $\forall F(Fx\leftrightarrow Fy)$ であるときそのときに限る。フレーゲは『基礎』の第65節でライプニッツの定義（「その一つが他の一つに対して真理性を保存して置換されうるような二つのものは同一である」）を支持しているけれども、彼だったら容易にそうしたかもしれないと思われることを実際にやってはいない。つまり、x と y の同一性についてのライプニッツの定義を、x が属するすべての概念に y が属する（そしてその逆も成立する）と理解することができると述べてはいない。[1]

FA の言語の論理公理と推論規則は通常の第二階の体系に対するのと同じである。その公理たちの中でも（i）次の形式をもったすべての式の普遍閉包には特に言及しておいてもよいだろう。

$\exists F\forall x(Fx\leftrightarrow A(x))$,

ここで $A(x)$ は F を自由に含まない FA の言語の式である。そして
(ⅱ) 次の形式をもったすべての式の普遍閉包

$\exists \phi \forall x \forall y(x\phi y \leftrightarrow B(x, y))$,

ここで $B(x, y)$ は ϕ を自由に含まない FA の言語の式である。『基礎』の第68節から第83節を通じてフレーゲはさまざまな特別な概念と関係の存在を仮定し、また仮定する必要がある。公理(ⅰ)と(ⅱ)は包括公理と呼ばれ、それらは概念と関係についてのフレーゲの存在仮定という役割を FA において果たすことになる。

体系 FA における唯一の(非論理的)公理は次の一個の文である

Numbers: $\forall F \exists ! x \forall G(G\eta x \leftrightarrow F \text{ eq } G)$,

ここで F eq G は F と G の間の等数性を表現しており、FA の言語ではっきりと書かれる式である。すなわち、

$\exists \phi [\forall y(Fy \rightarrow \exists ! z(y\phi z \wedge Gz)) \wedge \forall z(Gz \rightarrow \exists ! y(y\phi z \wedge Fy))]$.

ここで記号 η は概念 G と G がそのもとに属する(高階の)概念の外延との間に成立する関係のために使われている。以前われわれは「のうちにある」という語をこの関係に対して、また「含む」という語をこの関係の逆関係のために使った。第68節でフレーゲはまず F が G と等数的であるのは「F と等数的」の外延が「G と等数的」の外延と同一であるときそのときに限ると主張し、次に概念 F に帰属する数を概念「F と等数的」の外延と定義している。フレーゲは、ラッセルと同様に、定冠詞が使われるときは存在と一意性

が暗黙のうちに前提されていると考えているので、任意の概念 F に対して、概念「F と等数的」の外延がただ一つ存在すると想定している。したがって文 Numbers はこの想定を FA の言語で表現している。そしてこのことが第 68 節から第 83 節にかけて遂行されている数学的仕事のうちでフレーゲが用いた唯一の非論理的前提である[3]。

FA が無矛盾であるということをわれわれはどれだけ確信できるだろうか。ハロルド・ホーズとジョン・バージェスによる最近の観察はこの問題と直接関連している。それを説明するために、ある形式的文を考察することが助けとなるだろう。それをヒュームの原理と呼ぶことにしよう。

$$\forall F \forall G(NF = NG \leftrightarrow F \text{ eq } G).$$

ヒュームの原理がこう呼ばれるのは、『人間本性論』(第1編、第3部、第1節の第五段落)で述べられているヒュームの見解をこの原理が説明すると考えられるからである。フレーゲは、これを『基礎』で引用している。

> 数の等しさ及び割合を判定できる精密な基準があり……たとえば、二つの数をつくり上げている各々の単位がそれぞれ常に相応ずるように、それら二つの数が絡み合わされているとき、われわれは二つの数が等しいと宣言する。

ヒュームの原理の中の記号 N は、概念変項に付随するときに対象変項と同じタイプの項を形成する関数記号である。したがって $NF = NG$ や $x = NF$ は適格である。$N...$ を「〜であるものたちの数」の省略と見なせば、われわれはヒュームの原理を次のように読むこ

とができる——F であるものたちの数が G であるものたちの数であるのは、F であるものたちを G であるものたちと一対一に対応させることができるときそのときに限る。

ホーズは論文「論理主義と算術の存在論的コミットメント[4]」で彼が(D)と呼ぶ式が充足可能であることを観察し、こう書いている。

(D) $\quad \begin{array}{l} \forall X \exists x \\ \qquad\qquad (x = y \leftrightarrow X \text{ eq } Y) \\ \forall Y \exists y \end{array}$

は充足可能である。もしわれわれが通常の集合論を受け入れるのであれば、この式は事実真である。

(ホーズの「$(Q_E z)(Xz, Yz)$」を「X eq Y」によって置き換えた。またラベル「(D)」は彼の論文の本文からは抜け落ちている。) 分岐量化子は、解釈するのが難しくて悪名高いのだが、通常の関数量化子によっていつでも消去することができる。(D)からそれらを消去すれば式 $\exists N \exists M \forall X \forall Y (NX = MY \leftrightarrow X \text{ eq } Y)$ が導かれる。さて(D)が充足可能であるのはヒュームの原理が充足可能であるときそのときに限る。それというのも次のようなわけだからである。もし (D)(と同値な関数量化式)が領域 U で成立するならば、ある関数 N、M について、$\forall X \forall Y (NX = MY \leftrightarrow X \text{ eq } Y)$ が成立する。そして $\forall Y (Y \text{ eq } Y)$ が U で成立するのだから、$\forall Y (NY = MY)$ が成立し、それゆえヒュームの原理が U で成立する。逆にヒュームの原理は(D)を含意する。

ホーズは(D)、もしくはヒュームの原理が充足可能であるという証明を与えてはいない。しかしバージェスは、クリスピン・ライトの著書『対象としての数というフレーゲの考え方』の書評[5]でヒュームの原理が充足可能であることを示している。彼はこう書いている。

ライトは $N^=$ [ヒュームの原理のあるバージョンを第二階論理に加えてえられるライトの体系] ではなぜラッセルのパラドクスが導出できないのかを示しているが、この体系が証明可能な仕方で無矛盾だということを指摘するべきだった。($N^=$ はその対象領域がちょうど $0, 1, 2, \cdots$ そして $\aleph_0$ からなるモデルをもつ。)[6]

この見解を練り上げることは無駄ではないだろう。ヒュームの原理に対するモデルで、公理的第二階論理のすべての原理をも実証するようなモデル $\mathcal{M}$ を作るために、$\mathcal{M}$ のドメイン U を集合 $\{0, 1, 2, \cdots, \aleph_0\}$ としよう。$\mathcal{M}$ が公理的二階論理のモデルであることを保証するために、概念変項のドメインを U のすべての部分集合の集合とし、同様に二座の（もしくはより一般的には n 座の）関係変項のドメインを U の二座の（もしくは n 座の）関係すべての集合、すなわち U のメンバーの順序対の（もしくは n 対の）集合からなる集合とせよ。

$\mathcal{M}$ の定義を完全にするために、われわれは関数 f を定義せねばならない。関数記号 N は $\mathcal{M}$ においてこの f によって解釈されることになる。ある集合の濃度とはそれが含むメンバーの数である。U は次のような重要な性質を持っている。すなわち、U のすべての部分集合の濃度は U のメンバーである（自然数の集合はこの性質を欠いていることに注意しよう）。それゆえわれわれは f を U の部分集合 V のすべてに対するその値が V の濃度であるような関数として定義することができるだろう。さてわれわれはヒュームの原理が $\mathcal{M}$ において真であるということを見なければならない。

変項に対して適切なアイテムを付値する付値関数 s が、$\mathcal{M}$ において $NF = NG$ を充足するのは $s(F)$ の濃度と $s(G)$ の濃度が等しいときであり、$\mathcal{M}$ において F eq G を充足するのは $s(F)$ が $s(G)$ と一対

一に対応されうるときそのときに限る、ということを観察せよ。ところが、$s(F)$ の濃度と $s(G)$ の濃度が同じであるのは $s(F)$ が $s(G)$ と一対一に対応されうるときそのときに限るのであるから、すべての付値が $\mathscr{M}$ において $(NF=NG \leftrightarrow F \text{ eq } G)$ を充足し、したがって $\mathscr{M}$ はヒュームの原理に対するモデルである。

同様の論証によって Numbers の充足可能性を示すことができる。$\mathscr{M}$ のドメインを再び U とし、η が U の部分集合 V と U のメンバー u に適用されるのは V の濃度が u であるときそのときに限るということを $\mathscr{M}$ が特定するとしよう。すると Numbers は $\mathscr{M}$ において真である。(ラッセルから手紙を受け取ったらフレーゲはすぐさまヒルベルトのホテルにチェックインするべきだった。)

(包括公理 (ⅰ) が第二階論理に対する ($\mathscr{M}$ のような) 標準モデルで真であるということを示す通常の証明を思い出してみるのは興味深いだろう。$A(x)$ を F を自由に含まない式とし、s を付値関数とせよ。C を $A(x)$ がそれについて真であるような対象の集合とし、s' を $s'(F)=C$ である以外はまさに s と同じであるとせよ。$A(x)$ は F を自由に含まないので、s' は $\forall x(Fx \leftrightarrow A(x))$ を充足し、s は $\exists F \forall x(Fx \leftrightarrow A(x))$ を充足する。包括公理 (ⅱ) についても同様である。)

この点について幾つかの懸念ないし反論が生じてくるかもしれない。すなわち、上の無矛盾性証明では自然数に訴えているが、それはフレーゲのプログラムを損なうことになるのではないか。FA を正当化するためにわれわれはどのようにして自然数の存在に訴えることができるのか。この反論に対してはすぐさま次のように答えることができる。この反論はわれわれが無矛盾性証明を与える・べき・で・ない・、と言わんとでもしているのだろうか。もっとちゃんと言おう。FA の内部で矛盾が形式的に導出されるのではないかというあらゆる疑いを払拭するために、単にわれわれは、われわれが知っていることを用いようとしているに過ぎない。というのもたぶん論理学の

歴史を知っている人は誰も FA の無矛盾性についてはまったく確信をもっていないと思われるからである。われわれは FA が真だということを示そうとしているわけではない。

しかしたぶんもっと深刻な懸念が存在する。ヒュームの原理と呼ばれる形式的文の（第二階論理との）無矛盾性を示す証明のある決定的なステップで、われわれは、濃度と一対一対応性を結びつける非形式的原理に訴えた。これを記号化すればヒュームの原理のようなものになるであろう。（われわれがこれに訴えたのは、$s(F)$ の濃度と $s(G)$ の濃度が同じであるのは $s(F)$ が $s(G)$ と一対一に対応されうるときそのときに限る、と述べたときである。）さてこの論証はヒュームの原理の証明と見なされるべきだろうか。ある特定の文が無矛盾だということを論証する際に、もしその論証が、その形式化の一つがわれわれがこれから無矛盾性を証明しようとしているまさにその文であるような原理に訴えるならば、その論証はいったいわれわれにどんな保証を与えることができるのだろうか。

この懸念は決してつまらないものではない。われわれはある構造 $\mathcal{M}$ がヒュームの原理に対するモデルであることを論証することによってヒュームの原理の無矛盾性を証明しようとした。そして $\mathcal{M}$ がヒュームの原理に対するモデルであることを証明する際に、われわれは非形式的なバージョンのヒュームの原理に訴えた。けれども似たようなやり方が集合論の悪名高き矛盾した素朴包括原理 $\exists y \forall x(x \in y \leftrightarrow ...x...)$ にも通用する。われわれは素朴包括原理に非形式的に訴えることによって、変項が存在するすべての集合の上を走り、$\in$ が a と b に適用されるのは b がある集合であり a が b のメンバーであるときそのときに限るという解釈 I のもとで、素朴包括原理の事例のすべてが真であると論ずることができる。$...x...$ を y を自由に含まない適当な式とせよ。（素朴包括原理から）b を解釈 I のもとで $...x...$ を満たす集合たちだけからなる集合とせよ。さて、すべ

てのaに対して、aとbがIのもとでx∈yを満たすのは、aがIのもとで…x…を満たすときそのときに限る。それゆえ、bはIのもとで∀x(x∈y↔…x…)を満たし、∃y∀x(x∈y↔…x…)はIのもとで真である。したがって、Iは素朴包括原理のすべての事例のモデルである。(フレーゲがこのような論証を通して『基本法則』の致命的な基本法則 (V) が真であることを確信していたことは間違いない。) もちろん現在ではわれわれは、この原理には失礼ながら、…x…を満たす集合たちだけからなる集合が常に存在するとは限らないということを知っている。しかし、素朴包括原理の無矛盾性についていま与えられた「証明」が含んでいるような重大な (ないし巧妙な) 間違いをヒュームの原理と FA の無矛盾性証明が含んではいないということを、われわれはどれだけ確信できるのだろうか。

　最初に言っておきたいことは、先の論証が単に FA が無矛盾であることを示しているとみなしうるというだけではなく、FA が無矛盾だということが標準的な集合論の内部で証明可能だということを示しているとみなしうるということ、このことである。(標準的な集合論というのはもちろん ZF、つまりツェルメロ—フレンケル集合論のことである。) その論証を ZF の内部で「実行」ないし「複製」することができる。それゆえ、もし FA が矛盾しているならば、ZF は誤っている。(多分、バージェスの観察にあった「証明可能な仕方で provably」という言葉は、非形式的なモデル論的証明——そしてそれは ZF で形式化されうる——を、もしくは ZF での形式的な証明を指しているのだろう。) それゆえ ZF で偽であるようないかなるものも証明可能ではないと確信している者は誰でも、この論証を FA が無矛盾であるということの証明と見なさねばならない。もっと言うと、もし ZF が FA、ないし他の任意の形式理論が無矛盾だという趣旨の誤った主張をしているとすれば、ZF が単に誤っているというだけではなく、それ自身が矛盾しているのである。というのもその場

合、ZF は間違いなく FA に⊥の導出が存在するという正しい主張をもするだろうからである。（それどころか ZF よりもはるかに弱い体系——たとえばロビンソンの算術 Q——も同時にその正しい主張をするだろう。）

　もっと強いことが言えるだろう。FA における矛盾の導出のいかなるものもすぐさま、これまでだれもその無矛盾性については少しも疑いを抱いたことがない「第二階算術」もしくは「解析学」と呼ばれるよく知られた理論における矛盾の導出にかわってしまう、ということをわれわれは示したい。解析学の言語には二つの種類の変項があり、一つは（自然）数の上を走り、もう一つは数の集合および数についての関係の上を走る。解析学の諸公理は、算術の通常の諸公理、数学的帰納法の原理を表現する文（「0 を含みすべての数の後続者を含むすべての集合はすべての自然数を含む」）、そして、この言語の各々の式に対して、その式によって定義される集合や関係の存在を表現する包括公理である。(7) もし ZF が無矛盾ならば、解析学は無矛盾である。しかし ZF は解析学よりも強いのであり、解析学の無矛盾性は ZF で証明可能である。ZF が矛盾しているということは（そんなことはほとんどありそうにないが）考えられる。しかし ZF と違って、解析学は集合論的二律背反に対する直接の応答として生まれたのではないし、解析学において矛盾が発見されたとすれば、それはこれまでに得られた数学的帰結の中でも最も驚くべき帰結であり、それと比較したら以前の「さまざまな危機」などはまったくたいした問題ではなくなるような危機を数学の基礎にもたらすだろう。

　そこで FA における⊥の証明が解析学における⊥の証明になるような構成を素描してみよう。そのトリックは、$\aleph_0$ を 0 によって、また各々の自然数 z を $z+1$ によって「コード化する」ことであり、その結果、与えられた論証が解析学の内部で複製されることになる

だろう。解析学の言語で「ちょうどz個の自然数が集合Fに属する」という関係を表現する式$A(z,F)$を構成することは簡単である。つまり、「zよりも小さな自然数とFのメンバーとの間に一対一対応が存在する」をそのまま記号化すればよい。$\mathrm{Eta}(F,x)$を

$$[\neg \exists z A(z,F) \land x = 0] \lor [\exists z (A(z,F) \land x = z+1)]$$

という式とせよ。すると、$\exists ! x \mathrm{Eta}(F,x)$と

$$[\exists x(\mathrm{Eta}(F,x) \land \mathrm{Eta}(G,x)) \leftrightarrow F \text{ eq } G]$$

は解析学の定理であるから、解析学の内部で形式化することができる次の論証が示すように、Numbersの$G\eta x$に$\mathrm{Eta}(G,x)$を代入した結果である

$$\forall F \exists ! x \forall G(\mathrm{Eta}(G,x) \leftrightarrow F \text{ eq } G)$$

も解析学の定理である。Fを数の任意の集合とせよ。xを$\mathrm{Eta}(F,x)$が成立する数とせよ。Gを任意の集合とせよ。さて、$\mathrm{Eta}(G,x)$が成立するのは、F eq Gであるときそのときに限る。そしてF eq Fが成立するから、xは一意的である。もちろんFAの包括公理の各々はこれらの代入のもとで解析学において証明可能である。それというのも、それらFAの包括公理の各々は解析学の包括公理になるからである。したがって、FAにおける$\perp$の証明はすぐさま解析学における$\perp$の証明を生み出す。

したがってわれわれは、解析学が無矛盾ならばFAは無矛盾であるということを数学のどんなこととも同じくらいに確信できる。後でわれわれはこの逆が成立することを見るだろう。(もちろんこの

逆の証明の主要部分は『基礎』でフレーゲによって描かれた。）FA とラッセルのパラドクスとの関連は後で議論する。現時点で解析学が矛盾しているかもしれないという可能性はわれわれにはまったく想像もできないことなので、ラッセルの背理や他の何らかの背理が FA で導出されるかもしれないということに気をもむ必要はない。

さてわれわれは、『基礎』の第68節から第83節にかけての諸定義と諸定理が、FA の内部でフレーゲによって示唆された仕方で定式化できるし、証明できるということを示したい。Numbers から算術を導出する一部始終は難しいが、少なくとも幾つかの箇所、とりわけすべての自然数が後続者をもつという証明のいくつかの難しい箇所を通り抜けないことには、フレーゲが成し遂げたことの重要さと性格を正しく理解することができるかどうか怪しい。ただし、その導出がフレーゲの筋道ときわめて近い道筋に沿って FA の内部で実行可能だ、ということを信用して頂ける読者にはこれに続く一七個の段落のいくつかは読み飛ばしてもらって構わない。とはいえ、形式化ということを決まりきった手続きにしたのは他ならぬフレーゲ自身だということは忘れないでもらいたい。

算術を扱うフレーゲのやり方を FA の内部に複製する上で、もちろんわれわれがなさねばならないのは、FA での外延を定義することである。たとえば、フレーゲが概念 F に帰属する数を概念「F と等数的」の外延と定義したように、われわれは関数記号 N——概念変項をとり対象変項と同じタイプの項をつくる——を導入し、その上で $NF=x$ を $\forall G(G\eta x \leftrightarrow F \text{ eq } G)$ を意味するように定義する。もちろんこの定義と共に記号 N を導入することは Numbers によって認可される。また概念を表すために項 $[x:A(x)]$ を導入することが便利だということがわかるだろう。つまり、$[x:A(x)]t$ は $A(t)$ を意味する。$F=[x:A(x)]$ は $\forall x(Fx \leftrightarrow A(x))$ を意味する。また $[x:A(x)]\eta y$ は $\exists F(F=[x:A(x)] \wedge F\eta y)$ を意味し、$[x:A(x)]=$

$[x: B(x)]$ は $\forall x(A(x)\leftrightarrow B(x))$ を意味する、等々。以上の項を導入することはもちろん包括公理（ⅰ）によって認可される。

第 70 節から第 73 節では等数性のよく知られた定義が与えられている。第 73 節でフレーゲはヒュームの原理を証明している。この定理が証明可能であるために等数性に関して必要とされる諸事実は包括公理（ⅱ）によって与えられる。ひとたびヒュームの原理が証明されてしまうとフレーゲはその後一切外延を使っていない。[8][9]

第 72 節でフレーゲは「数」を定義する。すなわち、「n が数である」とは「n がそれに帰属する数である、そういった概念が存在する」を意味する。これと並行して、われわれはそれを FA で次のように定義する。すなわち、$Zx \leftrightarrow \exists F(NF = x)$。第 74 節でフレーゲは 0 を概念「自分自身と同一でない」に帰属する数と定義している。われわれはそれを FA で次のように定義する。すなわち $0 = N[x: x \neq x]$。第 75 節の内容は FA の簡単な定理によって与えられる。

$\forall F \forall G([\forall x \neg Fx \rightarrow ((\forall x \neg Gx \leftrightarrow F \text{ eq } G \land NF = 0)] \land [NF = 0 \rightarrow \forall x \neg Fx])$.

第 76 節でフレーゲは「自然数列における隣接した二つのメンバーのすべてが互いに対して立つ関係」を定義している。[10]これに対応する形でわれわれは nSm（「n は m に直続する」と読む）を次のように定義する。

$\exists F \exists x \exists G(Fx \land NF = n \land \forall y(Gy \leftrightarrow Fy \land y \neq x) \land NG = m)$.

$\neg 0Sa$ はこの定義から FA ですぐさま導かれる。つまり零はいかなるものにも直続しない。第 77 節でフレーゲは数 1 を定義している。われわれはそれに対応した定義を次のように与える。すなわち、1

$= N[x : x = 0]$。1S0 は FA で簡単に導出される。

第78節の諸定理に対応した諸定理を証明することは難しくはない。

(1) $aS0 \to a = 1$,
(2) $NF = 1 \to \exists xFx$,
(3) $NF = 1 \to (Fx \land Fy \to x = y)$,
(4) $\exists xFx \land \forall x \forall y(Fx \land Fy \to x = y) \to NF = 1$,
(5) $\forall a \forall b \forall c \forall d(aSc \land bSd \to (a = b \leftrightarrow c = d))$,
(6) $\forall n(Zn \land n \neq 0 \to \exists m(Zm \land nSm))$.

さてフレーゲとわれわれは「数」を定義し、0と1を定義し、それらが異なった数であることを証明した。さらに「直続する」が一対一であること、そして零ではない数のすべてがある数の直続者であることを証明した。けれどもいまだ「有限数」、すなわち「自然数」は定義されてはいないし、すべての自然数が直続者をもつということも示されてはいない。

第79節でフレーゲは φ の祖先関係、すなわち「y は φ —列において x に後続する」を、『概念記法』で定義したやり方と同じように定義している。したがって FA ではわれわれは $x\varphi^*y$ を次のように定義する。

$\forall F(\forall a(x\varphi a \to Fa) \land \forall d \forall a(Fd \land d\varphi a \to Fa) \to Fy)$.

第80節は第79節に対する注釈である。第81節の冒頭でフレーゲは「y は x で始まる φ —列のメンバーである」と「x は y で終わる φ —列のメンバーである」という言い回しを導入し、それによって「y は φ —列で x に後続するか y は x と同一である」を言わんと

している。フレーゲは、φ が直続関係の逆であるときに、「φ―列における」の代わりに「自然数の列における」という言い回しを使っている。FA ではわれわれは mPn を、nSm を意味するように定義し、$m<n$ を、mP^*n を意味するように定義し、$m\leq n$ を、$m<n \vee m=n$ を意味するように定義する。フレーゲは「n は有限数である」を第83節の最後になって定義している。FA では Fin n を $0\leq n$ を意味するように定義する。

第82節と第83節でフレーゲはすべての有限数が直続者をもつという証明を素描している。加えてフレーゲは、(もし n が有限数であるならば) n の直続者が常に存在するということを証明することによって、「この列の最後のメンバーは存在しない」ということが証明されたことになるだろうと述べている。(ここでフレーゲは有限数の列を意味していることは明らかである。) このことは、もし自然数の列においていかなる有限数も自分自身に後続しないということがさらに示されているとすれば、確かに証明されたことになるだろう。第83節でフレーゲは、その命題が必要とされるということ、そしてそれがどのようにして証明されるかを示唆している。

フレーゲの卓越した着想は次のことである。もし n が有限であれば、n よりも小さいか等しい数からなる数――フレーゲの言葉で述べると『概念「n で終わる自然数の列のメンバー」に帰属する数』――は n に直続するということを証明すれば、それによって、すべての有限数が直続者をもつということが証明可能なはずである。フレーゲの素描は FA における Fin $n \to N[x: x\leq n]Sn$ の証明へと展開できる。$ZN[x: x\leq n]$ が FA で証明可能なのだから、(Fin $n \to \exists x(Zx \wedge xSn)$) は FA で証明可能である。

第82節でフレーゲはある幾つかの命題が証明可能であると主張している。それらの FA への翻訳は $aSd \wedge N[x: x\leq d]Sd \to N[x: x\leq a]Sa$ と $N[x: x\leq 0]S0$ である。さらにフレーゲは、これらの命

題から「自然数の列において後続する」の定義を適用することによって、有限数 n に対して、n よりも小さいか等しい数からなる数が n に直続するという言明が導かれる、ということを付け加えている。

$N[x: x\leq 0]S0$ は FA で簡単に導出される。$xP^*y\rightarrow \exists aaPy$ が祖先関係の定義から導かれる。$[z: \exists aaPz]$ を考えよう。$\neg 0Sa$ と $1S0$ が定理であるから、$\neg aP0$、$\neg aP^*0$、$x\leq 0\leftrightarrow x=0$、そして $N[x: x\leq 0]=N[x: x=0]$ も定理であり、これと 1 の定義とから、$N[x: x\leq 0]S0$ が導かれる。

しかし $aSd\wedge N[x: x\leq d]Sd\rightarrow N[x: x\leq a]Sa$ の導出はそれほど簡単ではない。これを証明するためには、われわれは $a=N[x: x\leq a \wedge x\neq a]$ を証明しなければならない、とフレーゲは言っている。そして彼に従えば、それを証明するためには、われわれは $x\leq a\wedge x\neq a$ であるのは $x\leq d$ であるときそのときに限るということを証明せねばならず、そのためには今度は $\text{Fin } a\rightarrow \neg a<a$ が必要である。最後の命題は再び、フレーゲが言うには、祖先関係の定義に訴えることによって証明される。いかなる有限数も自分自身には後続しないという言明が必要とされることは事実であり、彼が書いているように、この事実によってわれわれは $N[x: x\leq n]Sn$ の前件として $\text{Fin } n$ をおかねばならない。

ここで解釈上の困難が持ち上がる。フレーゲが第 82 節で a と d の有限性を想定していたかどうかがはっきりしないのである。そのように彼は述べてはいないけれど、少なくとも d が有限であることを想定しているに違いないとは思われる。というのも、彼は $aSd\rightarrow(x\leq a\wedge x\neq a\leftrightarrow x\leq d)$ を示すことによって、$(aSd\wedge N[x: x\leq d]Sd\rightarrow N[x: x\leq a]Sa)$ を示したいと考えているからである。a と d の有限性を想定しなくても、確かに彼は $aSd\rightarrow(x<a\leftrightarrow x\leq d)$ を示すことができる。けれども $\neg a<a$、もしくはそのようなものが、$x<a$ から $(x\leq a\wedge x\neq a)$ へいたるために必要とされるのであり、それゆ

えフレーゲは Fin a であることを必要としていたと思われる。しかし Fin 0 はトリビアルに証明可能であり、$\forall d \forall a (dPa \land \text{Fin } d \to \text{Fin } a)$ は『概念記法』の命題91と98、すなわち $(xPy \to xP^*y)$ と $(xP^*y \land yP^*z \to xP^*z)$ とから簡単に導出されるので、d（それゆえ a）が有限であるということを彼が想定していたと解釈すれば、フレーゲの論証を FA の内部で働かせることができる。以下でそのやり方を見ることにしよう。

命題91と98から、$dPa \to (xP^*d \lor x = d \to xP^*a)$ は容易に導かれる。われわれはまた

(∗) $dPa \to (xP^*a \to xP^*d \lor x = d)$

を証明したいのだが、そのためには $F = [z : \exists dd Pz \land \forall d(dPz \to xP^*d \lor x=d)]$ とし、いつものように $(xPb \to Fb)$ と $(Fa \land aPb \to Fb)$ を示すことによって $(xP^*a \to Fa)$ を示せば十分である。

$(xPb \to Fb)$ については次のようである。xPb を仮定せよ。すると Fb の最初の半分は自明である。そして、もし dPb ならば、『基礎』の第78節の命題(5)より、$x = d$ であり、それゆえ $xP^*d \lor x = d$ である。$(Fa \land aPb \to Fb)$ については、Fa と aPb を仮定せよ。Fb の最初の半分は再び自明である。さて dPb を仮定せよ。第78節の命題(5)から、$d = a$ である。Fa であるから、ある c について、cPa であり、それゆえ $xP^*c \lor x = c$ である。cPa および $d = a$ であるから、cPd。ところが命題91と98から、xP^*d であり、それゆえ $xP^*d \lor x = d$ である。したがって、$(xP^*a \to Fa)$ であり、それゆえ $dPa \to (xP^*a \to xP^*d \lor x = d)$ および $dPa \to (xP^*a \leftrightarrow xP^*d \lor x = d)$ が導かれる。

さてわれわれは

(∗∗)　　Fin $a \to \neg a P^* a$

を証明しなければならない。$\neg 0 P^* 0$ であるから、$\neg 0 P^* a \to \neg a P^* a$ を示せば十分である。$(0Pb \to \neg b P^* b)$ と $(\neg a P^* a \wedge aPb \to \neg b P^* b)$ を証明することは容易である。もし $0Pb$ であり $bP^* b$ であるならば、(∗) から、$bP^* 0 \vee b = 0$ であり、それゆえ命題 91 と 98 とから $0P^* 0$ であるが、これは不可能である。またもし $\neg a P^* a$、aPb そして $bP^* b$ であるならば、(∗) から、$bP^* a \vee b = a$ であり、それゆえ命題 91 と 98 とから $aP^* a$ であるが、これは矛盾である。

(∗) と (∗∗) とから

$dPa \wedge$ Fin $a \to ((xP^* a \vee x = a) \wedge x \neq a \leftrightarrow xP^* d \vee x = d)$

が導かれる。これを省略すると

$dPa \wedge$ Fin $a \to (x \leq a \wedge x \neq a \leftrightarrow x \leq d)$

となり、そしてヒュームの原理から、

$dPa \wedge$ Fin $a \to N[x : x \leq a \wedge x \neq a] = N[x : x \leq d]$

がえられる。

したがって、もし Fin d、$N[x : x \leq d] Sd$、そして dPa ならば、Fin a であり aSd である。そして $a \leq a$ であるから、

$N[x : x \leq a] S\, N[x : x \leq a \wedge x \neq a] = N[x : x \leq d]$

である。aSd であるから、第 78 節の命題 (5) より、$N[x : x \leq d] = a$

であり、それゆえ $N[x: x≤a]Sa$ である。Fin 0 および $N[x: x≤0]S0$ であるから、

Fin $n →$ (Fin $n \wedge N[x: x \leq n]Sn$)

が結論され、それゆえ Fin $n → N[x: x≤n]Sn$ である。

　オーケー、読み飛ばすのはここまで。フレーゲによる事実上ペアノ公準であるものの導出がもつ注目すべき一面は、ほんの少しにしか見えないものから非常にたくさんのものを導出することができるという点にある。Numbers が純粋に論理的な原理かどうかという問題は続く箇所で詳細に考察することにして、ここでは私はフレーゲによって採用された他の諸原理がもつ身分について考えたい。私はこの問題を他の場所でも論じてきたが、それらの諸原理が論理的と見なされるのは当然のことだと考えている。フレーゲが示しているのは、一見すると自明でいずれにせよ明らかに無矛盾な Numbers を前件として持ち、$\forall m($Fin $m → \exists n(Zn \wedge nSm))$ のような諸命題を後件として持つような条件法を、これらの諸原理から導出できる、ということである。そのような後件は Numbers「のうちにはどう見積もっても前もって考えられていたようには見えない」。それゆえこのような条件法は少なくとも総合的であるように見えるし、だから、このように重い条件法を産み出す論理学の諸原理と諸規則とが総合的であるということをフレーゲ自身が示してみせたかのように思われるかもしれない。しかし、もしフレーゲの論理の諸原理が総合的と見なされるのだとしたら、算術を論理学に還元するということは算術が分析的だと考えるためのいかなる理由も与えない。それでもフレーゲにはカントに対して次のように批判する資格がある。つまり、カントはこの種の分析の概念をもっていなかったし、だから内容が演繹によって創造されうるなどとは考えもしなか

ったのだ。

『概念記法』と『基礎』の中に見出される困難な演繹は含まれるという関係および分析性の観念がまったく曖昧だということを明らかにしている(まだそれが明らかでなかったとすればの話だが)。含まれるという関係が明白な帰結関係のもとで閉じているように見えたとしても、それが帰結関係のもとで閉じているとは限らない。諸帰結がその諸前提に含意されることをやめてしまったのはいつか、ということがはっきりと言えないことはよくある。

とりわけ直続者の存在を証明するためにフレーゲが使った論証——有限数 n の上での帰納法によって概念 $[x: x\leq n]$ に帰属する数が n に直続するということを示す論証——は内容が創造される仕方のよい例である。『概念記法』の第 23 節で「現在の例を通して」に続いてフレーゲは次のように書いている。

　……純粋な思考が、それだけで——その固有の性質に由来する内容から——一見したところ、なんらかの直観にのみ基づいて可能であるように思われる判断をどのようにして産み出すことができるか、がわかるのである。これは［空気の］凝縮にたとえることができる。つまり、素朴な意識には何も現れない空気が、目に見える水滴を形成する液体へ変換することに成功するあの凝縮にたとえることができるのである。(『著作集1』86頁)

フレーゲは希薄な空気よりももっと少ないものから直続者を凝縮したかのように見える。このことが『基礎』で採用されている幾つかの諸原理が矛盾しているのではないかという疑念を読者につのらせたことは無理もない。

他方、フレーゲによる自然数の構成は、その無矛盾性が疑われたことのないフォン・ノイマンによるよく知られた自然数構成の前触

れである。フレーゲは 0 を自分自身と同一でないものの数と定義している。一方、フォン・ノイマンは 0 を自分自身と同一でないものの集合と定義している。フレーゲは、n が n よりも小さいかもしくは同一である数たちの数に直続されるということを示している。一方、フォン・ノイマンは n よりも小さいかもしくは同一である数の集合を n の直続者として定義している。われわれはフォン・ノイマンによる自然数の定義に基づいたペアノ算術を、驚くほど弱い集合論——一般集合論と呼ばれることがある——の中で実行（解釈）することができる。その公理は

外延性公理：$\forall x \forall y (\forall z (z \in x \leftrightarrow z \in y) \rightarrow x = y)$,
付加公理　：$\forall w \forall z \exists y \forall x (x \in y \leftrightarrow x \in z \vee x = w)$,
分出公理　：$\forall z \exists y \forall x (x \in y \leftrightarrow x \in z \wedge A(x))$,

である。一般集合論に対するよく知られたモデルが自然数の中に存在する。すなわち、$x \in y$ であるのは、ゼロ番目から始めて右から左へ数えていったとき 1 を y の二進数の x 番目の場所に見つけたときそのときに限る。このモデルで外延性公理、付加公理、分出公理が成立することは明らかである。したがって、フレーゲが『基礎』でやっていたようなことにかなり似た何かが無矛盾になされるということは初めから明らかだったのである。

　有限数の列は最後のメンバーをもたない、そして有限数の上での「より小さい」という関係は非反射的であるという『基礎』の諸結果は、その主要定理が、有限数に適用された場合には、「より小さい」という関係は推移的であり(98)、そして連結的である(133)という『概念記法』の諸結果を補う。フレーゲが彼の三冊の論理学の著作でやっていたことよりももっと多くの数学的事実が FA の内部で展開されうる。(『基本法則』のどれだけのものが FA の内部で救い

出されるのかということを知ることは興味深いだろう。）加法と乗法は何通りかのお馴染みのやり方のどれによっても定義されうるし、その基本的性質は諸定義から証明されるので、解析学の大半が FA の内部で証明（もっと精確に言えば、翻訳）できる。（解析学と FA の相対的無矛盾性は原始再帰算術の内部で証明できる。）したがって、かなり大部分の数学が FA で実行できるのである。

　この比較的よく知られた題材を議論する代わりに、私は FA のある奇妙な幾つかの特徴を一瞥したい。その一つは以前にほのめかしてある。フレーゲは 0 を概念「それ自身と同一でない」に帰属する数と定義した。では概念「それ自身と同一」に帰属する数は何か。概念「有限数」に帰属する数は何か。フレーゲは後者の数を表示するために記号 ∞_1 を導入し、∞_1 が自分自身に直続するということを示して、だからそれは有限数でないと結論している。しかしフレーゲは前者の数については考察しておらず、それゆえそれら二つの数が同一であるかどうかという問題を扱ってはいないけれども、彼がそのような数の存在を認めなければならないということは明白である。存在するすべてのものの数というような数が（それら存在するすべてのものそれ自身の中に）存在するという言明はツェルメロ―フレンケルの教義とは反するが、無限についての一つの観点としては、まったく非常識だというわけではない。ましてや存在するすべてのものの数（そして同時に有限数すべての数）という唯一の無限数、無限、が存在するという思想が、無限もしくは無限数のようなものは存在しないのだという観点よりも非合理的だというわけではない。いずれにせよその見解は、あまりに多くの無限数が存在して、有限であれ無限であれ、それらすべての集合もしくは数が存在しない、それほどまでに多くの無限数が存在するという主張よりも、はるかに信じることが容易な見解である。

　けれどもわれわれはそれらの数が同一であるか否かという問題を

決定できるだろうか。FA ではできない。$N[x: x=x] = N[x: \text{Fin } x]$ は FA のある幾つかのモデルでは真である。たとえば、先に与えられた一つのモデルでは真である。そして、すぐ後でわかるように、他の幾つかのモデルでは偽である。U' を $\aleph_1$ よりも小さいか同一である順序数すべての集合とし、η が V の（有限もしくは無限）濃度が u であるときそのときに限り V と u について真であるとせよ。（V は U' の部分集合、u は U' のメンバー。）すると Numbers はこの構造のもとで真であり、Fin x は自然数によって充足され、$N[x: \text{Fin } x]$ は $\aleph_0$ を指示し、一方 $N[x: x=x]$ は $\aleph_1$ を指示する。したがって、$N[x: x=x] = N[x: \text{Fin } x]$ は FA では決定不可能な文である。もちろん $\exists x \neg Zx$ も決定不可能ではあるけれど、$N[x: x=x] = N[x: \text{Fin } x]$ は数についての決定不可能な文である。カントールについての幾分素描的なフレーゲの所見から察するに、彼は恐らく $N[x: x=x] = N[x: \text{Fin } x]$ を偽であると見なしていたのではないか、と推測できる。

次に私はラッセルのパラドクスが『基礎』の哲学的目標に及ぼした影響について考えることにしよう。私の見解はいずれにせよ通常の見解である。ラッセルのパラドクスの発見の結果として論理的真理に関するわれわれの概念はドラスティックに変化した。そして、現在では算術が無限に多くの対象の存在に関与しているということがラッセルのパラドクス以上に論理主義にとっては大きな困難だと考えられている。

しかしフレーゲはラッセルのパラドクスを生み出すような観点にコミットしていなかったのだろうか。彼はすべての述語がある概念を決定し、すべての概念が外延を一意にもっていると想定していたのではなかったか。第 83 節で彼は述べている。

そしてそのためにはまた、この概念が「d で終わる自然な数列に

所属する」という概念と等しい外延をもつということを証明しなければならない。(『著作集2』146頁)

第68節で彼は概念「直線aに平行な直線」の外延に言及しているし、概念Fに帰属する数を概念「概念Fと等数的」の外延として定義している。フレーゲが外延の存在を公言していることを考え合わせれば、彼がラッセルのパラドクスを免れていると考えることはいかにして可能なのだろうか？

最初の引用は単純に表現上の問題として処理できる。もしフレーゲが「ある対象がこの概念のもとに属するのは、それが……の列のメンバーであるときそのときに限る、ということを証明する……」と書いていたとしても、そこでの論証にとっては何の問題もなかっただろう。概念「直線aに平行な直線」の外延は単に、数を定義することの眼目を読者に理解させるために使われている。(これらの外延への言及こそ、先に触れた例外である。つまり、フレーゲ自身が第68節から第83節にかけてその存在に明示的にコミットしているのは「概念Fと等数的」という形式の概念の外延だけだ、という主張に対する、重要ではないが啓発的かもしれない例外、というのはこれである。)したがって、もしフレーゲによる概念の外延の導入に対して重大な反論があるとしたら、それは「概念Fと等数的」という形式をもつ概念の外延としての数という定義に関わるはずである。

そしてもちろん重大な反論が存在する。フレーゲによれば、すべての概念Fに対して、ある一意の対象、すなわち「外延」が存在し、その外延はすべての概念GについてGがxに対して、ηによって表示されるある関係、つまり「のうちにある」という関係にあるのは、Fのもとに属する対象がGのもとに属する対象たちと一対一に対応されうるときそのときに限るようになっていなければならない。すなわちNumbersが成立するのである。しかも、Numbers が表現される *FA* の言語は、ラッセルの背理の最もよく知られたバージョンである $\exists x \forall y(y\eta x \leftrightarrow \neg y\eta y)$ を適格な文としてもつような言語ではないが、だからといってフレーゲがいまや、どんな形のラッセルのパラドクスからも免れている、というのは正しくない。

それというのも、フレーゲの『基本法則』の Rule(V)

$$\forall F \exists!x \forall G(G\eta x \leftrightarrow \forall y(Fy \leftrightarrow Gy))$$

を考えれば、よく知られた仕方で矛盾が導かれるからである。

Rule(V) が真だと想定しよう。包括公理から、$F = [y : \exists G(G\eta y \wedge \neg Gy)]$ とせよ。するとある x について、

(#) $\forall G(G\eta x \leftrightarrow \forall y(Fy \leftrightarrow Gy))$

である。$\forall y(Fy \leftrightarrow Fy)$ であるから、(#) より、$F\eta x$。もし $\neg Fx$ であるならば、$\forall G(G\eta x \rightarrow Gx)$ であり、それゆえ Fx である。しかしもし Fx であるならば、ある G に対して、$G\eta x$ でありかつ $\neg Gx$ である。それゆえ、(#) より、$\neg Fx$ である。これは矛盾である。

もしくはより単純な

SuperRussell: $\exists x \forall G(G\eta x \leftrightarrow \exists y(Gy \wedge \neg G\eta y))$

を考えよう。SuperRussell が真であると想定せよ。x を、すべての G に対して $G\eta x$ であるのは $\exists y(Gy \wedge \neg G\eta y)$ であるときそのときに限る、というような対象とせよ。包括公理から、$F = [y : y = x]$ とせよ。すると、$F\eta x$ であるのは、$\exists y(Fy \wedge \neg F\eta y)$、$\exists y(y = x \wedge \neg F\eta y)$、$\neg F\eta x$ であるときそのときに限る。これは矛盾である。

SuperRussell と Rule(V) は *FA* の言語で書かれた文であり、どこから見ても Numbers がそうであるのと同じくらいに、外延の存在にかかわっている。ちょうど Numbers が任意の与えられた概念と等数的な概念そしてそれらだけを含んだ外延の存在（と一意性）を主張しているのと同様に、SuperRussell は、ある概念が与えられたときに、その概念自身がその概念に属する対象のうちにあることができないような、そういう概念のみを含む外延の存在を主張し、Rule(V) は、任意の与えられた概念のもとに属するのと同じ対象がそのもとに属する概念を考え、それらだけを含んだ外延の存在（と一意性）を主張している。フレーゲは SuperRussell と Rule(V) が論理学の原理であることを拒否しなければならない。もし彼が包括公理は論理学の原理であると主張するならば、そうしなければならない。論理学の原理は虚偽を含意してはならないからである。しかしそうだとするとフレーゲは、概念についてのあらゆる述語がより高階のある概念を決定するということ、そしてあらゆる高階概念が一つの外延を決定するということ、これら両者を同時に主張することはできないし、それゆえ、論理学の原理として Numbers を SuperRussell と Rule(V) から区別するいかなる方法も完全に剥奪されているように見えるかもしれない。

　あまりに残念だ。フレーゲが『基礎』で採用した諸原理は無矛盾なのである。算術は、それら諸原理に基づいて、しかも『基礎』で描写されたエレガントな仕方で展開されうる。Numbers だけを論理的真理とみなし（他の悪い原理をそうみなさない）理由をフレーゲは与えることができなかったし、われわれも与えることはできないが、フレーゲは考えられてきた以上にうまくやっていたのである。とりわけ、彼がやろうと試みたこと——対象、概念、そして外延についての無矛盾で、基礎的で、そして簡潔な諸原理に基づいて算術を展開する——の主要な部分は、彼が示唆したまさにそのやり方で

成し遂げることができる。ラッセルのパラドクスによって『基礎』にもたらされる脅威は、そこにある数学の哲学的意義に対する脅威であって、数学それ自体に対する脅威ではまったくない。

われわれが Numbers を純粋に論理的な原理と見なすことができないということは驚くことではない。無矛盾ではあるとはいえ、FA はある強い意味で無限に多くの対象の存在を含意している。FA は、$\exists x \exists y (x \neq y)$, $\exists x \exists y \exists z (x \neq y \wedge x \neq z \wedge y \neq z)$ 等々を含意しているだけでなく、$\exists F(\text{DedInf}\, F)$ をも含意している。ここで Ded-Inf F は F はデデキント無限であるということを表現する式——たとえば $\exists x \exists G(\neg Gx \wedge \forall y(Fy \leftrightarrow Gy \vee y = x) \wedge F \text{ eq } G)$ ——である。論理学ではわれわれは技術的な都合に譲歩して空なる領域を除外して考えるけれども、そこに線を引いている。だからこそ、無限に多くの対象の存在どころか、二つの対象の存在でさえ論理のみによって保証されるなどということはありえないと堅く信じられているのである。結局論理的真理とは、それについてわれわれが語っていると思われるものが何であろうと、そしてわれわれの（非論理的）語彙が何を意味しようと真である、そのような真理にほかならない。われわれがたまたまそれについて語っているものが二つのものよりも少ないということがありうるのだから、$\exists x \exists y (x \neq y)$ でさえ妥当であると見なすことはできないのである。

そうだとすると、一体どのようにしてわれわれは論理主義が穏健でもっともらしい数学の哲学だと考えることができたのであろうか。それが不適切だということははっきりと示されているのではないだろうか。たとえば、次の算術（の一つの標準的定式）の定理——有限の領域では成立しないが、自然数の標準的順序づけについての基本的事実を表現している言明である——

$$\forall x(\neg x < x) \wedge \forall x \forall y \forall z(x < y \wedge y < z \to x < z) \wedge \forall x \exists y(x$$

$< y)$

が、そもそもいかにして「偽装された」論理の真理でありうるのだろうか(11)。ラッセルは、無限公理が彼のプログラムにとって不可欠であると同時に、そのプログラムの側に立ってなされる主張にとって障害にもなる、ということにすぐさま気づいた。この期に及んでなお $\exists x \exists y (x \neq y)$ が論理的真理だということを弁護しようとする人を想像することなどできない。

私はこれまで次のことを主張してきた。すなわち、(1) Numbers は論理的真理ではない。それゆえ、(2) フレーゲは論理主義が正しいということを『基礎』で示してはいない。(3) もし数学が総合的であれば、論理学も総合的である。なぜなら、(4) 後件の数学的内容と同程度の数学的内容をもっていると評価できる Numbers を前件とする、興味深く論理的に真である条件法がたくさん存在するからである。私はこれらの主張に次の点も加えたい。すなわち、(5) われわれは認知における論理学もしくは数学の役割をまったく理解できないのだから、論理主義の挫折は目下のところ心の働きについての理解にとって何の意義もない。もしフレーゲが『基礎』から非論理的残余を消し去ることに成功したとすれば、算術は論理だという情報が算術の認知上の身分についてわれわれに何を教えてくれるのかという問題は残るだろう。とはいえフレーゲの仕事は、思考における数学の役割についての知見をわれわれに与えるという一つの(失敗した)試みとして過小評価されるべきではない。フレーゲの仕事は、自然数の概念についての強力な数学的分析であり(12)、われわれはただ一つの簡明で明らかに無矛盾な原理から数学の広大な部分がどのように導かれうるのかということをそこから知ることができる。しかもその厳格さ、深遠さ、そして驚きという点で、まさしくそれは哲学的分析にほかならない。

一つのファンタジー。『概念記法』の後でフレーゲは、『算術の基礎』ではなく、同じタイトルの別の本を書く。その主要な主張は、「F であるものの数が G であるものの数と同じであるのは、F であるものが G であるものと一対一に対応させられるときそのときに限る」という自明性から論理のみによって算術が導出可能なのだから、算術はカントが想定したように総合的ではなく、分析的だ、という主張である。そこでフレーゲは、$NF=NG \leftrightarrow F \text{ eq } G$ の両辺が同じ内容をもっている、つまり同じ思想を表現しているということを根拠に、この原理の分析性を支持する議論をおこなう。彼は試みにカントの擁護を考える。すなわち、ある対象の存在が $NF=NF$ から推論されうるのだから、$NF=NF$ は総合的であると見なされねばならない、それゆえ $NF=NG \leftrightarrow F \text{ eq } G$ は総合的であると見なされねばならない。これに対してフレーゲは $7+5=7+5$ は分析的だと応える。

もしフレーゲが彼の主要目標の一つ——数を対象としてではなく「論理的」対象として理解するという探求——を放棄し、自明で無矛盾な $\forall F \forall G(NF=NG \leftrightarrow F \text{ eq } G)$ を出発点に、この一つの原理の諸帰結を『概念記法』の内部でやり遂げていたとすれば、算術に対する基礎を発見したと彼が主張するのも至極当然だと見なされただろう。そうすることは虚しい哲学的希望を徹底した数学的成功と引き換えることだったはずである。それは悪い取引ではない。さらに彼は算術の分析性を示してみせたと主張することも十分できただろう。(もちろん彼自身の仕事はそのような主張の興味をまったく掘り崩すことになるのだが。)

おそらくラッセルのパラドクスの最も悲しむべき結果は、フレーゲの最も重要な仕事の価値をフレーゲから、そしてわれわれから覆い隠したことであった。カントがフレーゲの同時代の人々に対して立っていたのと同じようにフレーゲはわれわれに対して立っている。

『算術の基本法則』は彼の最高傑作だった。『算術の基本法則』の散文でない部分が何の関心も呼ばないなんてことが果たして信じられるだろうか。

原注

本論は、本文でも言及したポール・ベナセラフ、ハロルド・ホーズ、そしてチャールズ・パーソンズの諸論文から非常に大きな影響を受けている。また私は、有益なコメントを頂いたことで、ポール・ベナセラフ、シルバイン・ブロムバーガー、ジョン・バージェス、W・D・ハート、ジェイムス・ヒギンボータム、ハロルド・ホーズ、ヒラリー・パトナム、エリーシャ・サックス、トーマス・スキャンロン、そしてジュディス・ジャービス・トムソンに感謝したい。本研究は National Science Foundation からの補助 SES-8607415 による成果である。

(1) Russinoff, I. S. 1983. *Frege's Problem about Concept*. Ph. D. thesis, Department of Linguistics and Philosophy, MIT, Cambridge, Mass.

(2) 概念に関する他の箇所での議論と同様に、ここでも複数形を採用するのが便利だということがわかる。たとえば、『概念「馬 (horse)」に帰属する数』と言う代わりに『馬たち (horses) の数』と言うことができる。だから 0 はフレーゲによって自己同一でないものたちの数と定義された。そしてフレーゲは正しかったのである。

(3) 私からすれば非論理的であるけれど、もちろんフレーゲの視点からそうであるわけではない。

(4) Hodes, H. 1984. Logicism and the ontological commitments of arithmetic. *Journal of Philosophy, 81*, 123-149, p. 138.

(5) Wright, C. 1983. *Frege's Conception of Numbers as Objects*. Scots Philosophical Monographs, vol. 2. Aberdeen: Aberdeen University Press.

(6) Burgess, J. P. 1984. Review of Crispin Wright's *Frege's Conception of Numbers as Objects*. *Philosophical Review,* 93, 638-640. この書評の本文には「おそらく無矛盾」とあるが、明らかにミスプリン

トである。
(7) 解析学に関しては標準的には次を参照せよ。Shoenfield, J. R. 1967. *Mathematical Logic*. Reading, Mass.: Addison-Wesley の第8章第5節。
(8) Parsons, C. D. 1983. Frege's theory of number. In *Mathematics in Philosophy: Selected Essays*, Parsons, C. D. 1983. Ithaca: Cornell University Press. Reprinted in *Frege's Philosophy of Mathematics*. Demopoulos, W., ed. 1995. Cambridge, Mass.: Harvard University Press. パーソンズは次のように書いている。「この公理に基づいたペアノ諸公理の証明は、フレーゲ自身の形式体系の中で遂行されうるのみならず、ラッセルのタイプ理論、またはフレーゲの体系が矛盾していることを示したパラドクスを修復するために構成された他の様々な集合論の体系の中でも遂行されうる。」しかしパーソンズは、その公理を『概念記法』の体系に加えた結果については考察していない。
(9) ライトの評価しうる著書『対象としての数というフレーゲの考え方』で彼は、ある型のヒュームの原理が公理として加えられた第二階論理の内部でのペアノ諸公理の導出を素描している。ライトはそのような体系が無矛盾かどうかという問題を議論しており、その体系でよく知られたさまざまなパラドクスを再生することを試みている。そしてそれに成功しないことをもって、156頁で次のように結論している。すなわち、「必要とされているこの種の体系の一つが無矛盾な形式化をもちうると信ずべき、楽天的ではないが充分考察に値する根拠はある」。ホーズとバージェスが観察していたように、ライトの直感は正しい。著書の156頁でライトが提起した問題に対する回答を *FA* が提供するということを述べておくことは興味深いだろう。次のことは *FA* の定理である。すなわち、ある数が帰属するいかなる概念のもとにもその数自身は属さない、というような数の個数は一である。(零だけがそのような数である。)
(10) ここでフレーゲは続くという関係に対して「自然な数列において直接に続く」という表現を導入しているけれど、第83節の最後のところでしか彼は「有限」数を定義していない、という点を指摘しておく。
(11) Benacerraf, P. 1960. *Logicism: Some Considerations*. Ph. D. the-

sis, Department of Philosophy, Princeton University.
(12) Benacerraf, P. 1995. Frege: The last logicist. In *Frege's Philosophy of Mathematics*. Demopoulos, W., ed. 1995. Cambridge, Mass: Harvard University Press, pp. 41-67.

訳注

[1]　ブーロスが書いているように、第二階の言語では等号 $x=y$ を $\forall F(Fx \leftrightarrow Fy)$ と定義できる。それに対して第一階の言語ではそれはできない。第一階の言語の場合には、もし必要ならば、等号を原始記号として導入して、等号に関する公理を与えておく必要がある。

『基礎』第65節でフレーゲは、相等性についてのライプニッツの説明を、真理をかえることのない置換可能性として理解しているように見える。ちょっと形式ばった言い方をすれば、もし $x=y$ ならば、$A(x)$ をシェーマ図式として、$A(x)$ と $A(y)$ の真理は不変でなければならないということである。

$A(x)$ はシェーマ図式なので $A(x)$ はその中に等号を含んでいるかもしれない。それゆえ、もしフレーゲがライプニッツの説明を真理不変の置換可能性として理解していたならば、第65節の議論は等号の定義とは無関係である。

＊ここに訳出したのは、George Boolos, "The Consistency of Frege's Foundations of Arithmetic," in *On Being and Saying: Essays in Honor of Richard Cartwright*, ed. by Judith Jarvis Thomson, MIT Press, 1987, pp. 3-20 である。引用文献についてのデータは更新した。なお、この論文は George Boolos, *Logic, Logic, and Logic*, ed. by Richard C. Jeffrey, Harvard University Press, 1998 に再録されている。

ヒュームの原理は分析的か

クリスピン・ライト
(津留竜馬訳)

I

『算術の基礎』63節における、いささかヒュームを持ち上げすぎのフレーゲに倣って、基数の同一性を規定する原理——Fの数とGの数が等しいのはFとGの間に一対一対応が存在するときかつそのときに限る——に「ヒュームの原理」という名前を最初に与えたのは、ジョージ・ブーロスであった。この原理が分析的であるか否かという問いにわれわれの関心を惹くところが少しでもあるとすれば、それはもっぱら、近年フレーゲの定理として知られるようになった結果に拠る。フレーゲの定理とは、『算術の基礎』82節、83節においてその骨子だけが提示されていた証明を、拙著（Wright (1983) pp. 158-69）でいくらか詳しく展開して定理の形に仕上げたものだが、二階論理にヒュームの原理ひとつを公理として加えるだけで二階算術の導出に十分である——より慎重に言えば、二階算術として解釈できる理論の導出に十分である——という結果である。（実のところ、私はこの慎重さは必要ないと考えている——この点については後に触れる。）分析性は、それが正確にはどのようなものであれ、論理的帰結関係を通して保存されるだろう。そのため、二階論理の帰結関係が実際に論理的帰結関係の一種であれば、ヒュームの原理の分析性は算術の分析性を保証することになろう——少なくと

も、ヒュームの原理が持つ二階の帰結が本当に二階算術であって、たんに二階算術として解釈できる理論に過ぎないのでない限りは。そして、こうした結果がどのような意義を持つことになるのかは、当然、分析性という概念自体の意義に依存することになろう。しかし、この先で私は、ここでの最も重要な問題は分析性の概念にまったく訴えることなく定式化できる――そのため、ブーロスと私の間の論争の大部分は、本稿のタイトルの問いをうまく回避して進めることもできた――と提案したいと思う。

ブーロスは、「ヒュームの原理が分析的か否かを議論しなくてはならないことは、硫化水素が脱フロギストン化されているか否かを考察しなくてはならないことに、よく似ている」(2)と述べていた――私が想像するに彼が言いたかったのは、これは疑わしい理論的用語で定式化された問いだということである。このことはもちろん、すぐ近くに問われるべき適切な問いがあって、ヒュームの原理は分析的かという問いは、たんに、その適切な問いを理論上不適切な形で表現していたに過ぎなかった、ということと両立可能であろう。また、理論上不適切な形のこの問いが、とにかく否定的な解答を与えられる程度には十分な意味を持っている、ということとも両立可能であろう。私自身としては、分析哲学の最初の一世紀におけるこの騒ぎが静まったときに、われわれの後継者たちが、よく知られた批判のどれかによって分析性の概念が既に信用を失ってしまったのだ、と認識するようになるとは思っていない。特に、「経験主義の二つのドグマ」における二つの中心的批判について言えば、「分析性の概念は循環を含まないどんな説明も受け付けない」という批判は、概念の健全性について不可能な――ソクラテス的な――規準を課してしまっているし、「一般的な経験的理論に関与するどんな言明も修正の可能性を逃れられない」という批判は、分析性と阻却不可能な確実性とを混同してしまっているのである。だがそれでも、次の

ことは否定し難いだろう。すなわち、タイトルにあるわれわれの問いに肯定的な解答を与えることを正当化して、さらにこの肯定的解答は初期の分析哲学者がこれに与えたであろう意義を持っていると示すためには、その前に、分析的真理およびこれと同族のアプリオリな必然的真理、これらの身分と起源を、哲学者がこれまで行ってきたよりもずっと明確なものにする必要がある。

　ブーロスは、状況は先に挙げたうちの二つめのようなものだと考えていた。つまり、ヒュームの原理は分析的かという問いは理論的には欠陥を持つが、それでも、否定的な解答を支持する——「決定的」ではないが——十分な論拠を持った議論が与えられると考えていた。私の知る限り、彼はそのような議論をちょうど五つ提出した——とは言っても、私が参照している論文は四つだけで、うち三つはデモプーロスの素晴らしい論文集に再録されているもので、残りひとつは、リチャード・ヘックが編集したマイケル・ダメットへの献呈論文集中の、本稿と同タイトルの論文である。以下で私は、私が新フレーゲ主義者と呼ぶような人物がこれらの各議論にどのような応答をするのかを簡単に検討してみたいと思う。ブーロスの議論はどれも興味深く、中には非常に鋭い洞察を含むものもあるが、しかし——もし私が正しいのなら——、どの議論も修復不可能なダメージを与えはしないのである。

Ⅱ

1　存在論に関する懸念
この問題は、次の一節によって要約される。

　私は、HP［ヒュームの原理］は「現在のフランス国王は王室の一員である」という言明になぞらえるべきだと提案したい。という

のも、「F」のどの値についても、「F に帰属する数」という開いた単称確定記述句に指示される対象が存在することについて、われわれは分析的な保証を持っていないからである。……われわれが直面している困難はこうである。HP が真であるときのナンバー記号［つまり「♯」——基数オペレータを表すためにブーロスが用いる記号］の指示対象のような仕方で概念を対象へと写像する関数が存在することを、われわれはいったいどのようにして知るのだろうか。われわれはそのことについてどのような種類の保証を持っているだろうか。そして何故そう信じるべきなのか。……適切な仕方で機能してくれる関数が存在することについて、われわれは分析的な保証を持っているだろうか。(6)

ここでの基本的な考えは、ヒュームの原理は分析的真理であるにはあまりに多くを語っている、ということである。通常の理解の下では、分析的真理は任意の可能な領域において成立しなくてはならない。また、これより緩やかな（と称される）考え方の下では、任意の空でない領域上で成立するというだけの分析的真理といったものも認められる。しかし、無限に多くの対象——じつのところ、ある特別な種類の無限に多くの対象——の存在を含意するような——本当はこれを含意するために必要なことよりも真に強い——原理を、どうして分析的と見なすことができようか。

これに対する新フレーゲ主義者の応答はこうである。たしかに、ある原理と論理上の真理とから含意されるものは何であれ、その原理単独の含意と見なされる、ということにはまったく申し分のない意味がある。この意味においては、ヒュームの原理が無限に多くの対象の存在を含意することは否定できない——少なくとも、二階の帰結関係が含意関係の一種であれば。しかし、重要なのは含意されるその仕方である。ヒュームの原理は二階の全称量化子で量化され

た双条件式である。ヒュームの原理はそのような形の式なので、そもそもわれわれがそこから何らかの対象の存在を引き出せるのは、この原理の右辺（を例化した式）に適切な入力を入れる場合だけである。たとえばわれわれは、ヒュームの原理を例化した式

(1) $Nx: x \neq x = Nx: x \neq x \leftrightarrow x \neq x \; 1 \approx 1 \; x \neq x$

を取り、この右辺を小前提として併せて用いることによって、数 0 を得る。これを、次のような導出の仕方と比べてみよう。フレーゲが例示のために使った方向に関する同値言明を例化すると、

(DE) $Da = Da \leftrightarrow a // a$

を得るが[2]、小前提としてこの右辺を併せて用いれば、ここから直線 a の方向が導出される。こちらの小前提は、直線 a はそれ自身と平行であるという（直線 a が存在するという条件下での）必然的真理である。これに対してたしかに数 0 の場合、

(2) $x \neq x \; 1 \approx 1 \; x \neq x$

という小前提は、二階論理において確立されるものである。そのため、数 0 の存在は、こうした論理上の真理とヒュームの原理からの帰結である。したがって、もしヒュームの原理を、関連するあらゆる側面において、定義に近いステイタスを持つものと見なすことができれば、数 0 の存在は論理と定義からの帰結であることになる。しかし、これはまさに、分析的真理とは論理と定義から帰結する真理であるという、分析性についての古典的な説明であった。そのため、数 0 の存在は分析的真理であることになる。このことが言わば

「確保」されたとすると、今度は

(3) $x = 0 \quad 1 \approx 1 \quad x = 0$

もまた分析的真理だと見なすことに何の障害もないことになる。というのも、この式は、数0なるものが存在すると認められるだけで、二階論理中で帰結するからである。しかし、(3) 式は、われわれがフレーゲにしたがって、ヒュームの原理を利用して数1を得るときに使用する、あの右辺の式である。したがって、数1の存在もまた分析的真理であることになる。いまやわれわれは、これと同じ仕方で進むことによって、分析的であると考えられる前提から二階論理を使って各々の有限基数を得ることができる。したがってわれわれが得た結果は——このような方法で行われた場合——、有限基数が無限に多く存在することは分析的真理であるというよりも、むしろ、どの有限基数についても、それが存在することは分析的真理である、ということである。間違いなくこのことも同様に、先ほどのブーロスからの引用中で訴えかけられていた、分析性についての伝統的な見解——（可能な限り）存在に関して中立的に分析性を理解するという見解——の支持者を不快にさせるであろう。しかし私の論点はたんに、もし、関連するあらゆる点でヒュームの原理が定義に近い認識的ステイタスを持つという、新フレーゲ主義者の出発点となる可能性が存在していれば、これまで述べてきた理由により、分析性についての伝統的な見解ははじめから危ういものであったはずだ、ということである。

　以上をまとめると次のようになる。分析性についての古典的な説明の下では、分析的真理は論理と定義から帰結する真理のことである。したがって、数0、数1、などの存在が論理とヒュームの原理から帰結し、かつ、後者が関連するあらゆる点で定義に近いステイ

タスを持っていれば、任意の有限基数 n について、n が存在することは（その古典的説明の下では）分析的真理になるだろう。したがって、通常この古典的な捉え方とともに知られているもうひとつの考え方、つまり、存在主張は——ごく少数の例外はあるかもしれないが——決して分析的真理とはならないという考え方は、この古典的な捉え方と潜在的な緊張関係にある。もしヒュームの原理が、関連する点において定義とそう違わないステイタスを持っていれば、そのときわれわれは、古典的な捉え方と、通常この捉え方とともにある考え方とをうまく融合させることはできないと知るのである。

新フレーゲ主義という立場の核心は、ヒュームの原理はそのようなステイタスを本当に持っている、という主張にある。この立場によれば、われわれはヒュームの原理を、（有限基数をその特殊事例として含む）基数概念一般の説明を与えるものと見なしてよいのである。しかしブーロスは次のように問いかける。「二つの数が同一であるのは、それらの数がその概念の数となる概念同士が互いに等数的であるときかつそのときに限る、と想定したとき、どの概念もその数を持つということに関して、われわれはどんな保証を持っているのだろうか」[7]。これに先立って彼は、引用した一節中で、ヒュームの原理と「現在のフランス国王は王室の一員である」という言明（フランス国王の存在を前提したときの分析的真理）とのアナロジーを提起しつつ、そのような保証——少なくとも「分析的保証」——は存在しないと示唆していた。これは、私の著作に対する書評論文の中でフィールドが採った立場でもある[8]。しかし私は、一見したところまともで慎重なこの立場も、盤石ではないと考えている。

方向の事例をもう一度考えてみよう。方向はその方向に結びつけられる直線が互いに平行であるときに等しく、そうでないときに異なるという、方向のための同値言明（DE）によって方向名辞が導入されたとする。そのときわれわれはどうやって、方向名辞の指示

対象がそうするはずの仕方で振る舞う、何らかの対象が存在すると知るのだろうか。われわれはただ、はじめに方向なるものの存在が認められるならば、そのとき同値言明 (DE) は方向が等しいか異なるかを定める条件となるだろう、と言うべきではないのだろうか。よろしい。では、これが物事の正しい見方であるとしよう。するとそのときには、そうした前提を明示することに異存はありえないだろう。そして次の原理が、絶対的に分析的な言明だと見なされることになろう。それはすなわち、任意の直線 a と b について、

(4) $(\exists x)(\exists y)(x = Da \land y = Db) \rightarrow (Da = Db \leftrightarrow a//b)$

という原理である。しかし、考えてみよう。われわれはどうやってこの原理の前件を理解したらよいのだろうか。(4) の前件が真であるための条件には、「$p = Da$」や「$q = Db$」といった形の文脈が真であるとはどういうことかに関しての、再構成されていない何らかのアイデアが組み込まれていなくてはならない。再構成されていないアイデアが必要になるのは、(DE) の中に組み込まれているような、「p」や「q」が方向名辞である場合のこうした文脈が真となるために十分である条件、つまりここで提案されている十分条件を、フィールドとブーロスが拒絶してしまったからである。しかしながら、そのような十分条件は他には提案されていない。したがって——われわれがフィールドとブーロスの立場に立った場合——より穏健で慎重だと想定されている定式の前件が充足されるとはどのようなことでありうるのか、われわれは（実際のところ）何のアイデアも持ち合わせていないのである。

たしかに、前もって与えられている量化領域に相対化してしまえば、この慎重な定式化を使って、了解可能な問題を提起することも可能である——その問題とは、そのことによって既に存在が認めら

れている対象（たとえばある種の同値類）を、直線間の平行関係に照らして同一視したり異なるものと判断することが適切なのかどうか、という問題になろう。しかし、思い出してほしいのだが、フレーゲが挑戦していた問題は、そもそもわれわれはどのようにして抽象的なものの領域についての把握を˙獲˙得˙し˙正˙当˙化˙することができるのか、というものだった。もしも、抽象原理は前もって与えられている対象領域を参照するという正当化を˙常˙に必要としていると主張するのであれば、それは、抽象原理はこの計画には役立たないのだと——論証するのではなく——ただ前提してしまうことになろう。そしてこのことは、その限りでは、この計画はどのようにしたら成し遂げられるのかに関して、代替的な考え方を提出しないということである。これとは対照的に、新フレーゲ主義者は以下のように主張する。すなわち、適切な条件下では、このような抽象原理を使ってある種の物の同一性を述べる文脈の真理条件を定めることが可能であり、またそのことにより、——抽象原理の右辺に適切な入力が与えられるならば——われわれがその種の物の存在を知ることが可能であること、またそれがどのようにして可能かということ、こうしたことを決定することもできるのである。

　ブーロスの問い——「二つの数が同一であるのは、それらの数がその概念の数となる概念同士が互いに等数的であるときかつそのときに限る、と想定したとき、˙ど˙の概念もその数を持つということに関して、われわれはどんな保証を持っているのか」——が、彼が望んだであろう仕方で疑念を提起することになるのは、次の場合だけである。すなわち、数の存在は、概念間の（たんなる）等数性だけでは決定されずに残されてしまうかもしれない何か、つまり、˙そ˙˙こ˙˙に˙加えられるべき˙さ˙˙ら˙˙な˙˙る˙事実である、と認められる場合だけである。しかし、ヒュームの原理を説明原理として設定するときの新フレーゲ主義者の意図は、概念Fと概念Gが等数的であることそれ

自体がFの数とGの数が同一であるために必要十分（それ以上の面倒は不要）となるように、基数概念を固定することにある。これにより、それらの数が存在するためには、概念間の等数性以外は何も必要ではなくなるのである。以上の考えについては、拙論（Wright (1997)）のはじめの方の節、およびボブ・ヘイルの論文（Hale (1997)）において（それぞれ、Hale and Wright (2001) の中の、第12論文、第4論文）、より詳しく議論されている。そこでの中心的アイデアは、抽象原理の左辺を例化した式は、右辺で描かれている種類の事態の再概念化を表すためのものだ、ということである。しかしここは、この決定的に重要なアイデアについてこれ以上立ち入るところではない。私の論点はたんに、ブーロスの問いは、新フレーゲ主義の立場のこうした側面を無視しているか、または、それがまずい考え方だと予め想定してしまっているかのいずれかだ、ということである。

2 認識論に関する懸念

ヒュームの原理に対するブーロスの懸念のうちに繰り返し登場する論点は、この原理が持つ証明論的強さにかかわっている——より正確に言うと、二階論理の公理系にヒュームの原理を付け加えることから結果するシステムの、強さにかかわる論点である。この問題は、部分的には、ちょうどいま見てきた存在論的問題に関係している。しかし、存在論的問題とは別の要素もあり、その点は、彼の論文「ヒュームの原理は分析的か」の終わりの方の一節によってうまく捉えられている。ブーロスは、二階論理にヒュームの原理を加えたものが二階算術と相互に解釈可能であることを、そしてそれゆえに、それらが相互に、片方が無矛盾であればもう一方も無矛盾であるという関係にあることを、はじめて示したのであった。しかし彼自身は、この結果を、ヒュームの原理は無矛盾であるかという問い

に決着を与えるものと見なそうとはしなかった。彼は次のように述べている。

> 二階算術が……無矛盾であるとわれわれは知っているわけではない（と考えることは、別に神経質すぎることではない）。頭の切れる二三世紀のラッセルが、かつてラッセルがフレーゲにしたようなことをわれわれにすることはないと、われわれは本当に知っているのだろうか。われわれが通常、その議論を使えば解析は無矛盾であると納得できると考えている議論――「自然数全体の集合のべき集合を考えてみよう」――は、あからさまな循環を含んでいる。……フレーゲ算術が無矛盾であるかどうかも確かでないのに、どうして、HPを（こともあろうに）分析的だなどと称することができようか。⁽¹⁰⁾

私自身は、フレーゲ算術が無矛盾であるかどうか知らないと主張することが神経質にすぎるかどうかわからない。しかしわれわれは、引用中の最後の問いかけがその前提としていることに対して、しっかりと疑いの目を向けなくてはならない。そこで前提していることとは、おそらく――クワインがそうしたように――分析性と確実性とを混同してしまうこと、あるいはとにかく、ある文の分析性を主張することが正当な理由を持つためには、その前提条件としてその文は確実でなくてはならない、と要求してしまうことである。私にはこうしたことは大きな間違いであると思われる。ある命題の真理性を信じたり知っていると主張したりすること自体は、阻却可能な形でしか正当化されていないが、それでも、その命題が真であるときにはその命題は分析的である、という状況を思い描くことに、何か不斉合な点があるわけではない。新フレーゲ主義者の主張は、ヒュームの原理は基数概念の説明として役立つというものだった、と

いうことを思い出そう。もしヒュームの原理に何かわずかでも不整合な点が含まれていれば、もちろんそれは不整合なものとして基数概念の説明に失敗するだろう——ちょうど、公理(V)が集合についての斉合的な捉え方の説明に失敗したように。しかしわれわれは——事情をよくわきまえた上でも——基数概念の説明についてはヒュームの原理はうまくいっていると、かなりの確信を持つことがたしかにできる。そして同様に、ヒュームの原理はうまくいっている非明示的定義が持つような種類の真理性を持っていると——それゆえヒュームの原理は、分析的ということにどんな意味が伴うにせよその意味において、分析的であると——確信することができる。

3　普遍数に関する懸念

　ヒュームの原理に基づく有限基数の構成は、最初の段階で、外延が必然的に空である概念（通常は自己同一でないという概念が選ばれる）に対する基数オペレータの適用が合法的と認められていることに、まったく依存している。一見すると、空であるどの概念の補概念に対しても、基数オペレータの適用を妨げるものは何もないはずだと思われる。それゆえ、普遍数、すなわち反ゼロ——存在する絶対的にすべてのものの数——を得ることも妨げられないはずである。たしかに、通常の定式化をされたヒュームの原理は、基数オペレータのそうした適用に何の障害も課していない。ブーロスは次のように述べている。

われわれが考察してきた数の説明の下では、自己同一でないものについてその数、つまり0、が存在するのと同じように、自己同一であるものについてもその数が存在しなくてはならない。すなわち、存在するすべてのものの数が存在しなくてはならない。[11]

ヒュームの原理は分析的か

ところで、ヒュームの原理はそれが持つどんな帰結とも、同程度に疑わしいものとなりうる。したがって、その帰結のひとつ、普遍数が存在するという主張と同程度に、ヒュームの原理は疑わしいものとなりうる。しかし、

> ここでの懸念は、反ゼロなる数は本当に存在するのか、ということである。ツェルメロ―フレンケル集合論［ZF］によると、存在するすべての集合の数となるような数（基数）は存在しない。この懸念は、われわれが考察してきた数の理論、つまりフレーゲ算術は……ツェルメロ―フレンケル集合論と通常の諸定義を合わせたものと両立しない、ということである。……そのこと［HPは分析的真理であること］を真剣に信じる者は、反ゼロなる数が存在するというフレーゲ算術の帰結と、そのような数は存在しないという……ZFと通常の諸定義から得られる主張とが両立不可能であることに、頭を悩ませなくてはならない。(12)

ブーロスは、この反論は「一見したところ、ばかげたこと、あるいは瑣末なこととして、却下できると思えるだろう」が、「もしかすると、最も深刻な問題であるかもしれない」と述べていた。

たしかにこの反論は興味を惹くもので、これに関しては言うべきことが多くある。もしも、どんな原理であれ、その原理を分析的真理と見なすことの対価がツェルメロ―フレンケル集合論を分析的に偽なものと見なすことであれば、そうすることに大きな抵抗感があるのは明らかであろう。こうした反論に対して第一に考えられる応答は、こうである。先のような結論はどれも、フレーゲ算術の名辞とツェルメロ―フレンケル集合論の名辞――ブーロスが言及していた「通常の諸定義」――のそれぞれが指しているものを相互に同一視することに依存しているだろう。いったいぜんたい誰が、反ゼロ

125

のような数が集合でなくてはならないなどと言ったのだろうか。しかしながら、ブーロスの論点に含まれる、より一般的な懸念——ヒュームの原理と標準的な集合論の斉合性に関わる懸念——は、そうした相互の同一視に依存するとは限らないのである。F が集合を成す場合だけ、F について確定した数が存在するのだという、正しいと思われる原理を認めよう（この原理については以下で再び触れる）。ツェルメロ—フレンケル集合論は、すべての集合から成る集合は存在しないということを含意する。したがって、いま認めた原理により、すべての集合の数なるものは存在しない、ということが帰結するだろう。しかし、ここまで見てきたことにも関わらず、集合であるという性質はヒュームの原理中の二階量化子の領域内にあり、それゆえ、等数性の反射性を利用する通常の証明が使えて、いまの結果とは反対に、そのような数が存在するという結論を確立するはずである。そのため、反ゼロを集合と同一視しようとしまいと、いずれにせよ、ツェルメロ—フレンケル集合論との衝突が存在するように思えるだろう。

　しかしながら私は、この一般的な方向での反論に対しても、原則に基づいた満足のいく応答を期待すべき、十分な理由があると考える。再び、方向に関する同値言明（DE）について考えよう。（DE）の存在下では、「…は…と平行である」という関係の反射性が、直線 a がどのようなものであろうと、a が方向を持つことを確実なものとする。しかし次のような疑問が生じてくる。たとえば私の帽子が私の靴と平行でないのと同じように、a と b が、それらが直線ですらないという理由で平行でない場合、（DE）の含意はどうなってしまうのだろうか。われわれは、方向オペレータが全域的に定義されるようにしたい——すべての対象が制限なく方向を持つようにしたい——という誘惑に駆られたかもしれない。そうすると、たんに直線でないという理由で他のものと平行関係に立たない対象の場

合、その対象の方向は、その対象以外の何ものも持つことがない方向となっただろう。しかし、少し考えてみると、これは可能な選択肢ではないことが明らかになる。というのも、もし、私の帽子と私の靴との間に平行関係が成立しないことが、どちらの対象もそもそも何ものかと平行関係に立つことに適していないことに帰着するのであれば、それと同じ調子で、それらは・自・分・自・身・に・対・し・て・も平行でないことになり、このとき（DE）、そもそも帽子や靴を方向を持つものと見なすことに動機を与えることができないからである。ここでの教訓はこうである。すべての対象がその方向を確定するのに適しているわけではないのと同様に、われわれは、すべての概念が——ヒュームの原理中の述語記号の束縛された出現に代入可能な言語表現で意味されるものすべてが——その数を確定するのに適しているのだと、何もせずにただ想定してしまうべきではないのである。

　もちろん、これは最初の一歩にすぎない。反ゼロの問題を追い払うために必要なことは、・自・己・同・一・でないという概念、あるいはその他の・自・己・矛・盾・したどの概念も、基数オペレータの適用にふさわしい事例であるが、その補概念はちがう、ということを肯定するための論拠に他ならない。以下は、二つの独立した、そうした方向での考え方である。

　そのひとつめの方針は、特に反ゼロに向けられている。数言明は高階の言明である——数言明は概念について語っている——というフレーゲの洞察を受け入れることは、そこでの概念に対してフレーゲは課していない何らかの制約が必要になるという馴染みの考察と、まったく整合的である。「どれだけ多くの F があるか」という問いが意味を成す——少なくとも確定した答えを持つ——最も基本的な場合は、「F」の箇所に代入される表現が、「可算名詞」と呼ばれることのある表現や「種概念」を表す表現といった、特別なクラスと

なっている場合である。こうした概念を明確なものとすることは、簡単にできる作業ではまったくない。しかし、通常の直観的理解では、種概念とは適用の規準——その概念が当てはまるものとそうでないものの区別——と同一性の規準の両方が結び付けられている概念である。ここで同一性の規準とは、「X は Y と同じ F である」という形の文脈の真理値を定めている何らかの原理のことである。「木」、「人」、「都市」、「川」、「数」、「集合」、「時間」、「場所」などはすべて、少なくともある一定の用法の下では、ここで意図された意味での種概念である。これとは対照的に、「赤い」、「金でできている」、「大きい」——一般に、純粋に質的な述語、物の構成に関する述語、限定形容詞——などは、文法的には高階論理における述語記号の出現に代入できる表現ではあるが、種概念ではない。後者の表現の集まりを、たんに述語的な表現と呼ぼう。ここでの提案は、F がたんに述語的な表現であるときには、「どれだけ多くの F があるか」という問いは（他の事情が同じであれば）意義を欠き、したがって「F の数」は確定した指示対象を持たない、というものである。

「自己同一である」がたんに述語的な表現だということは、容易に理解できる。そのため次のことを考えてみよう。たんに述語的な表現であっても——曖昧述語の境界事例は考慮しないことにする——ある特定の種概念の作用域中にその作用域が限られた場合には、基数についての確定的な問いを与えるよう実際に機能する、ということである。たとえば、ボウルの中の赤いりんご、宝石店のウィンドウの中の金の指輪、歓迎会の中の大きい女性などについては、その確定した数が存在しうる。したがって、もしも「自己同一である」が種概念であれば、そのときには、ボウルの中の赤い自己同一であるもの、宝石店のウインドウの中の金の自己同一であるもの、歓迎会の中の大きい自己同一であるものなどについても、その確定

した数が存在しうる、ということが帰結するはずである。しかしながら、「F かつ自己同一」は「F」と同値であるから、F の数という確定した数が存在しないときには、「F かつ自己同一」の数という確定した数も存在しえない、ということが帰結する。そのため、自己同一性は種概念ではない。ここでもし、純粋に論理的な根拠に基づいて F が空な外延を持つことが確実となっている場合を除いては、種概念およびたんに述語的な表現を種概念に制限してつくられる概念だけがその基数を持つと見なすことにすれば、そこから、普遍数は存在しないということが帰結する。QED.⁽¹³⁾

たしかにこのひとつめの考察は、当然のことながら、次の疑問に取り組もうとはしていない。それはすなわち、すべての順序数、すべての基数、すべての集合などについて——一般に、(おそらくは)種概念であるが「危険なほど」大きい概念に対して基数オペレータを適用した結果に、われわれがかかわっている場合——われわれはその数を正しく考えることができるのかという疑問である。既に見たように、ヒュームの原理とツェルメロ—フレンケル集合論との間に潜在的な衝突があるという、ブーロスの反論のひとつは、このような場合においても同様に生じてくる。しかしながら、これらの概念に結び付けられる確定した数が存在するはずだという考えに対する、原則に基づく反論は、これから扱う二つめの考え方から出てくることが期待される。その二つめの考え方は、際限なき拡張可能性という悩ましい概念にかかわっている。

少し前の箇所で指摘したように、F が集合を成すときだけ、F は確定した数を持つはずだと想定することは、自然であり、また、正当な理由を持っていると思われる。しかし、集合性は、フレーゲが意図していたようなすべてを包括する対象領域を、正しく捉える方法ではありえないということを、基礎論の研究における長い伝統が明らかにするだろう。というのも、カントールのパラドクスが、実

質的には、普遍集合——絶対的にすべてを包括する全体であって、たとえば、カントールの定理の証明に必要となる操作や原理による扱いをうけるもの——は存在しえないと示しているからである。しかしこのことは、無制限一階量化は非合法であると言うこと——もちろん、フレーゲの計画全体にとっての致命的な譲歩——と同じではない。ここでのポイントはむしろ、そのような無制限量化の領域に含まれる対象はひとつの確定した全体を形成するのではなく、マイケル・ダメットがつくった用語で言うところの「際限なく拡張可能」な全体になる、ということである。際限なく拡張可能な全体とは、その全体を確定した対象の集まりと見なそうとするどんな試みも、直観的にはその全体の中に含まれるはずだが、しかし、そう考えると矛盾してしまうためできない、という新たな対象を特定することだけになってしまう、という種類の全体である。これについてダメットは、際限なく拡張可能な全体上の量化にかかわる証明論は一様に直観主義的になるはずで、自然数や実数のような基本的で古典的な数学の領域もまた、際限なく拡張可能と見なされるべきだと提案した。しかし私自身は、どうすれば際限なき拡張可能性というアイデアを最もよい形で明確にできるのかが、そもそもわからないし、そのためもちろん、このアイデアの最もうまい説明があったとしても、それがどのようにダメットの提案が正しいと示すのかもわからないのである。しかし、ダメットはこの二つの提案に関しては間違っているが、それでも、ある種の非常に大きな全体——順序数、基数、集合、そしてもちろん「絶対的全体」——に関しては重要な洞察を強調しているのだ、ということはあり得る。もし、際限なく拡張可能な全体という概念のうちにそもそも重要な点があれば——もし、ここでの問題が生産的な仕方で取り上げられている兆候があれば——、ヒュームの原理に課せられる原則に基づく制約は、たしかに、F や G はそのような全体に結び付けられるべきではない、

ということになろう。したがって、このことは、特に、自己同一で
あるはその基数を確定しないにもかかわらず、自己同一ではないは
それを確定しうるのはどうしてなのかを理解するための、二つめの
明確なプログラムである。実際、個体変項および高階変項の領域が
無制限であるときは、確定的で有限などの概念の補概念も、おそら
く常に際限なく拡張可能な全体である。

4　余分な内容に関する懸念

これは、私にとって、それを正しく理解していると確信すること
が最も難しい反論である。次は、この反論のブーロスによる表明の
ひとつである。

> HP［ヒュームの原理］はこの原理が持つ二つの強い帰結の連言か
> らは帰結しない……ということが知られている。その強い帰結と
> は、どんなものもゼロの前者ではない、および、前者であるは一
> 対一の関係である、の二つ……である。HPが分析的ならば、そ
> れは、HPが持つ強い帰結のいくつかよりも真に強い……もので
> ある。また、これら二つの言明だけから算術が導出されることも
> 知られている。……これらの結果に直面したとき、われわれが本
> 当にHPを分析的と呼びたいと思うことが、どうしてありえよう
> か。[16]

この反論はリチャード・ヘックの最近の論文[17]によって展開された上
で支持されているので、私はこの反論についての彼の解釈に依拠す
ることにする。ヘックが強調するのは、基数についてあらかじめ知
っている事柄が有限算術とその応用に限られる人——言わば、カン
トール以前の人——が、ヒュームの原理の中に収納されている完全
に一般的な基数概念へと進む際には、そこに大きな概念的飛躍が含

まれる、ということである。そしてこの飛躍の大きさは、さまざまな体系の証明論的強さに関する諸結果の中に反映される。そうした体系には、フレーゲ算術——ヒュームの原理プラス二階論理——、二階ペアノ算術、ヘックがブーロスの仕事に基づいて示した一定の中間的諸体系、などが含まれる。次はヘックが下した結論である。
(18)

　HP は、概念的真理であろうとなかろうと、算術についてのわれわれの知識の土台にあるものではありえない。というのも、算術的思考の本性についてどれだけ反省してみても、HP の正しさについても、また、HP がそれに関して分析的だと称される基数概念の斉合性についてでさえも、それを人に納得させることはできないだろうから。もちろん、合理的再構成を行うこの種のどんな計画も、「発見の順序」と「正当化の順序」の区別に訴えなくてはならないだろう。しかし、ここでの反論は、ヒュームの原理は通常の話者に知られていないという反論でも、また、算術の真理は知られているが HP は知られていない、という時点があったという反論でもない。そうではなく、ここでの反論は、たとえ HP が現在のわれわれの基数概念を「定義している」、「導入している」、「説明している」のだと考えるとしても、この概念の斉合性（ましてや、HP の真理性）を人が認識するためだけに必要とされる概念的資源は、算術的推論の中で運用されている概念的資源をはるかに上回っている、ということである。それゆえ、ライト流の論理主義は維持できない。
(19)

ヘックは続けて、有限の概念へと制限されたヒュームの原理の一形態が、この特定の反論に抵抗できるか否か——すなわち、有限基数の算術とその応用において利用される概念的資源だけを所有する人が、そのように制限された原理を、有限算術を規定する諸原理を正

しく取りまとめた要約として理解できるか否か——ということを考察している。こうしたことは関心を惹く問題であり、これについてヘックは、興味深い、形式的考察ならびに非形式的な考察を提供している。しかし私は、まずそれに先立って、次を理解することに困難を感じている。すなわち、ヒュームの原理が二階ペアノ算術よりも概念的に過剰であることにかかわる、そもそもの反論が、新フレーゲ主義者がしたいと思うはずの主張に対して、何らかの深刻なダメージを与える、ということである。有限算術中で運用されている概念や原理に関する、純粋に分析的な反省だけに基づいて、ヒュームの原理の真理性を認識することはできない、ということは認めよう。しかしながら、本来の問いは確実に事柄の逆の方向にかかわっていた。その問いとは、ヒュームの原理によって、有限算術で使用される概念に到達したり、有限算術で使用される原理を合法化することができるのか、そして、ヒュームの原理がそれ自体で、こうした結果を興味深いものとするような、ある種の概念的ステイタスを持っているのか、というものだった。後者の問いはまさに、実質的には、本稿のタイトルが提起する問いである。しかし、ヒュームの原理に含まれる概念的資源は、基数概念の無限事例への拡張が含まれている限り、通常の算術的能力に含まれる概念的資源をかなり超過しているという考察だけでは、この問いに対する、どんな特定の見解にも、十分な論拠を提供することはできない。

　さらに以下のことがある。算術が分析的であると示したいと願う人が、明晰な頭脳を持ちながらも、どうして、ヘックの議論のうちに隠されている論争の規則に黙って従うことができるのか、定かではないのである。その規則は、次のことを要求する。当該の原理が通常の算術的概念とその証明論との体系化であることが反省により認識可能であるという、まさにその意味で、それら通常の概念について分析的だと考えられる原理を人は検討しなくてはならないと。

しかしもちろん、ある公理が、その意味で、全面的に総合的である理論について分析的な原理となることもありうる。また、その公理自体がその理論と同様に総合的な原理であるという可能性もある。(精確にユークリッド幾何学を体系化する原理だと反省的に認識されるような、ひとつの公理が存在するかもしれない。) たしかに、適切な原理がその中で算術を解釈できる理論を生成すること以上の何かを成し遂げるということは、新フレーゲ主義者の計画が成功するための必要条件である——そこには、それ以上の緊密な概念的関連が存在しなくてはならない。しかし、その公理がそうした理論を越える概念的余剰を持ってはいけないということは、この必要条件が満たされるための必要条件ではありえない。また、この条件は、そのような公理が分析的であるための十分条件でもない。というのも、ここでも再び、総合的である理論の正しい要約だと反省的に認識された原理が、それ自体、総合的な原理となるだろうから。

5 悪い仲間に関する懸念

ブーロスの最後の反論は、もしかすると、彼の反論全体の中で最も興味深くまた最も挑戦的なものかもしれない。この反論は、次の見事な洞察で開始される。すなわち、ヒュームの原理の非常に近い類似原理のうちには、それらは自己整合的(二階論理とこれらの原理のひとつから成る体系はおそらく整合的)だが、ヒュームの原理とは整合的ではない、といった諸原理が存在するのである。ここでヒュームの原理の類似原理とは、二階の抽象原理の形をとっていて、概念間の(二階論理で定義可能な)同値関係の成立を、それら概念に結びつけられる一定の対象間の同一性条件と、対応づける原理のことである。この洞察により存在が指摘された諸原理の格好の事例は、私が別のところで厄介原理 (NP) と呼んだものである。これは、概念 F に結びつけられる厄介と概念 G に結びつけられる厄介

とが同一であるのは、F と G の対称差――F または G で、F かつ G ではない、という対象の範囲――が有限であるときかつそのときに限る、という原理である。ここで簡単な集合論上の推論を使うと、NP が充足されるどんな領域も有限でなくてはならないという結論に至る。[20][3] しかし明らかに、これは自己整合的な原理である――それは現に有限モデルを持つ。もしヒュームの原理が分析的であれば、そのとき NP は分析的に偽となる。しかし、われわれはいったいどんな権利で、そのような主張ができるのだろうか――ヒュームの原理と厄介原理の類似性はほとんど完璧ではないだろうか。

この挑戦――「悪い仲間」による反論と呼ばれる――はある程度詳しく拙論――Wright (1997)――で扱われており、ブーロスの論文「ヒュームの原理は分析的か」はこの論文に対する論評であった。その論文中での私の提案は、この反論を武装解除させるための最初の一歩はハートリー・フィールドの保存性という概念（に非常に近いもの）を配備することだ、というものであった。あるひとつの原理、あるいは原理の集まりが、与えられた理論に関して保存的であるのは、おおまかには、その理論に問題の原理を付け加えた結果が、元々の存在論について新しい定理を持たない理論となるときである。[21] ヒュームの原理は、二階ペアノ算術がそれに対して保存的であるどんな理論についても（つまり、われわれの期待では、端的にどんな理論についても）、保存的になるだろう。これとは対照的に、任意の理論 T を NP によって整合的に拡張した理論は、理論 T の元々の存在論をなすどんなカテゴリーもたかだか有限的にしか例化されない、という帰結を持った理論になるだろう。しかし、どんな純粋な定義も、このような効果を持つことは許されまい。同様に、たんに概念的な説明を行うだけのどんな原理もまた――その役割が、（抽象原理の役割がそうだと想定されているように）新しい種類の単称名を形成するオペレータが登場する、一定範囲の文脈が持つ真理条件

を固定することに過ぎず、それ以外の点では、可能な限り純粋な定義の役割に近いものとなるどんな原理も——そのような効果を持つことは許されない。NP は、NP によって導入されることが想定されるものとはまったく無関係な帰結を、概念の外延が持つサイズについて持っているのだから、これを概念的説明を行う原理と見なすことはできない。さらに、その原理が成立することになる領域は有限でなくてはならないとの要求によって、ヒュームの原理と衝突するどんな抽象原理も、これと同様の事例となるだろう。そして実際、対象領域のサイズに有限ないし無限の上界を設定するどんな抽象原理も、その原理がかかわる抽象物以外の事物を扱う何らかの整合的な理論に関して、非保存的になるだろう。

　それゆえ、この特定の類比は成立しない。ヒュームの原理は、この原理自身がかかわる特別な存在論——基数——以外の事物を扱う、どんな整合的な理論に対しても保存的である。少なくとも、そのように期待する理由が覆されたわけではない。(これは一種の弱い分析性だということに注意しよう。つまり、もしヒュームの原理が成立しない可能世界があれば、それは、その世界において基数の本性が誤った形で表現されているためであるはずだ、となるのである。) これとは対照的に、NP およびそれに近い原理は、保存性の制約により、不十分なものとなる。

　ある抽象原理が受け入れ可能であるのは、その理論の存在論は当該の抽象原理に固有の抽象物を含まない、という条件を満たすどんな整合的な理論に関しても、その原理が保存的となる場合だけである。またある抽象原理が論理的な抽象原理であるのは、その原理の抽象に使用される関係が高階論理で定義可能な関係である場合である。そのためわれわれは、ヒュームの原理の仲間となるのは保存的で論理的な抽象原理だと考えてよいだろう。しかし、これらはすべて良い仲間であろうか。新フレーゲ主義に対する最近の批判者は、

そうではないと述べている。そのため、この五つめの懸念は、ブーロス自身がこの問題を考えていた地点を超えるものである。私はこの問題を、この先にあるひとつめの付論でさらに追及している。

III

　本稿の最初の方で私は、私とブーロスの論争は分析性の概念に訴えなくとも、ほぼ同様にうまく進めることができたのだと提案したが、いまや、それが何故だったのかが、明らかとなっているはずである。ここでの要点はたんに、ブーロスの反論はどれも、実質的には、分析性という概念の問題含みの側面からは独立である、ということである。真に彼を悩ませていたのは、ヒュームの原理は分析的であるか否かではなく、ヒュームの原理が真なのかどうか、そして、われわれはそれを真と見なすための正当な理由を持っているのか、どうやって正当な理由を持てるのか、ということだった。したがって、五つの懸念の要点は、真に重要な事柄は何も損なわずに、以下のように定式化できよう。

- われわれはどのような権利で、これほど豊かな存在論的含意を持った原理を受け入れることに、正当な理由があると考えているのか——われわれはどのようにして、ナンバー記号の指示対象がそうするはずの仕方で振舞うような関数が存在すると知るのか。
- われわれは、ヒュームの原理から生じる強い理論——フレーゲ算術——が整合的であるとの確信を支持する、どんな正当な理由を持っているのか。
- ヒュームの原理がツェルメロ—フレンケルの集合論（プラス標準的定義）と整合的でないことは、その真理性を疑うための強

い根拠となるのではないか。
・算術に基礎を与えるものと想定されながらも、算術をはるかに上回る余分な内容を持っている原理を受け入れることに、どんな正当な理由があるのか。
・われわれはどのような権利で、あるひとつの原理を、これとは不整合だがそれ自体は整合的な他の諸原理と同じようなものなのに、受け入れているのだろうか。

これらはすべて申し分のない懸念である。私は、新フレーゲ主義者がこれらの懸念にそれぞれの応答を与えようとする際に参照すべき方向性のようなものを、各論点ごとに提示できたのではと思っている。重要な論点は、ここでも、分析性の概念はこうした懸念を定式化するために必要とされていない、ということである。真に問題となるのは、むしろ、われわれがヒュームの原理に対して持っている資格がどのような性質のものなのか、ということである。

　分析性概念に対して、そのあらゆる変種もふくめた、完成された説明なるものがもしあれば、それはきっと、ここでの問題に解答を与えてもくれるだろう。しかし、新フレーゲ主義者が与えたい解答は、そのような説明を与えるという無理難題を引き受けようとするものではない。この解答の要旨を手短に説明しよう。算術についての新フレーゲ主義者のテーゼはこうである。すなわち、算術の基本法則（本質的には、デデキント―ペアノの公理）に関する知識――それゆえ、その法則を満たす対象領域の存在についての知識――は、一般的には基数概念の説明としての、個別的には有限の基数概念の説明としての、ヒュームの原理にアプリオリに基づけることができる。より詳しく述べると、このテーゼは、次の四つの主張を構成要素として含んでいる。(22)

（ⅰ）高階論理の語彙プラス基数オペレータ（ナンバー記号または「$Nx:\cdots x\cdots$」）は、算術の基本法則を述べるために十分な定義上の土台を提供する、

（ⅱ）算術の基本法則がそのような形で定式化されたとき、ヒュームの原理は二階論理中でそれら基本法則の導出を提供する、

（ⅲ）基数オペレータが加えられることになる高階言語を理解した者は、ヒュームの原理が基数オペレータの意味を定めていると告げられると、基数オペレータが加わったときに定式化可能となる、任意の新しい言明を解釈するために、知らなくてはならないすべての事柄を学ぶことができる、

（ⅳ）最後にそして決定的に重要なことだが、ヒュームの原理は重大な認識論的制約なしに設定されてよい。すなわち、それは数の同一性言明の意味を説明するものとして端的に約定されうる。そして——ヒュームの原理がそうした言明のために設定した真理条件が充足されるか否かという問題を超えたところでは——ヒュームの原理が約定するような同一性条件を持った対象が存在することに関して、独立の確証を求める合法的な要求は生じない。

これらの主張のうちひとつめと三つめは、算術的言明の意味の認識論にかかわっている。他方、二つめと四つめは、算術的言明の真理性の理解にかかわっている。ブーロスは、彼に尋ねることはもうできなくなってしまったが、これらのうちどれに反対するであろうか。すぐ後で触れる追加条項を考慮に入れたとしても、私はブーロスはひとつめの主張に反対しないのではと思う。またもちろん、二つめの主張にも反対しないだろう。これはフレーゲの定理で証明された点にすぎないのだから。この二つの主張を受け入れるだけならば、それは当然、フレーゲ主義者の業績の実質的部分を認めること

に既に含まれている。その業績とは、算術の原始的語彙をひとつの非論理的表現（基数オペレータ）だけを持つ土台へ分析的に還元したこと、この土台に基づいて、算術の基本法則がただひとつの原理（ヒュームの原理自体）に還元できると証明したこと、の二つである。

先に触れた、ひとつめの主張についての追加条項は、「十分な定義上の土台」という一節の解釈にかかわっている。後者関数、ゼロ、述語「自然数である」などのように振舞う諸表現の定義の仕方をフレーゲが示していること、それゆえ、ペアノ算術として解釈することが許される理論を定式化できること、もちろん、これらの点に問題はない。しかし——本稿の冒頭で触れたように——、あたかもそうしたさまざまな概念を表すかのように（少なくとも純粋算術の文脈中では）振舞う諸表現を定義することと、そうした概念そのものを定義することとは、別のことである。そして、純粋算術的な解釈を許すだけの理論ではなく、あらゆる点で本当に純粋算術である理論のために、ヒュームの原理が十分だと認められなくてはならないときに必要とされるのは、もちろん後者の方である。どのようにしたら、この強い方の点を達成できるだろうか。

さて、私は次のことは認められるだろうと思う。すなわち、算術に特有の概念を定義するとは、一定の範囲の諸表現を定義して、これにより設定されるこれらの表現の使用法が、本当にそれらの概念を表している表現の使用と区別がつかないようにすることに他ならない、ということである。フレーゲ算術中でペアノ算術が解釈可能だということが、純粋算術における使用に関する限り、そのことが既に達成済みであることを確実にする。したがって、ここでの論点に対する疑いは、フレーゲがヒュームの原理と論理的概念に基づいて提供した算術の原始表現の定義は、算術の日常的な応用に対しても適切なのかどうか、という点にかかわるはずである。果たしてフレーゲは、純粋および応用の双方の使用において考えられた算術的

概念が、ヒュームの原理で制御された基数オペレータと二階論理に依拠するだけで、どのようにして理解可能になるのかを、成功裏に示したであろうか。あるいはまた、算術的主張の日常的な意味を少しも知っていなくても、こうした構成全体を十分に理解できる者が存在しうるのだろうか。

この問題は、私がここで与えるよりもさらに詳しい取り扱いを必要としている。しかし私は、フレーゲがより野心的な課題を成し遂げたことは明らかだと考える。このことを理解するための、決定的な最初の一歩は、ボブ・ヘイルが Nq と名づけた非常に重要な原理の証明を、ヒュームの原理が与えてくれると認識することである。ここで Nq とは、フレーゲの方法で定義されたどの数詞「n_f」についても、

$$n_f = Nx:Fx \quad \leftrightarrow \quad \text{ちょうど } n \text{ 個の } F \text{ が存在する}$$

ということをわれわれが証明できる、という結果である[23]。ただし、「n」の二つめの出現は、日常的に理解されている、アラビア数字の出現のための図式文字である。このことから、フレーゲ流に定義されたどの数詞も、まさにちょうど、それが応用上持つべき意味を持っている、ということが帰結する。このことは、次を確かなものとするのに十分だと思われる。すなわち、ヒュームの原理がそれ自体で、フレーゲ算術を、たんに算術として解釈可能な理論ではなく、本物の算術として解釈されるべき理論としている、ということである。

もしこのことが正しければ、重要な哲学的問題は、三つめと四つめの主張にかかわるはずである。三つめの主張の重要性は、ヒュームの原理は、厳密に言えば、消去可能な定義ではない、という考察から導かれる——ヒュームの原理がその構成を認めている、基数オ

ペレータの使用法の中には、それを消去的に定義するための資源をヒュームの原理が提供できないものが含まれる。それゆえ、ヒュームの原理が算術を説明するための土台として機能するとの主張は、ヒュームの原理は厳密には定義ではない仕方であってもそのような使用を何とか説明できるのだ、という論点に依拠するはずである。この論点を主張するためには、フレーゲ算術の言明中の基数オペレータの出現をそこに埋め込まれる文脈の複雑さの度合いに応じて階層化して、さらにこの階層分けを使って次のような準帰納的な議論をしなくてはならない。それはすなわち、はじめに、一定範囲の基数オペレータの基本的使用が問題のないものだと主張し、次に、それに続くどの段階でも、その段階特有の基数オペレータの出現のタイプは、直前の段階で例示される出現の形の理解に基づいて理解可能だと主張する、ということである。これにはいくらか込み入ったところがある。私は他のところで、[24]この点にある程度詳しく立ち入ろうとしたことがあるので、ここではその詳細を繰り返さない。またこれは重要ではないかもしれないが、新フレーゲ主義者の三つめの主張に対する最も声高な反対者であったのは、ブーロスよりもむしろ、マイケル・ダメットである。

　私にとって問題の核心だと思えるものは、四つめの主張——ヒュームの原理は、さらなる認識論的な制約なしに、説明のための約定として設定されてよいという主張——である。実際、ブーロスはこの主張を不快に思っていたのであり、この背景にある説明の概念には、説明のためのテーゼという穏健な見かけと整合的であること以上の何かが密輸入されてしまっているのでは、と疑っていたのである。しかし私は、彼の疑いがとてもよく理解できた、と思っているわけではない。もし唯名論が間違った考えであれば——もし抽象的な存在者やその性質について知ることがそもそも可能であれば——、それは、そのような存在者に対する指示や量化を含む言明の使用を

固定化して、それらの真理条件の成立・不成立の判定を何とかわれわれの認識能力の範囲内にもたらしたためであるはずである。そして、この固定化がどのようなものであれ、それは、われわれが意味の確定という方法によって成し遂げた何かであったはずで、それゆえ、概念の構築および意味の確定ということ一般に含まれないどんな認識論的な制約も、この固定化に含まれていないはずである。私が本当に理解できないのは、次のことである。いったいどうして、ヒュームの原理が二階論理の諸概念を使って、基数オペレータを配置している言明の真理条件を確定する方法——実際にうまく確定できたとして——が、標的としている名辞（のタイプ）を含む言明の真理条件を固定するという効果を持った、他の任意の定義やそれ以外の形の約定よりも、いくらかでも認識論的に疑わしいものでなくてはならないのだろうか。たしかに、そうした真理条件が満たされるか否かは、当然——常に——別問題である。定義というものは、補足的な考慮すべき事柄がなくては、それを確定する力を持たない。しかし適切な抽象原理は、常に、そうした補足的な考慮すべき点がどのようなものであるはずかを、きわめてはっきり定めている——その抽象原理の右辺を見るだけでよいのである。このような仕方でヒュームの原理を理解することに対する、申し分のない疑念があるとしても、私はそうした疑念が説得力を持って定式化されたことはないと思う。

　問題の最終的な評価がどのようになるにせよ、ヒュームの原理の分析性に関する、ブーロスの疑念をここまで概観してきたことによって、次の二点が思い起こされることが私の希望である。ひとつめは、算術、実数解析、関数解析などに関して、本質的なすべての点でフレーゲ流の哲学であるようなものに成功の見込みがあるのかどうかについて、まだ未解決でさらに議論されるべき論争点が存在す

ること(われわれはこの認識をフレーゲに負っているということ)で
ある。またその二つめは、現代の議論において成し遂げられた進展
は、この問題に関する、ジョージの他に並ぶもののない優れた諸論
文に相当な程度依存している、ということである。

付論1 保存性と穏健性

Shapiro and Weir (1999) では次のように述べられている。

(D) $(\forall F)(\forall G)(\Sigma F = \Sigma G \leftrightarrow ((\phi F \wedge \phi G) \vee (\forall x)(Fx \leftrightarrow Gx)))$

という式の「ϕ」としてさまざまな種類のものを採ることができる
が、そこから結果する抽象原理のうちには、その二つを併せると充
足不可能だが、おそらく適切な意味において保存的であるような、
抽象原理のペアがいくつか存在する。例えば「ϕ」として、それ
ぞれ、「宇宙のサイズであり、かつ極限型到達不能基数である」[4]、
「宇宙のサイズであり、かつ後者型到達不能基数である」[5]を採る。
(新フレーゲ主義者は、この例が高度な性質であることに不寛容になっ
てしまう傾向には、反対すべきである。というのも、これらの概念は
高階論理中で定義可能だから。)図式(D)を例化して得られるどの原
理も、ϕであるFの存在を含意する。そのため、いま提示された
二つの抽象原理は、それぞれ、宇宙のサイズが極限型到達不能基数
であること、および、宇宙のサイズが後者型到達不能基数であるこ
と、という結果を含意する。そしてこの結果が二つとも正しいとい
うことはありえない。しかし、これらの含意は両方とも宇宙全体の
サイズに上界を課してはいない[6]——そのため、これらの抽象原理は、
NPが持っていた種類の非保存性を含んではいない。だがそれでも、
これらの抽象原理が両方とも、安定した地位にあることはありえな

い。そしてどちらか一方がそうでないならば、両方ともそうでないはずのように思われる。しかしどんな（正当な理由を持った）原理によって、これらの原理は排除されるのだろうか。ヒュームの原理は、これらの原理が持っていない、どんな良い性質を持っているのだろうか。

図式(D)から得られるどんな抽象原理（今後、「D抽象」と呼ぶ）[27]についても直観的に明らかであるのは、D抽象は、選択された特定の「ϕ」の下に属する概念の存在を含意するにもかかわらず、そのことを信じる気にはさせてくれない、ということである——その結果は、たんに、そこに埋め込まれている二律背反を利用して得られているだけである。というのも、

$(\forall F)\neg(\phi F)$

と仮定すると、どんなD抽象も公理(V)

$(\forall F)(\forall G)(\Sigma F = \Sigma G \leftrightarrow (\forall x)(Fx \leftrightarrow Gx))$

を含意し、それにより、ラッセルのパラドクスを含意するからである。したがって、このような抽象原理はいま問題となっている「$(\exists F)\phi F$」の真理性とは関係がない。これはちょうど、次の図式を例化した原理が「$(\exists F)\phi F$」の真理性と関係がないのとまったく同じことである。

$(\forall F)(F は \phi テロロジカルである \leftrightarrow (F は自分自身に当てはまらない \lor \phi F))$.

というのも、同様に、

$(\forall F)\neg(\phi F)$

と仮定すると、この図式は、有名なヘテロロジカル・パラドクス

$(\forall F)(F$ はヘテロロジカルである $\leftrightarrow F$ は自分自身に当てはまらない)

を含意するからである。再びわれわれは、「ϕF」として、F は宇宙のサイズで極限型到達不能基数、ないし、後者型到達不能基数である、あるいは、F は神に当てはまる、F は悪魔に当てはまる……などを採ることができる。そして、さらに進んで、宇宙のサイズは極限型到達不能基数、ないし、後者型到達不能基数である、神や悪魔が存在する、などと推論できてしまう。嘘つきのパラドクスと同種のパラドクスは、たんに自己完結的なアポリアという文脈だけで生じうるのではなく、直観的には無関係と思われる問題に対して、正当な根拠を持たないアプリオリな解答を与えるためにも使えてしまうこと（そして、どのようにしてそれが可能なのかということ）、こうしたことは古くからよく知られていた。クレタ人のパラドクスやカリーのパラドクスは後者の最も有名な例である。ϕ テロロジカルの図式や一群のD抽象は、これらの例にさらに二つの事例を加えるに過ぎない。

　こうしたものの見方は、シャピロとウィアの批判に対して「現状維持的」な応答をするという、選択肢を提供する。新フレーゲ主義者は次のように言うことができる。「あなたは私に次のことを納得させた。概念はその充足条件の約定によって定義できるという一般的アイデアは、ϕ テロロジカル性の規定を例化した原理のうちに、二つを併せると両立不可能だが、それ自体は整合的なものがありう

るという可能性によって、とにかく打ち砕かれたのだと。そこで私は次のことを認めよう。抽象原理に関する新フレーゲ主義者の考え方も、保存的ではあるが二つを併せると両立不可能となるような、図式(D)から得られる諸原理によって、同様の困難に見舞われるのだと」。この応答は論争の一手としては強力である。次のように考える者がいるだろうか。われわれは健全な知的良心の下では、

　　X が F である　if and only if　…X…

という形のごく一般的な定義を、概念をうまく固定化するものとはもはや考えることはできない、このことを、ϕ テロロジカル性を例化して得られる「ヘテロロジカル」などの悪性の事例がとにかく示しているのだと。いや、こう考える者はいないはずである。しかしそうであれば、フレーゲ流の抽象原理は、その左辺に特徴的であるような種類の文脈について、その真理条件を定める役割を果たす、という主張に他に反対意見を持っていない者は、(D)を例化して得られる悪性の原理によってうろたえるべきではない。(28)

　しかしながら、これは現状維持的な応答に過ぎない。この応答は、新フレーゲ主義者が必要とする境界線を引くことが可能なはずだとの確信に磨きをかけてくれるが、その境界線をまだひいてはいない。充足条件のどの定義が信用できて、どれが悪性として却下されてよいのかを区別する、一般的説明が必要とされるのと同様に、どれが良い抽象原理で、どれが（保存的ではあっても）悪いD抽象なのかを区別する特徴づけを、われわれはなおも必要としている。このことは依然として事実である。ブーロスの新しい公理(V)

$$(\forall F)(\forall G)(\Sigma F = \Sigma G \leftrightarrow ((\text{Big}(F) \wedge \text{Big}(G)) \vee (\forall x)(Fx \leftrightarrow Gx)))$$

(ここで、F が Big であるのは、それが自己同一性との間に全単射を持つときである)を合法化したいという願望に部分的に動機づけられてのことだったが、私は拙論 Wright (1997) において、さらなる保存性制約を加えることに挑戦した。この制約は、図式(D)を例化して得られる原理のうち、少なくともいくつかは許容するが、しかし大多数を却下できるだろう。おおまかに言うと、この制約は、このような抽象原理が持つ諸帰結のうちで、「パラドキシカルな構成要素」を使って導かれている帰結は、「独立した安定的地位」に立つ必要がある、とするものであった。私はここで簡単に、この提案を明確化して吟味してみたい。

D抽象は次のような形の条件文を含意する。

$$\neg(\exists F)(\phi F) \rightarrow (\forall F)(\forall G)(\Sigma F = \Sigma G \leftrightarrow (\forall x)(Fx \leftrightarrow Gx)).$$

提案された制約の直接の意図は、このような条件文が持つパラドキシカルな後件を利用する形で、この前件を背理法の仮定に使って導かれる結論はどれも、独立した安定的地位にあるべきだ、ということである。新しい公理(V)は、この提案の下でもうまくいく。というのも、Big な概念が存在することは、おそらく「独立した安定的地位」(このアイデアがどのように肉付けされようと) に立つ結果であるはずだから——自己同一という概念そのものが Big だということが、「Big」の定義から二階論理中で帰結する。

もちろん、どんな抽象原理も、何らかのこうした条件文を含意するだろう。したがって、提案された制約は非常に一般的である。ヒュームの原理はこの制約の下でどのようにうまくやっていくだろうか。新しい公理(V)とは別の仕方ではあるが、おそらく、十分うまくやるだろう。われわれは、たとえば ϕ として「少なくとも可算無限である」を選ぶことによって、いま問題となっているような条

件文を得ることができる。しかし今回は、その条件文の前件の否定を正しい結論とするために必要とされる資源は、二階論理によってだけ提供されるのではなく、ヒュームの原理そのものによっても提供される。すなわち、ヒュームの原理を使って数の列が無限に続くことを示す、独立した証明に拠るのである。実際、そもそもわれわれが、ヒュームの原理がいま採用されている条件文を含意すると示すことができるのは、たんに、ヒュームの原理がその前件の否定を独立に含意しているからに過ぎない。これとは対照的に、例示されたD抽象の悪性の種類は、おそらくテストに通らないだろう。たとえば、宇宙のサイズが極限型到達不能基数であること、あるいは、後者型到達不能基数であること（他のどのようなことでも）、これらを示すために悪性のD抽象が持っている資源は、公理(V)の矛盾と、そこから続く、当該の条件文に対する否定式（modus tollens）によって提供されるものだけである。

したがって、ある抽象原理が良いものであるのは、次のときだけである。すなわち、その原理から含意される、後件が公理(V)（それゆえ他の任意の矛盾）である条件文はどれも、その前件を背理法の仮定とすることによってさらに得られる結論がすべて独立した安定的地位に立つような、そういった条件文になるときである。結論が安定的地位にあることは、（新しい公理(V)の場合のように）それらの結論が二階論理だけを使って導出されるとか、あるいは、（ヒュームの原理の場合のように）それらの結論が当該の抽象原理から独立に導出可能であることなどによって、確証されるようなことである。しかしこれは、「独立した導出可能性」の適切な意味はどういうものなのか、という決定的な点で不明確である。もしも、まったく同様に疑わしい種類の導出が「独立した導出」に含まれてしまえば、それは明らかに意図された制約と調和しないだろう。「独立した導出」は本物でなくてはらないし、私が問題を説明したときの

ような「パラドクスを利用した」手段によって進行するものであってはならない。しかし、これはどういう意味だろうか。とりわけ、背理法を使った証明を非合法とすることなしに、「独立した導出」はどのように特徴づけられるだろうか。

ひとつの可能な応答——これは私が Wright (1997) で与えた応答である——は、「パラドクスを利用した」という言葉の適切に制限された意味は、これまでの（フィールド流の）保存性の概念を以下のような方法で再び持ち出すことによって捉えられる、というものであった。保存的な抽象原理からの導出がパラドクスを利用しているのは、次のときである。すなわち、その導出の形式が、それを例化して得られる導出はどれも妥当だが、例化して得られる導出のうちあるものが別の抽象原理の非保存性を示す証明となるような、そういった形式で表現されるときである。たとえば、先に検討された D 抽象を使い、宇宙のサイズが後者型到達不能基数であることを導く導出は、パラドクスを利用している。というのも、この導出をある妥当な形式の下に図式化して、その形式を例化して得られる別の導出が、対応する D 抽象を使い宇宙がちょうど一四四個の対象を含むことを導く導出となるようにできるからである。したがって、良い D 抽象とは次のものだけである。つまり、保存的であり、かつ、いま定めた意味でのパラドクスを利用した手段によってその原理から妥当に導出される結論はどれも、パラドクスを利用しない手段によって妥当に導出することができる、というものだけである。換言すると、二つめの保存性制約は、抽象原理からのパラドクスを利用した導出は、その原理からパラドクスを利用しないで得られる結果に対して保存的でなくてはならない、というものである。

以上が私のかつての提案の要点であった。この提案の実際の使用は、以下のようなものとなろう。任意の保存的である（と思われる）抽象原理 A について、これまでのところわれわれがそこから

パラドクスを利用した導出——ある妥当な形式を持った証明で、その形式を例化して得られる別の導出が、別の抽象原理の非保存性を証明するもの——を構成できていないときには、われわれはそのAをとりあえず受け入れる資格があることになろう。(ただし、その資格は却下される可能性がある。)しかし、ひとたびわれわれがそのような導出を手にしてしまったら、同じ結論を持ったパラドクスを利用しない別の導出を見つけるまで、われわれはそのAを受け入れることが許されない、となるだろう。その別の導出とは、形式的に妥当な導出で、その形式を例化して得られる導出はどれも、われわれの知りうる限り、別の抽象原理の非保存性の証明にはなっていないものである。

　こうした提案は、不自然に複雑で、人が望むような明確な動機を欠いているように見えることだろう。また、この提案がパラドクスを利用しない導出かどうかを判定するわれわれの能力に頼っている点についても、人は心配するかもしれない。しかしながら、「パラドクスを利用しない」という概念の使用や、これを非保存性の言葉で特徴づけることは、いまや本質的ではないと思われる。基本的なアイデアは、抽象原理のうちには、適切でない証明のために使えてしまうもの——D抽象全般およびその他の原理——がある、ということであった。われわれがこれに耐えられるのは、そうした証明に対しては同じ結論を持った適切な証明を持ってくることができるという、特別な場合だけである。たとえば、対応するD抽象を使った、宇宙のサイズが後者型到達不能基数であることの導出に対する、自然な——そしてたしかに正しい——反論は、「これと反対のことでさえも——他のどんなことでも——同じようにして証明できてしまう」のだから、その導出は説得的ではない、というものである。「同じようにして」とは、別の（おそらくは整合的な）D抽象を設定して、まったく同じ方法で推論することによって、という意味であ

る。したがって、自然な考えは、いま述べたような不満に値する結論を持ったD抽象——あるいは抽象原理一般——をわれわれは禁止するべきだ、というものになろう。このことは次の規定を示唆するだろう。ある抽象原理Aが、少なくとも一時的には、受け入れ不可能であるのは次の場合である。すなわち、抽象原理Aから導かれるある結論Cがあって、AからCを導くどの証明についても、その証明の妥当な形式の図式化と、Aとは別の（保存的な）抽象原理があって、この図式を例化して得られる導出によって、この原理からCとは整合的でない結論が導かれるときである。

しかし目立った心配事がまだいくつもある。まず第一に、どういう目的で、与えられた妥当な形式を持つ導出にこだわりつづけるのか不明確である、という点がある。二つを併せると両立不可能だが個別的には保存的である抽象原理は排除する——両立不可能性を示す方法は何でもよい——と言ってそれで済ませる、というのでは何故だめなのだろうか。というのも、次のように考えられるからである。まず一方で、もし、二つは両立不可能だが個別的には保存的であるどのペアについても、与えられた単一の形式を持った証明を使いその両立不可能性を示すことが可能であれば、より複雑な制約の定式化は必要ないことになる。しかし他方で、もし、そのようなペアのなかに、与えられた単一の形式を持った証明では、その両立不可能性を示せないペアが存在するのであれば、——つまり、AからCを導くどんな導出も、A*からCでないことを導く導出と、妥当な形式を共有しないのであれば——そのときには、新しいテストをかいくぐる、二つを併せると両立不可能だが保存的である抽象原理が、まだ存在することになるだろう。したがって、まだ悪い仲間が存在するのだろうし、それらに対しては、さらなる対策の考案が必要とされるだろう。第二に、提案された制約は、結論の意味論的な——モデル理論的な——証明に対して、どのように適用されること

ヒュームの原理は分析的か

になるだろうか——というのも、当然のことながら高階の抽象原理の場合には、実効的に見つけ出すことができる、意味論的な証明に対応する高階論理の導出が存在するとは限らないから。

こうした方向での議論の全体は、いくつかの「良い」D抽象、特に新しい公理(V)を救いたいという願望に刺激されたものだった。それゆえ、これはスチュワート・シャピロが指摘していることだが、新しい公理(V)自体がとにかく保存的ではない！——具体的に言うと、新しい公理(V)は、宇宙全体が整列順序で順序づけられること、それゆえに、抽象物以外の対象もすべて整列順序で順序づけられることを含意する——ということは重要である。この結果は、たしかに、拙論 Wright（1997）における二つめの保存性制約を精緻化する試みからは何も得られない——二つめの制約にはポイントがない——ということを示しはしない。しかし、この結果は、議論の一般的な方向性が持つ動機について再考を促すはずである。

私の考えでは、悪性のD抽象には他にも何かおかしな点——提案された二つめの制約が、たぶんそこへと間接的に近づいているだろうが、しかし十分には明確にできていない点——がある。厳密な意味での定義は、それがカヴァーする宇宙に対して実質的な含意を持つべきではない、という論点からはじめよう。抽象原理は一般的にはこの要請に沿うことはできない。というのも、論理的に（あるいはその他の形の形而上学的に）必然である入力と一緒にされたときの抽象原理は、それが導入しようとしている抽象物に関して実質的な含意を持ちうるのだし、それゆえ——それら抽象物は、少なくとも新フレーゲ主義者によって、宇宙の立派な参加者と見なされるだろうから——宇宙全体に対して少なくとも何らかの実質的な含意を持ちうるからである。しかし、抽象原理を意味を構成する約定と見なすよう提案されたときには、それゆえ、抽象原理を可能な限り定義に近いものと見なすよう提案されたときには、その度合いに応

じて、抽象原理が持つ、そのような含意の性格と範囲は制限される必要がある。要するに、ここでの要請は次のようになるはずである。抽象原理自身の抽象物が参与している（言わば）拡張された宇宙に関して、その原理が持つことを許される含意はすべて、抽象原理が特にかかわる抽象物について、その原理が――証明論的に、ないしモデル理論的に――含意している事柄に起源を持たなくてはならない。たとえばヒュームの原理は、どんな対象についても、それが少なくとも可算無限の宇宙の参加者であることを含意する。しかしヒュームの原理がこの含意を持つのは、基数の無限性という、この原理が持つ含意に拠ってのことである。

　これはフィールド流の保存性とは異なる要請である。フィールドの意味での非保存的な抽象原理――前に直観的な形で述べたが、もともとの存在論に対して新しい結果を含意する抽象原理――は、当然この要請を破るかもしれない。しかし、ある抽象原理が穏健でないものでありながら――その原理に固有の抽象物に関する含意に起源を持つと示すことができないような、宇宙の他の対象についての含意を、その原理が持っていながらも――、このことによって当該の原理の非保存性が示されはしない、という場合もありうる。再び、極限型到達不能基数のD抽象について考えてみよう。先に述べたように、このD抽象は、宇宙のサイズが極限型到達不能基数であることを含意する。しかし、これは（NPとは違って）宇宙のサイズに上界を設定しないから、NPのような仕方では非保存的ではない――それは他のどんな概念の外延にも制限を課さない。そしてもし、その他の仕方でこのD抽象が非保存的であるとしても、どのように非保存的になっているのかをわれわれはまだ理解してはいない。しかしながら、このD抽象は現に穏健ではない。というのも、宇宙がある一定の基数を持つという、この原理の要請は、この原理がそれ自身の抽象物に課すどんな要請にも起源を持っていないから

である。

　ここでの「起源を持つ」という言葉の真意は見逃されやすい。引き続き同じ例を使うが、極限型到達不能基数のＤ抽象は、どんな有限の概念もφではないということを含意する。したがってこの原理により、外延が単元集合である概念は、「行儀よく振舞う」抽象物——その同一性と非同一性が通常の外延性によって決定される抽象物——を生み出すことになる。それゆえ、そのような抽象物は、宇宙に存在する対象の数と同じくらい多く存在するはずである[(30)]。したがって、この特定のＤ抽象は、それ自身の抽象物の数が極限型到達不能基数であることを、実際に含意するだろう。そしてこのことから、宇宙の基数が極限型到達不能基数であることが帰結する[(31)]。しかし——これが肝心の点であるが——、抽象物についてのいまの結果は、宇宙の基数が極限型到達不能基数であることの証明には必要ないのである。このＤ抽象がそれ自身に固有の抽象物に関して含意していることを先に認識し、これを経由して、宇宙のサイズが極限型到達不能基数であることを認識するという方法は、このＤ抽象によって与えられてはいない。むしろ、ここでの推論はその反対のことを行っている。Ｄ抽象が宇宙全体に関してそうした結果を含意するという証明が、この原理に固有の抽象物についての結果を得るために必要とされている。これは非穏健性である。

　保存性は、受け入れ可能な抽象原理が持つことを許される、帰結の種類を制限する。すなわち、もっぱら抽象物以外の対象にかかわる主張であって、しかも、これまでは証明できなかったが、その抽象原理をもとからある理論——ここではその理論は明示的にもとの存在論へと制限されている——と併せることによって証明可能になるような主張、そういった主張の存在は許されない。これに対して穏健性は、受け入れ可能な抽象原理が持つ（それ自体は非保存的ではない）帰結に対して、その原理が提供することのできる、根拠の

種類を制限する。つまり、この原理が加わった、ある理論の存在論についての帰結は、その原理がそれ自身に固有の抽象物について要求している事柄に、根拠を持たなくてはならない。しかし、このように二つの制約はその性格を異にすると思われるかもしれないが、根底では、単一の論点の二つの側面である。次のことを思い出してほしい。繰り返し強調してきたように、妥当な抽象原理の役割は、新しい名辞形成オペレータが登場する文脈のクラスに対して、その真理条件を固定することだけである。抽象原理は、この役割以上のものを持ちながら、なおも、意味の約定という認識論的に控えめな性格を保持する、ということはできない。たしかに論理的抽象原理は、論理的な資源を使うことによって、われわれが、その原理がかかわっている種類の抽象物の存在を示したり、抽象物についての諸結果を確立できるように、設計されている。しかも、このことと抽象原理が控えめな役割だけを担うこととが整合的であるように、設計されている。しかし、もしある整合的な理論と結合したときの抽象原理が、それ自身に固有の抽象物についての含意から導出できると示すことができない含意を、抽象物込みの存在論について持っているのであれば、その原理が意図されている制限された役割をうまく果たしているとは考えられない。非保存性は、（通常は）このテストに失敗する、あからさまなやり方である。しかし、たとえ保存的な抽象原理であっても、それが、それ自身の抽象物に関する含意を参照することによっては正当化できない含意を、抽象物込みの存在論について持っているときには、この原理の真理性についての知識を約定に基づけることはできない。一般に、保存的な抽象原理が世界について暗黙裡に主張しているのは――われわれがどんなに別様のことを示してきたにせよ――それ自身の抽象物についての含意を参照することによって正当化されるかもしれないことである。その限りでは、われわれはそのような抽象原理を非保存的だと非難す

ることはできない。しかし同様に、われわれは、そのような正当化を手にしない限り、次のような反論に対する防御策を持たない。それはすなわち、この抽象原理が知られるのは、その抽象物自体が世界をそのようにしようとしまいと、いずれにせよ世界はこうなっているはずだとわれわれが知っている場合だけになる、との反論である。このことは、たとえ当該の抽象物が世界をそのようにしなかった場合でも、世界がどうなるのかわかる、という知識を要求しているように思われる。そして今度は、この知識が当該の抽象原理に付随する実質的な情報であることになる。さらにこの情報は、そもそもわれわれがこの原理を正当に設定していると主張できるための前提条件になるから、このことによって、この抽象原理はたんなる意味の約定として正当化されるのだというどんな主張も、正しいとは認められなくなってしまう。

　まとめよう。抽象原理が穏健であるのは、その抽象原理を、これと整合的な任意の理論に加えた結果できあがる理論が、次のようになるときである。すなわち、その原理と結合された理論の存在論にかかわる帰結で、その原理自身の抽象物に関する帰結を参照することによっては正当化できないもの、そういった帰結――証明論的、モデル論的、いずれの方法で確立されようと――を持たない理論になるときである。またここでも、正当化ということが決定的に重要である。というのも、抽象原理と結合された理論の存在論に関して、その原理が持っている帰結がすべて、その原理固有の抽象物に関する含意から帰結すると考えられる場合であっても、当該の原理はこの制約に反するかもしれないからである。とりわけ、極限型到達不能基数のＤ抽象の場合のように、当該の抽象物がある性質を持つことを証明して、そこから、抽象物込みの存在論についての結論を導くときに、はじめの証明中に補題として、ちょうどいまの結論が必要とされる場合には、その抽象原理は穏健とはされないだろう。

いくつかの点に関してさらなる明確化が必要である。

（ⅰ）抽象原理の穏健性という観点からは、どのような種類の証明が認められるべきだろうか——抽象原理がそれ自身の抽象物に関する一定の含意を「独立に」持っていると示すとは、いったいどういうことだろうか。
（ⅱ）穏健性の制約は、シャピロとウィアが例示した、二つを併せると両立不可能だが（おそらく）保存的な抽象原理一般に対して、効果を持つのかどうか。
（ⅲ）良い仲間に関して、他にどのような制約を適切に動機付けることができるだろうか。

この執筆の段階では、これらは大部分未解決の問題である。私は将来の仕事でこの問題に再び戻ってきたいと思っている。

付論2　原理 Nq の証明[32]

舞台設定

われわれは、次のような、数を表す限定量化子の通常の帰納的定義を仮定する。

$(\exists_0 x)Fx \leftrightarrow (\forall x)\neg Fx.$
$(\exists_{n+1} x)Fx \leftrightarrow (\exists x)(Fx \wedge (\exists_n y)(Fy \wedge y \neq x)).$

「n_f」を数 n のフレーゲの定義の略記とする。「Pxy」——x は y の直接的前者である——を次のように定義する。

$(\exists F)(\exists w)(Fw \wedge y = Nv\colon Fv \wedge x = Nz\colon [Fz \wedge z \neq w]).$

「Nat(x)」——xは自然数である——を次のように定義する。

$$x = 0_f \vee P^*0_f x.$$

ただしここで、「P^*xy」は、「xはyの祖先的前者である」を表すとする。「$(\exists R)(F1-1_R G)$」は、FとGの間に一対一対応が存在することを表すとする。

『フレーゲの考え方』[7]の最終節で素描した、HPからペアノの公理を導く証明中から、三つの補題を取ってくる。(番号づけは、そこでの番号にしたがっている。)

補題51：$(\forall x)(\text{Nat}(x) \to x = Ny: [\text{Nat}(y) \wedge P^*yx])$ ——どの自然数も、その数の祖先的前者となっているものの数である。

補題52：$(\forall x)(\text{Nat}(x) \to \neg P^*xx)$ ——どの自然数も、それ自身の祖先的前者にはならない。

補題5121：$(\forall x)(\forall y)(\text{Nat}(x) \wedge \text{Nat}(y) \to (Pxy \to (\forall z)(\text{Nat}(z) \wedge (P^*zx \vee z=x) \leftrightarrow (\text{Nat}(z) \wedge P^*zy))))$ ——もしある自然数が別の自然数の直接的前者であれば、そのとき、二つめの数の祖先的前者である自然数とは、ちょうど、ひとつめの数であるか、ひとつめの数の祖先的前者である数のことである。

最後に、フレーゲの0が$Nx: x \neq x$であり、各後者数$(n+1)_f$は$Nx: [x=0_f \vee \cdots \vee x=n_f]$であることを思い出そう。これらの対象の各々は、先の「Nat(x)」の定義に照らして、自然数であることになる。

証明：0_fは約定により自然数である。n_fが自然数であれば、$(n+1)_f$

も自然数である。このためには、「Pxy」の定義中の「F」と「w」として、それぞれ「$x=0_f \vee \cdots \vee x=n_f$」と「$n_f$」を取って $Pn_f(n+1)_f$ であると示し、その後、$Pxy \to P^*xy$ であることと P^*xy が推移的であることについて考えればよい。(これはそれぞれ、『フレーゲの考え方』の補題3と補題4である。)

フレーゲ流自然数のための Nq の証明

帰納法の土台。

$$Nx : Fx = 0_f \leftrightarrow (\exists_0 x)Fx$$

を示すためには、この左辺が成立するのは $(\exists R)(Fx 1 - 1_R x \neq x)$ である場合だけで、またこのことが成立するのは $\neg(\exists x)Fx$ である場合だけであることを考えるだけで十分である[33]。

帰納法の仮定。

$$Nx : Fx = n_f \leftrightarrow (\exists_n x)Fx$$

を仮定する。われわれはここから次が帰結すると示す必要がある。

$$Nx : Fx = (n+1)_f \leftrightarrow (\exists_{n+1} x)Fx.$$

(左から右) $Nx : Fx = (n+1)_f$ である任意の F について考える。補題51と $\mathrm{Nat}(n_f)$ であるとの考察から、$n_f = Nx : [\mathrm{Nat}(x) \wedge P^*xn_f]$ である。そのため帰納法の仮定より、$(\exists_n x)(\mathrm{Nat}(x) \wedge P^*xn_f)$ となる。しかし補題52より、$\neg P^*n_f n_f$ である。よって、$(\exists_n x)(\mathrm{Nat}(x) \wedge (P^*xn_f \vee x=n_f) \wedge x \neq n_f)$ である。したがって、$(\exists y)(\mathrm{Nat}(y) \wedge (P^*yn_f \vee y=n_f) \wedge (\exists_n x)(\mathrm{Nat}(x) \wedge (P^*xn_f \vee x=n_f) \wedge x \neq y))$ となる。よっ

ヒュームの原理は分析的か

て、限定量化子の帰納的定義から、$(\exists_{n+1}x)(\mathrm{Nat}(x) \wedge (P^*xn_f \vee x = n_f))$ となる。しかし、補題5121と $Pn_f(n+1)_f$ であることから、われわれは、$(\forall x)(\mathrm{Nat}(x) \wedge (P^*xn_f \vee x = n_f) \leftrightarrow \mathrm{Nat}(x) \wedge P^*x(n+1)_f)$ を得る。ゆえに、$(\exists_{n+1}x)(\mathrm{Nat}(x) \wedge P^*x(n+1)_f)$ となる。

以上で、その数が $(n+1)_f$ となるある概念について、必要な結果を確立できた。しかし、$N^=$ により、$(n+1)_f = Nx : Gx$ なるどんな概念 G も、そのような概念と一対一対応を持つはずである。したがって、次のような効果を持った補題があれば、それで十分である。[8]

$(\forall F)(\forall G)((\exists R)(F1-1_R G) \rightarrow ((\exists_{n+1}x)Fx \leftrightarrow (\exists_{n+1}x)Gx)).$

帰納法——厳密に言うと、三階の帰納法——で証明すればよいとわかる。

帰納法の土台。$(\forall F)(\forall G)((\exists R)(F1-1_R G) \rightarrow ((\forall x) \neg Fx \leftrightarrow (\forall x) \neg Gx))$ を示せば十分である。

帰納法の仮定。$(\forall F)(\forall G)((\exists R)(F1-1_R G) \rightarrow ((\exists_n x)Fx \leftrightarrow (\exists_n x)Gx))$ と仮定する。

$(\exists_{n+1}x)Hx$ となる任意の H について考える。したがって、$(\exists x)(Hx \wedge (\exists_n y)(Hy \wedge y \neq x))$ である。a を、$Ha \wedge (\exists_n y)(Hy \wedge y \neq a)$ となるものとする。J を、H と関係 R によって一対一対応にあるものとする。b を、$Jb \wedge Rab$ となるものとする。そのとき、R は、$Hx \wedge x \neq a$ と $Jx \wedge x \neq b$ とを一対一対応させている。したがって帰納法の仮定より、$(\exists_n y)(Jy \wedge y \neq b)$ となる。よって、$(\exists x)(Jx \wedge (\exists_n y)(Jy \wedge y \neq x))$ であり、ゆえに、$(\exists_{n+1}x)Jx$ となる。

(右から左) $(\exists_{n+1}x)Fx$ である任意の F について考える。そのとき、ある a があって、$Fa \wedge (\exists_n y)(Fy \wedge y \neq a)$ となる。そのため帰納法の仮定より、$Ny : [Fy \wedge y \neq a] = n_f$ となる。したがって、$N^=$ により、

ある R があって、$(Fy \land y \neq a) 1-1_R (\mathrm{Nat}(x) \land P^* x n_f)$ となる。$R^{\#}$ を、ちょうど R と同じように $Fy \land y \neq a$ と $\mathrm{Nat}(x) \land P^* x n_f$ とを関連づける関係で、しかも、a を n_f に対応づけているものとする。そのとき、$(Fy) 1-1_{R^{\#}} (\mathrm{Nat}(x) \land (P^* x n_f \lor x = n_f))$ である。しかし、先に示したように、$(\forall x)((\mathrm{Nat}(x) \land (P^* x n_f \lor x = n_f)) \leftrightarrow (\mathrm{Nat}(x) \land P^* x (n+1)_f))$ であるから、$Nx : Fx = (n+1)_f$ となる。

原注

マイケル・デトゥルフセンが 1998 年にノートルダムで主催したブーロス追悼シンポジウムの参加者に感謝する。この論文の主要部分はこの会で初めて発表された。また、この問題について初期に有益な議論をしてくれたことについて、ボブ・ヘイルに感謝する。

(1) ヒュームの原理からペアノの公理を導く証明の概略は、Boolos (1990) の付論においても与えられている。フレーゲの定理が導出可能であることは、Charles Parsons (1965) で初めて明確に主張された (p. 194 の所見を見よ)。私自身のこの定理の「再発見」はこれとは独立である。私はパーソンズがどのような形の証明を念頭においていたのかわからないが、この定理の再構成は、フレーゲ自身のいくぶん簡潔にすぎるスケッチが示唆するものよりずっと技巧的である。この問題の詳細を概観した最近のすぐれた論文として、Boolos and Heck (1998) を参照されたい。この論文の最初の方で、彼らは次のように述べている。

「82 節、83 節は、解釈上のきびしい困難を提供している。私たちは、ためらいながらも、次のように結論せざるを得なかった。すなわち、フレーゲはこの二つの節では控えめに言ってもいささか混乱していたのだし、フレーゲはここで正しい証明を素描したとか、あるいは正しい証明を念頭においていた、などとは言えないのである。」(p. 407)

(2) Boolos (1997) p. 247.
(3) Boolos (1986), (1987), (1990).
(4) Demopoulos (1995). ボブ・ヘイルが書いた、デモプーロスの論文集についての書評論文 (1996) は、とくに、ブーロスの懸念につい

ての（やや圧縮された）議論を含んでいて、その議論は本稿の以下の議論と類似した形で構成されている。そのため読者は、この論文を参照するのもよいだろう。

(5) Boolos (1997).
(6) Boolos (1997) p. 251. より一般的には、ibid., pp. 248-54 を見よ。また、Boolos (1987) p. 231 および Boolos (1990) pp. 246-8 を参照せよ。(あとの二論文へのページ数の指定は、Demopoulos (1995) に拠っている。)
(7) Boolos (1997) p. 253.
(8) Field (1984).
(9) Boolos (1987). 証明の詳細については、Boolos and Heck (1998) に付けられた二つめの付論を参照のこと。
(10) Boolos (1997) pp. 259-60.
(11) Ibid., p. 260.
(12) Ibid.
(13) この例外がその特別事例となるような、もっともらしい一般的原理は（これはボブ・ヘイルが私に提案してくれたものだが）、次のようなものとなるだろう。すなわち、F が種概念でなくとも、この F をどんな種概念に制限してもそれが同じ基数を持つときには、F は確定した基数を持ってよいという原理である。もちろん、この原理は反ゼロを合法化することはないだろう。というのも、$Gx \wedge x=x$ という形で種概念 G に制限したものの基数は、G の基数に応じて変化するだろうから。しかし、フレーゲ流の通常のゼロの定義は救われるだろう。(外延が必然的に空であるような、たんに述語的な表現以外に、この原理の適用事例はあるのだろうか。)

より一般的には、われわれは次を許してもよいかもしれない——実際、許すべきだろう。すなわち、種概念ではない F も、この F が、種概念でありかつ際限なく拡張可能な概念ではない G と共外延的であるとわれわれが知っているときには、その数を確定することができる、ということである。(しかし再び、そのような場合はあるだろうか。)
(14) ダメットは Dummett (1963)（この論文は、Dummett (1978) pp. 186-201 に再録されている）において初めてこの概念——これはもちろん、究極的には、ラッセルの悪循環原理の流れからきている

――を導入した。この概念は、Dummett (1991) の最後の章の議論にとって中心的なものである。また、彼の "What is mathematics about?", Dummett (1993) も見よ。
(15) たとえば、次を見よ。Clark (1998), Oliver (1998), Shapiro (1998).
(16) Boolos (1997) p. 249.
(17) Heck (1997).
(18) Heck (1997) section 4 を見よ。
(19) Heck (1997) pp. 597-8.
(20) 詳細については、拙論 Wright (1997) pp. 221-5 を見よ。この論文は Hale and Wright (2001) に第 12 論文として再録されている。(section VI を見よ。)
(21) Wright (1997)（これは Hale and Wight (2001) に第 12 論文として再録）の注 49 で与えた保存性の特徴づけは、以下のように修正されるだろう。

(Σ) $(\forall \alpha_i)(\forall \alpha_j)(\Sigma(\alpha_i) = \Sigma(\alpha_j) \leftrightarrow \alpha_i \approx \alpha_j)$

を任意の抽象原理であるとする。Σ term の指示対象についてだけ真となり、それ以外の対象については真とはならない述語 Sx を導入する。ある文 T の Σ 制限を、T 中の各々の一階量化子の領域を S でない対象に制限したものと定義する。よって、T 中の $(\forall x)Ax$ という形の部分式は $(\forall x)(\neg Sx \rightarrow Ax)$ という形の式に置き換えられ、T 中の $(\exists x)Ax$ という形の部分式は $(\exists x)(\neg Sx \wedge Ax)$ という形の式に置き換えられる。これに対応して、ある理論 θ の Σ 制限は、θ の定理の Σ 制限だけから成る理論のことである。θ を (Σ) と整合的な任意の理論とする。そのとき、(Σ) が θ に対して保存的であるとは、次のことである。すなわち、θ の言語で表現可能な任意の文 T について、θ の Σ 制限と (Σ) とから成る理論から T の Σ 制限が帰結するのは、θ から T が帰結するときだけ、となることである。そうすると、受け入れ可能な抽象原理に課せられる要求は、それらの抽象原理は、それと整合的であるどんな理論に対しても、保存的でなくてはならない、というものになる。(ここでの修正点は、これはアラン・ウィアに拠っているのだが、「θ に対して保存的」の定義節において、元々はたんに θ としていたところを、θ の Σ 制限としたことにある。)
(22) ここで私は、再び、Wright (1998b) で与えられた定式化に拠

っている。この論文は Hale and Wright (2001) に第 11 論文として再録されている。
(23) Wright (1998a) で与えられたこの主張の証明を、私は本稿の二つめの付論で再構成している。またこの論文は、Hale and Wright (2001) に第 10 論文として再録されている。
(24) Wright (1998a) section V を見よ。この論文は Hale and Wright (2001) に第 10 論文として再録されている。ダメットの批判に対する私の応答については、さらに補足的な考察があるので、Wright (1998b) section VI も参照されたい。この論文は Hale and Wright (2001) に第 11 論文として再録されている。
(25) この論点にはブーロスも強く同意する。
> フレーゲの方法で数学に基礎を与えることの問題と可能性は［広く？］開かれている、というライトの……提唱、および、「フレーゲが『算術の基本法則』で成し遂げたいと思っていた、いっそう広範にわたる認識論的計画は、いまだ進行中の事業である」という……［彼の］所見、……この二つを私は支持したいと思う。(Boolos (1997) p. 246)

古典的な実数論まで新フレーゲ主義のプログラムを拡張しようとする、まだ準備段階であるが、興味深い進展については、Hale (2000) を参照されたい。またこの論文は Hale and Wright (2001) に第 15 論文として再録されている。
(26) これは、Wright (1997) pp. 216ff. において、ある程度詳細に議論された図式(D)である。この箇所は、Hale and Wright (2001) の第 12 論文、section IV ff. にある。
(27) これはアラン・ウィアがふざけて使った言葉である。[9]
(28) Wright (1997) pp. 220–221 を参照。これは Hale and Wright (2001) にも再録されている。
(29) Shapiro and Weir (1999) を見よ。おおまかな概略はこうである。われわれは、順序数という概念は Big でないと仮定すると、そこから、ブラリ—フォルティのパラドクスを導出できる。しかし、もし、順序数が Big であれば、順序数であるものと $x=x$ であるものとの間に一対一対応が存在する。したがって、$x=x$ であるものはこの対応により、整列順序で順序づけられる。
(30) 存在する対象の数と同じくらい多く、外延が単元集合である概念

が存在すると仮定している。
(31) 通常の無限基数の算術を仮定している。
(32) 図式的原理

$$Nx: Fx = n \leftrightarrow (\exists_n x) Fx$$

は Bob Hale (1987) p. 223 において Nq と命名された。またそこで、Harold Hodes (1984) pp. 134-5 でかけられた、次の嫌疑を払拭するために使用された。その嫌疑とは、われわれは基数オペレータを、一対一対応を元につくられる概念の同値類から自然数への任意の一対一関数としてまったく自由に解釈できる、というものである。Hale and Wright (2001) の第 10 論文におけるこの原理の使用を別にすれば、この原理は、フレーゲ流に定義された数詞ついての解釈を基礎づける上で、次の二点のために重要である。ひとつにはホーズの議論にこれを適用するために重要であり、二つには、フレーゲの基数の説明がどのように算術の応用を解明するのかを説明する際に、この原理が果たす役割のために重要である。しかしながら、ヘイルはこの原理を、ホーズの挑戦に応じるときにわれわれが $N^=$ を補足するために利用できるかもしれないものとして、提示している。この原理が決して補足ではないことは、以下の証明から理解できるだろう。

(33) ブーロスが私に述べたことだが、フレーゲ自身も『算術の基礎』75 節と 78 節において、0_f と 1_f のための Nq の証明を得ることが可能な状況にあることに気づいているのである。

訳注

[1] 『算術の基礎』63 節で、フレーゲがこの原理をヒュームに帰属させたことを指している。現在では、この原理をヒュームに帰属させることには問題があると考えられている。

[2] この先ライトが (DE) ということで意味するのは、例化したあとの $Da = Da \leftrightarrow a//a$ という式ではなく、例化される前の $(\forall a)(\forall b)(Da = Db \leftrightarrow a//b)$ という式の方である。

[3] 任意の無限集合 D が与えられたとする。D の濃度を κ とする。D の部分集合について、$A \sim B \leftrightarrow A$ と B の対称差は有限、と定義される同値関係「$\sim$」を設定して、べき集合 $\mathscr{P}(D)$ を同値類に分割する。まず、D の任意の部分集合 A をとり、A が含まれる同値類 $\bar{A} = \{ X \mid A \sim X \}$ の濃度について考える。(A と X の対称差) = (A と Y の対称

差) ならば $X=Y$ であるので、$\bar{A}$ には、たかだか、D の有限部分集合の数だけしか、要素が含まれない。D の有限部分集合全体の濃度は κ であるから、一般に、どの同値類にも、たかだか κ 個の要素しか含まれていない。次に、$\mathscr{P}(D)$ を同値類分割した結果できる集合(同値類を全部集めた集合) $\mathscr{P}(D)/\sim$ の濃度について考える。2^κ 個ある $\mathscr{P}(D)$ のどの要素も、いずれかの同値類に含まれることと、各同値類にはたかだか κ 個の要素しか含まれないこととから、$\mathscr{P}(D)/\sim$ の濃度は κ より真に大きいとわかる。ところで、D 上で (NP) が成立するためには、D の濃度は $\mathscr{P}(D)/\sim$ の濃度以上でなくてはならない。(どの同値類 $\bar{A}$ も、「A の厄介」という対象として、D 中に存在しなくてはならないから。) よって、D 上で (NP) は成立しない。

[4] 到達不能基数を大きさの順に並べて、順序数で番号をつけたときに、極限型順序数が割り振られる到達不能基数のことだと思われる。Shapiro and Weir (1999) p. 319 を参照。

[5] 到達不能基数を大きさの順に並べて、順序数で番号をつけたときに、後者型順序数が割り振られる到達不能基数のことだと思われる。Shapiro and Weir (1999) p. 319 を参照。

[6] 到達不能基数の列は無限につづくと考えられるので、この含意が世界の大きさに上界を設定することはない。この点についても、Shapiro and Weir (1999) p. 319 を参照のこと。

[7] ライトの著作 Wright (1983) のこと。

[8] いま $Nx:Fx=(n+1)_f$ と仮定していて、また補題51より、$Nx:[\mathrm{Nat}(x)\wedge P^*x(n+1)_f]=(n+1)_f$ であるので、$Nx:Fx=Nx:[\mathrm{Nat}(x)\wedge P^*x(n+1)_f]$ である。よって HP より、

$(\exists R)(Fx1-1_R\mathrm{Nat}(x)\wedge P^*x(n+1)_f)$

となる。ところで、ここまでで、$(\exists_{n+1}x)(\mathrm{Nat}(x)\wedge P^*x(n+1)_f)$ が示されているので、

$(\forall F)(\forall G)((\exists R)(F1-1_RG)\to((\exists_{n+1}x)Fx\leftrightarrow(\exists_{n+1}x)Gx))$

という補題があれば、$(\exists_{n+1}x)Fx$ という、求める結論が得られる。

[9] 「D抽象」の原語は Distraction。これは D-schematic abstraction を略したもので、また、distraction は、「気晴らし」、「逆上」といった意味の英単語。

文献

- Boolos, G., (1986), "Saving Frege from contradiction", *Proceedings of the Aristotelian Society* 87, pp. 137–51 ; reprinted in Demopoulos (1995), pp. 438–52.
- Boolos, G., (1987), "The consistency of Frege's *Foundations of Arithmetic*", in *On Being and Saying: Essays in Honor of Richard Cartwright*, edited by J. J. Thomson, The MIT Press, pp. 3–20 ; reprinted in Demopoulos (1995), pp. 211–33.
- Boolos, G., (1990), "The standard of equality of numbers", in *Meaning and Method: Essays in Honor of Hilary Putnam*, edited by G. Boolos, Cambridge University Press, pp. 261–77 ; reprinted in Demopoulos (1995), pp. 234–54.
- Boolos, G., (1997), "Is Hume's principle analytic?", in *Language, Thought and Logic: Essays in Honour of Michael Dummett*, edited by R. Heck, Jr., The Clarendon Press, pp. 245–61.
- Boolos, G. and R. Heck, Jr., (1998), "*Die Grundlagen der Arithmetik* §§82–83", in *Philosophy of Mathematics Today*, edited by M. Schirn, The Clarendon Press, pp. 407–28.
- Clark, P., (1998), "Dummett's argument for the indefinite extensibility of set and real number", in *New Essays on the Philosophy of Michael Dummett*, edited by J. Brandl and P. Sullivan, Rodopi, pp. 51–63.
- Demopoulos, W., (1995), *Frege's Philosophy of Mathematics*, Harvard University Press.
- Dummett, M., (1963), "The Philosophical significance of Gödel's theorem", *Ratio* 5, pp. 140–55 ; reprinted in Dummett (1978), pp. 186–201.
- Dummett, M., (1978), *Truth and Other Enigmas*, Duckworth.
- Dummett, M., (1991), *Frege: Philosophy of Mathematics*, Duckworth.
- Dummett, M., (1993), *The Seas of Language*, The Clarendon Press.
- Field, H., (1984), "Critical notice of Crispin Wright, *Frege's Conception of Numbers as Objects*", *Canadian Journal of Philosophy* 14, pp. 637–62.
- Hale, B., (1987), *Abstract Objects*, Blackwell.

- Hale, B., (1996), "Critical notice of William Demopoulos (ed.), *Frege's Philosophy of Mathematics*", *The Philosophical Quarterly* 49, pp. 92–104.
- Hale, B., (1997), "*Grundlagen* §64", *Proceedings of the Aristotelian Society* 97, pp. 246–61 ; reprinted in Hale and Wright (2001), pp. 91–116.
- Hale, B., (2000), "Reals by abstraction", *Philosophia Mathematica* 8, pp. 100–23; reprinted in Hale and Wright (2001), pp. 399–420.
- Hale, B. and Wright, C., (2001), *The Reason's Proper Study*, The Clarendon Press.
- Heck, R., Jr., (1997), "Finitude and Hume's principle", *Journal of Philosophical Logic* 26, pp. 589–617.
- Hodes, H., (1984), "Logicism and the ontological commitments of arithmetic", *Journal of Philosophy* 81, pp. 123–49.
- Oliver, A., (1998), "Hazy totalities and indefinitely extensible concepts: an exercise in the interpretation of Dummett's philosophy of mathematics", in *New Essays on the Philosophy of Michael Dummett*, edited by J. Brandl and P. Sullivan, Rodopi, pp. 25–50.
- Parsons, C., (1965), "Frege's theory of number", in *Philosophy in America*, edited by M. Black, Cornell University Press, pp. 180–203; reprinted in Demopoulos (1995), pp. 182–210.
- Shapiro, S., (1998), "Induction and indefinite extensibility: the Gödel sentence is true but did someone change the subject?", *Mind* 107, pp. 597–624.
- Shapiro, S. and Weir, A., (1999), "New V, ZF and abstraction", *Philosophia Mathematica* 7, pp. 293–321.
- Wright, C., (1983), *Frege's Conception of Numbers as Objects*, Aberdeen University Press.
- Wright, C., (1997), "On the philosophical significance of Frege's Theorem", in *Language, Thought and Logic*, edited by R. Heck, Jr., The Clarendon Press, pp. 201–44; reprinted in Hale and Wright (2001), pp. 272–306.
- Wright, C., (1998a), "On the harmless impredicativity of $N^=$ ('Hume's

Principle')", in *Philosophy of Mathematics Today*, edited by M. Schirn, The Clarendon Press, pp. 339–68; reprinted in Hale and Wright (2001), pp. 229–255.

Wright, C., (1998b), "Response to Dummett", in *Philosophy of Mathematics Today*, edited by M. Schirn, The Clarendon Press, pp. 389–405; reprinted in Hale and Wright (2001), pp. 256–71.

＊ここに訳出したのは、Crispin Wright, "Is Hume's Principle Analytic?", *Notre Dame Journal of Formal Logic*, vol. 40, 1999, pp. 6–30 である。なお、この論文は Bob Hale and Crispin Wright, *The Reason's Proper Study*, Oxford University Press, 2001 に再録されている。

フレーゲはなぜ新フレーゲ主義者ではなかったか？

マルコ・ルフィーノ
(須長一幸訳)

　私はこの論文で、フレーゲの思想のある側面、つまり、論理的対象という考えについて明確化を行うつもりである。この側面は彼の著作の中では十分には説明されてこなかった。論理的対象の典型例としては外延がその自然な候補だとフレーゲがみなしたのはなぜか。それを明らかにするために、私はフレーゲ哲学のいくつかの要素を提示する。さらに私は、(特にライトやブーロスといった幾人かの現代の研究者たちの示唆に反して) フレーゲは公理(V)の代わりにヒュームの原理を算術の根本的な法則として受け入れることはできなかった、ということを示す。それを受け入れることは、論理的対象についての彼の見解と整合しないのである。最後に、このトピックに関するフレーゲの見解と、「概念と対象について」で最初に述べられた、「概念馬は概念ではない」という有名なテーゼとの間に関連があるということを示したい。私が知る限り、これまで学術文献の中でこの関連について正当な配慮が払われてきたことはない。

1　導　入[1][2]

　フレーゲが、『算術の基礎』(1884年)と『算術の基本法則』(1893年、1903年)という二つの主著で、算術は論理の一分野であるという認識論的、存在論的なテーゼを技術的に展開させたことは

よく知られている。概念の外延を用いたフレーゲによる基数の定義はある特別な公理、つまり GGA I の公理 (V) の導入を要求したが、1902 年のラッセルのパラドクスの発見が示しているように、これが結局は矛盾していたのである。自らの体系の矛盾に直面したフレーゲは、1903 年以後にまず、それを救う可能な手だてを試みたが、1924 年には結局概念の外延という考えも、彼の論理主義のプログラムも共に放棄してしまった。

ここ 20 年の間に、フレーゲのプロジェクトに対して新たな関心がもたれるようになってきている。この関心は、数学の哲学における現代的な論争に動機づけられている。実際、フレーゲの論理主義を再生しようというひとつの試みがなされてきた。この取り組みは主に、影響力のある著作『対象としての数というフレーゲの考え方』(1983 年) において、クリスピン・ライトによって提示されている。ライトの新フレーゲ主義の要点は、フレーゲの体系の技術的な側面に主として関わっている。ライトの中心的なアイデアは以下のようなものである。基数を外延に還元しようとしたのはフレーゲの過ちであった。なぜなら外延という考えは問題のある公理を導き入れ、従って矛盾を導き入れてしまったからである。しかしフレーゲはそれよりずっと問題が少なく、それでいて同程度に実り豊かな数の定義、つまり文脈的定義を用いることができた。しかし皮肉にも、フレーゲ自身は試案的に考察を加えた後、それを GLA の §62〜64 で退けてしまった。その定義は以下のようなものである。(任意の概念 F と G について)

F の数 $= G$ の数 *iff* F と G が等数的である

(フレーゲは等数性の純粋に論理的な定義を与えている。つまり、F と G が等数的であるのは、F であるものの集合から G であるものの集合

への一対一関数があるとき、かつそのときに限る)。この同値性(フレーゲがそれを *GLA* の §63 でヒュームに帰していることにならって、関連文献では普通ヒュームの原理と呼ばれている)は、抽象化原理の形をもっており、新たな種類の対象(数)を導入するが、その対象をさらに原初的な存在者に還元するものではない。*GLA* の §§66〜67 でフレーゲはこの定義を退けるが、それは、有名だがいまだ十分に理解されてはいない一つの議論、すなわち、この定義では数の同一性が決められないままになってしまう、という議論に基づいている。[3]

ヒュームの原理はいくつもの理由から、数という観念の説明として魅力的に見える。第一に、公理(V)とは異なり、これは無矛盾である。ジョージ・ブーロスが示したように (Boolos (1987) pp. 9–10)、第二階の論理にこれを加えると、ペアノ算術と相対的に無矛盾な理論ができあがる。第二に、ペアノ算術のすべての公理は、外延という問題のある観念に訴えずにこの理論から導出可能である。第三に、フレーゲ自身がヒュームの原理を、算術を論理主義的に構築してゆく際の中心素材だと見なしていたように思われる。というのは、*GLA* のテキストのなかで外延による数の定義がどうしても使われなければならないのは、*GLA* の §73 でこの原理の証明(今回はもはや定義としてではなく定理として)が行われている箇所だけだからである。テキストのここから先では、欠けてはならない証明のすべては、(自然数列の無限性という最も重要な証明も含めて)、第二階の論理に加えてヒュームの原理を使用することで行われている。ライトが引き出した結論は、明らかであるように見える。すなわち、さらに一歩を踏み出し、ヒュームの原理を非―原初的真理とみなす充分な理由は、フレーゲにはない。もし彼がこの原理を公理ないし原初的な定義として保持していたならば、彼の体系は無矛盾であり、それでいて同程度に実り豊かであったであろう (Wright (1983) p.

113)[4]。

　リチャード・ヘック（Heck (1993)）は、これとまったく同じ主張が *GGA* I と *GGA* II の体系的アプローチにも当てはまると論じている。ヘックは、ヒュームの原理に相応する原理の証明に外延が用いられている、という点を除けば、外延（値域）という観念は本質的には（つまり除去可能でない仕方では）使用されていない、と主張している。それゆえ、ラッセルのパラドクスを避けるために、公理(V)を退けて、代わりにヒュームの原理を公理として採用する、という代替案がフレーゲには開かれている。ヘックのみごとな論文の結論はとても示唆的である。

　しかしながら、根本的な論理的真理として、つまり「原初的な真理」として、証明の必要もなければ証明される余地もないものとして、公理(V)を受け入れる用意がフレーゲにはあったにもかかわらず、なぜヒュームの原理についてはそうではなかったのか、ということが問題なのである。(Heck (1993) p. 600)

　公理(V)と概念の外延という観念に対するフレーゲの態度は実際われわれを困惑させる。一方で、彼は対象としての外延の存在をすすんで認めているわけではないし（*WB*, p. 121, p, 223／*PMC*, p. 191, p. 141／『著作集6』203頁、132頁）、ラッセルのパラドクスを知る以前であったにもかかわらず公理(V)の論理性や正当性について疑念を表明している箇所も少なからずある。しかしその一方では、パラドクスを知ったあとでもなお、外延と公理(V)を放棄することにためらいを見せている。

　私が本論文で試みるのは、いくつかのテキスト上の証拠を分析し、それによってヘックからの引用で提起された問いを解明することである。すなわち、フレーゲの哲学的枠組み――彼が、公理(V)は単

に原初的であるだけでなく、不可避なものだという結論へと導かれたのは、この構想の下である——を構成するいくつかの要点を私はとりまとめてみたい。もしわれわれが、論理的対象という彼の考えの背後にある、より広い哲学的なパースペクティブをもっとよく理解することができるようになれば、どうしてフレーゲが、数を外延に還元するより他に選択肢はないと考えたのかを説明できるだろう。数の外延への還元［という考え方］は、算術の論理的な本性に関して GLA のはじめの数節で表現されている見解と整合的な唯一の選択肢であり、他方で、彼の時代の論理学者たちは、この選択肢を、算術の論理への還元としては唯一の説得力のあるものと見なしていたのである。換言すれば、ライト、ブーロス、ヘックによって予見された解決案が、技術的な観点からはフレーゲに対して開かれていたとしても（そして、彼がこの技術的な可能性について気づいていなかったとは想像しがたい）[5]、この解決案は少なくともラッセルのパラドクスの発見以前のフレーゲの見解を形作っていた形而上学的、方法論的枠組みとは両立可能ではなかったと思われる。フレーゲは外延による数の定義を、単にシーザー問題を回避しようという動機から任意に選択したのではなく、それどころか、フレーゲの定義は、論理的対象とはどのようなものであるべきか、に関する彼の見解と厳密に調和しているのである。この解釈の妥当性を私は示すつもりである。最後に私は、論理的対象に関するフレーゲの見解と、「概念 F (the concept F)」という形式の表現の意味に関して「概念と対象について」で表明された彼の意味論的見解との間に、重要な関連があることを論じるつもりである。

2 論理的で抽象的な対象

本論文での主要な問いを考察する前に、フレーゲ関連の著作のな

かによくある混乱、論理的対象という考えに関する一つの混乱について一言述べておきたい。フレーゲが論理的対象というものをあれやこれやの形で考えていたということが、一般に研究書の中ではそのまま仮定されており、その根拠となる証拠に関しては実質的な議論はたいてい行われていない。「論理的対象」ということで正確にはフレーゲは何を含意していたのか、フレーゲ研究者の間では問題にすらされていないようである。たとえばライトは、論理的対象というフレーゲの考えについて、それは抽象的であって具体的なものではない、ということを除けばはっきりした何かを見いだしているようには思われない。フレーゲの論理主義に関する彼の議論（と擁護）は（たとえば Wright (1983) や Hale and Wright (1992)）、抽象化原理を介して数を対象として導入する、というフレーゲの処置が適切かどうか、という問いに焦点を合わせており、論理学の対象としての数の身分にはなんら特別なこだわりを見せていない。

　ダメットは、フレーゲ的な論理的対象が何であるかについて、異なる諸見解の間で揺れているように見える。だが彼は、それらの根拠について議論したり、どの見解がもっとも根本的なものかを特定したりはしていない。たとえば彼は、論理的対象とは「その存在が論理だけから証明されるもの」だと述べている (Dummett (1973) p. 262)。503 ページでは、抽象的な対象の中には、「その存在をフレーゲが分析的だとみなしたもの」が存在し、そしてフレーゲがこれらを「純粋に抽象的」と呼んだ、と語っている。したがって、Dummett (1973) では、「論理的対象」という観念と「純粋に抽象的な対象」という観念は一致しているように見える。しかし Dummett (1981) では、ダメットはこの一致を否定する。ここではダメットは、「論理的対象というフレーゲのカテゴリーは、*FPL* (Dummett (1973)) の 503 ページで私が「純粋に抽象的な対象」と呼んだもののそれよりも広い」(Dummett (1981) p. 512, n. 2) と主張

している。さらに後の著作で彼は、論理的対象を、一般性という根本的な性質を論理学と共有する対象だと特徴づけている (Dummett (1991) p. 224)。しかしこれらのすべての著作を通じて、ダメットは暗にライトが持っていたのと同じ見解を持っていたように思われる。すなわち、フレーゲにとって論理的対象だと考えられたものは、抽象的なものだけだ、という見解である。こうした印象は後の著作ではさらに強められる。そこで彼は、フレーゲのプロジェクトの主要な目標を、「抽象的対象、特に根本的な数学理論における抽象的な対象の存在の想定を何が正当化するのか、という問いに答えることだ」(Dummett (1996) p. 253) と記述している。

要するに、論理的対象という考えがフレーゲの思想の中で正確にはどういうものを意味するのか、に関して共通見解はないにもかかわらず、それを抽象的対象という考えと同一視しようとする傾向がある。この見解によれば、論理的対象とは、単に非―時間的、非―空間的で因果的な力を持たない対象である。こうした同一視は、論理的対象の存在と本性に関するフレーゲの見解が持つ多くの重要な側面を曖昧にし、彼の最も重要な存在論的なテーゼのいくつかを看過させてしまいがちである、と私は考える。さらにこの同一視が原因となって、なぜフレーゲは、それ以上は還元できない算術法則として公理(V)の代わりにヒュームの原理を採用することができなかったのか、という当惑を引き起こしている。数に関するフレーゲの見解の重要な側面は、数は単に（上述の意味で）抽象的なだけではなく、それらは論理学の存在論的な土台の一部をなすような対象へと還元できる、ということなのである。

私の知る限り、非―論理的対象と対比されるものとしての論理的対象によって、フレーゲが何を理解しているのかをはっきり述べている箇所は彼の著作の中には、存在しない。*GGA* II の後書きでフレーゲは「算術の根本問題 (*Urproblem der Arithmetik*) は、「我々

177

は如何にして論理的対象を、とりわけ数を把握 (fassen) するのか」と表現できるだろう」(*GGA* II, p. 265／*BL*, p. 143／『著作集3』425頁) と述べているにもかかわらず、驚くべきことに、実際には彼の著作の中で「論理的対象」という表現はまれにしか使われていない。この観念をフレーゲは詳しく説明しているわけではないものの、彼がある種の対象を「論理的」とはっきりと類別しているくだりを、彼の著作の中に何カ所か見いだすことはできる。はたして、数は論理的対象として言及されている (*GGA* II, §74, p. 265／*BL*, p. 143／『著作集3』425頁)。概念の外延については、未公刊の「シェーンフリース「集合論の論理的パラドクス」について」(1906年) において彼は次のように語っている。「すでにこの「概念的外延」という語自身が、我々がここで取り扱っているのが空間的なものでも物理的なものでもなく、論理的なものであることを示唆している」(*NS*, p. 197／*PW*, p. 181／『著作集5』198頁)。ジャーデインへの書簡 (1910年) では、もし算術に論理的な基礎が与えられるべきであるなら、まず論理学の対象となるのは真理値で、それから概念の外延がその種の対象として認められることになる、と述べている (*WB*, p. 121／*PMC*, p. 191／『著作集6』203～204頁)。しかし外延について述べたいくつかの箇所において、フレーゲはそれらが単に論理的な対象であるだけではなく、なにか基本的なものである、ということを言わんとしているように見える。たとえば1902年7月28日にラッセルに宛てた手紙では、フレーゲは次のように述べている。

> 私自身も長い間、値域を、したがってクラスを認知するのに抵抗を感じてきましたが、算術を論理的に基礎づけるためにはそれ以外の方法はないと知りました。この際重要な問題は、われわれはいかにして論理的対象を把握するかでありますが、これに対する答えとしては私は次の答えしか見いだしておりません。すなわち、

われわれは論理的対象を概念の外延として、もっと一般的には関数の値域として把握する——というのであります。(*WB*, p. 223／*PMC*, pp. 140-1／『著作集6』132頁)

同じく1902年6月22日のラッセル宛の書簡でも、公理(V)の破綻によせてフレーゲは「算術一般の唯一可能な基盤までが沈んでしまうように思えます」(*WB*, p. 213／*PMC*, p. 132［強調は著者］／『著作集6』121頁)と述べている。この主張は *GGA* II (p. 253／*BL*, p. 127／『著作集3』403頁)でも繰り返され、そこでフレーゲは、概念に対応する外延の存在を想定することが許されないとしたら、論理的な対象として数を「把握」する手段は他になく、従って算術の論理的な基礎を提供する手段もない、と述べている。ところでこのくだりで、論理的な対象としての数の「把握」ということで正確にはフレーゲがなにを意味していたのかははっきりしていない。しかし、*GGA* I での形式的な作業を吟味すると、数と外延の間に認められる関係は、前者が後者に単純に同定される、ないし還元される、というもののみだったことが分かる。したがって、「把握」とは「同定」ないし「還元」として理解することができるだろう。それゆえ、上で引用した一節で主張されていたのは、論理主義に開かれた唯一のルートは数を外延へと還元することである、ということであると思われる。外延への還元可能性は、対象が論理的なものであるための決定的な基準であり、したがって外延はフレーゲの存在論の中では基本的、あるいは少なくとも範型的なものでなければならないのである。彼は外延を値域の特殊例だと考えていたので、少なくとも概念であるような関数の値域は論理的な対象である、と推測できる。しかしフレーゲは概念の値域とそれ以外の値域との間に特別な区別を設けたことは一度もないので、すべての値域は彼にとって論理的な対象であったと推測できるだろう。

ここまでで、われわれは論理的対象のいくつかの例を得た。見たところ、フレーゲにとって論理的対象であったのはそれらのみのようである (*GGA* II §147 で示唆されているように)。しかしそもそもなぜそれらが論理的対象であるのか、そしてとりわけなぜ外延が基本的なものなのか、は未だはっきりしない。論理的対象ということでフレーゲが何を言わんとしていたのか、を理解するには、なぜ彼が外延を論理的対象の典型例として見なしていたのか、を理解しなければならない。これは次節で論じるつもりである。しかし私は直線的に議論を進めてゆくつもりはない。まず第3節と第4節では、関連著作において「概念馬のパラドクス」として知られているものにフレーゲが取り組むにあたって、彼が表明している意味論的な見解について論じるつもりである。それから第5節で、その議論が、外延が論理的であることに関する［先の］問いの解明に役立つことを示すつもりである。

3　概念馬のパラドクスと代理的対象

　1892年に公刊された「概念と対象について」では、フレーゲは、よく知られているように、概念と対象の間の鋭利な存在論的な区別に対して、ベンノー・ケリーによって提起された反論に取り組んでいる。このテキストで彼は、「概念 F (the concept F)」といった表現を用いてある概念を意味しようとする際に生じる、ある特殊な種類の困難について初めて表立った言及を行っている。概念とは、項としてとられたすべての対象に真理値を割り当てるような、特殊な関数である (*FuB*, p. 15／『著作集4』28頁)。関数とは本質的に不完全な (「不飽和な」) 存在者である。しかし、「概念 F」という表現は完全な表現、つまりフレーゲの統辞論的な基準によれば、それは定冠詞を伴っているのだから固有名だということになる。それ

ゆえ、その表現は概念を意味することができず、ある対象を意味している。このことは以下でもっともはっきり説明されている。

> 論理的探求の場合には、次のことが必要となるのも稀ではない。すなわち、概念について何かを言明し、それをこうした言明にとっての通常の形で、つまり、その言明が文法的述語の内容になるという形式で、装うことが、必要となるのである。すると、概念が文法的主語の意味として期待されることにもなろう。しかし概念は、その述語的本性の故に、そのままそのように［主語の意味として］現れることはできず、まず一つの対象に転換されねばならない、あるいは、より厳密に言うなら、概念は対象によって代理されねばならない。そしてその対象をわれわれはたとえば「概念人間は空ではない」のように、「概念 (the concept)」という前綴句を介して表示するのである。(*BuG*, p. 197／『著作集4』54頁)

私が思うに、このくだりは論理学の対象に関するフレーゲの見解のある中心的な相を解明するのにきわめて重要である。テキストが示唆するように、論理学を行うのにわれわれは概念について語らなければならないし、しかもそうするには概念を、「概念 *F*」のような単称名辞によって表示される特別な種類の対象へと「変形」させなければならない。これらの特殊な対象は概念の代理物であり、概念について言及することによる必然的な所産として論理学のうちに導入される。(もちろん、「変形」という語はここではメタファーとして理解されなければならない。というのは、フレーゲにとって概念とは対象やその他の何かへと「変形」されうるようなものではなかったからである。ここで「変形」ということでフレーゲが言わんとしているのは、概念への考察は直接なされるものではなく、それを代理する

対象を介してなされる、ということである。）この引用箇所でのフレーゲによる示唆は、*BS* と *GGA* I および II の基礎となっている論理が高階の論理であったことを考えると、実際にはいささかわれわれを困惑させる。概念は対象によって表現されている場合に限ってそれについて語ることができるにすぎない、というフレーゲの主張は、決して究極的な正当化ではないように見える。なぜならわれわれは、フレーゲの記号体系を用いて、ある概念は空でないとか、ある概念は別の概念に含まれる、といったことを量化子と論理関数だけを用いて述べることができるからである。この点については、第6節で再び論じよう。

代理をする対象とはどのような対象なのだろうか。「概念 *F* (the concept *F*)」がある概念を意味するのでないとすれば、それは何を意味するのだろうか。手近でもっとも自然な回答は、*F* の外延 (the extension of the concept *F*) を意味する、というものであるように思われる。したがって、「概念馬 (the concept *horse*)」と「概念馬の外延 (the extension of the concept *horse*)」は意味が同じなのである（今後は、この意味論的な主張を「同一性テーゼ」と呼ぶ）。この解釈はもっとも自然なものであるが、しかしフレーゲの研究書の中でひろく同意されているというわけではない。ジェームズ・バートレットは「概念 *F* の外延」と「概念 *F*」という表現はまったく同じ意義と意味を持つと仮定している (Bartlett (1961) p. 62)。タイラー・バージは、次のような見解を擁護している。すなわちフレーゲはこの同一性をはっきり定式化したわけではないが、少なくともパラドクス以前には彼はこの見解を真剣に考察し、その帰結がどのようなものになるかを見きわめようとした (Burge (1984) 特に p. 16 と p. 28)。またテレンス・パーソンズもある程度この見解を擁護している (Parsons (1984))。マティアス・シルンはフレーゲがこうした同一性を保持していたことを激しく否定し、

同一性テーゼはまったく妥当ではないとしている (Schirn (1983), (1990), (1996b))。シルンによれば、同一性テーゼはいくつかの信じがたい帰結を導いてしまうがゆえに、フレーゲにとっては犠牲の大きい間違いだったのである。スルガもまた、そもそもフレーゲは「概念F」と「概念Fの外延」を同一視したということ自体を否定している (Sluga (1980) pp. 142-3)。ティールは、いずれかに決めるだけの説得力のある理由をフレーゲは見いだすことができず、それゆえはっきりした回答を与えることを意識して避けたのではないか、と推測している (Thiel (1968) p. 67)。以下では、フレーゲが(少なくともラッセルのパラドクスの発見までは)暗に同一性テーゼを是認していた、という自然な仮定が、十分納得のいくものであり、また彼の書いたものにも近い、という根拠があることを示そう。[10]

同一性テーゼをフレーゲがはっきり述べたわけではないが、ラッセルのパラドクスに先立つ彼の著作のうちには、彼が同一性テーゼを受け入れたがっているように見えるくだりがいくつかある。それぞれを個別に見ていこう。最初の重要な一節は、GLA の §68 の脚注である。

私は「概念の外延」に代えて、単に「概念」と言うこともできるだろうと考えている。しかし、二種類の反論がなされることだろう。
(1) このことは私の以前の主張と矛盾している。その主張によれば、個別の数は対象なのであり、そしてそれは次の［三つの］点によって示唆されると言うことであった。すなわち、「唯一の二 (the two)」といった表現の定冠詞 [the]、そして複数形を用いて諸々の一 (ones) や諸々の二 (twos) などについて語るのは不可能だということ、並びに、数は個数言明の述語の一部分しか成さないということである。

(2) 概念は互いに一致しなくとも、等しい外延を持つことがありうる。

さて、私は二つの反論を斥けることができると考えているのだが、しかしここでそうするとしたら脇道にそれてしまうだろう。私は、概念の外延が何であるかは知られているものと前提する。[11]

フレーゲはここで、概念 F に帰属する数は概念 F と等数的という概念の外延である、という GLA §68 での彼の定義において、「概念の外延 (extension of concept)」を、「概念 (concept)」で置き換えることができる、と述べている。ここで決定的に重要なのは、この定義において「概念の外延」を「概念」に置き換えるとき、「概念」という語の前には定冠詞が置かれており、したがって定義全体は「概念 F に帰属する数は、概念 F と等数的という概念である (the number that belongs to the concept F is the concept *equinumerous with F*)」となる、という点である。したがって、「概念の外延」と「概念」は同じ意味 (reference) をもち、それゆえ「概念 F (the concept F)」は F の外延を意味 (refer to) しなければならない。先に BuG から引用したように、後の彼の発言の中には、ここで挙げた一番目の反論がどのように処理されうるとフレーゲが考えたかが示されている。定義を置き換えて形式化したものの方では、表現「概念 F」は確定記述句であり、したがってその下にひとつ、しかもたったひとつの対象が属するとき、そのときにかぎってその表現は意味を持つ (has a reference) (GLA §66 n. 2, §74 ; BuG, p. 204／『著作集 4』64 頁 ; NS, pp. 193-4／PW, p. 178／『著作集 5』191 頁)。その意味は対象であり、概念ではない。

1885 年の短いテキストでは、フレーゲは、上で引用した GLA の脚注をわれわれに思い起こさせる。GLA に対するカントールの書評にこたえるにあたって、彼は「概念 F」と「概念 F の外延 (the extension of the concept *F*)」が同一の対象を意味することをなおも支持しているように見える。

> ところで、私が、「概念の外延」と言うところで、カントール氏が「普遍概念」と言うという相違は、拙著［*GLA*］の 80 ページの注釈によって、本質的でないように思われる。(*EC*, p. 1030／『著作集 5』19〜20 頁)

「算術の形式的理論について」(これも 1885 年) では、フレーゲは「集合」という名称を「概念」に置き換えるように提唱している。その理由は、フレーゲによれば、後者の方が論理学において広く使われており、それゆえ数が論理的な本性を持っていることをはっきりさせるのにより適切だから、というものであった (*FTA*, p. 96／『著作集 2』177〜178 頁)。この発言のなかで驚くべきなのは、フレーゲの存在論的区別によれば対象であるところの集合を、それとはカテゴリーの異なる概念と対比させている、ということである。集合も概念も、彼の見解によればいずれも基本的な論理的存在者なのだから、フレーゲはここで概念を用いた数の定義の代替案をもくろんでいたのではないか、と推測できるかもしれない。しかしそれとは別に、フレーゲは *GLA* §68 で言及されたような同一性テーゼを前提していた、という説明もできる (「概念」という語に定冠詞がついている文脈でしか、これを「集合」で置き換えることができないとフレーゲが考えていたのでないかぎり、たしかにこの解釈ではフレーゲの言明は理解可能なものにならない)。

同一性テーゼが強く示唆されているもう一つの箇所は、*BuG* の準備草稿のなかにある。フレーゲ遺稿集の編者は、*BuG* の準備草稿を、その草稿の 1892 年に出版されたヴァージョンと併置している[1]。概念と対象の区別は絶対的なものではなくて相対的なものであ

る、とフレーゲ自身が GLA §68 の脚注で暗に認めてしまっている、というケリーの批判に対し、フレーゲは（未公刊の草稿で）こう解説している。

> ところで、これは単なる挿入句でしかなく、何かがそれに基づいて語られているわけでもないのだから、そこから惹起されうるような疑念について対処しようとは思わない。従って、それに対するケリー氏の反論は、私の立場の核心に触れるようなものではない*。（注*：「概念の外延」という表現の代わりに、単に「概念」を使用することができるかどうか、は私の見解では便宜上の問題である。）(NS, p. 116／PW, p. 106／―)

引用の最初の部分は、もしフレーゲが同一性テーゼを真面目に考えていたとすれば、なぜ彼がそれに対して一度も明示的な説明を決して与えなかったのか、を説明するのにたしかに役立つ。それは、「概念 F」といった形式の表現が、論理的、意味論的な混乱を招きやすいからである。もし同一性テーゼが明示的に形式化されたとしたら、概念はある種の対象と見なしうるのだという誤解へと容易に読者を導いてしまいかねない。しかしながら、概念と対象の明確な区別はフレーゲにとって非常に重要なものであったので、読者をそうした誤解に導きかねないような表現を彼はともかく避けたのだ、ということは十分考えられる。ケリーの反論は、この種の表現によって引き起こされた誤りの例である。そしてここから分かるのは、フレーゲが GLA §68 の脚注で述べた懸念、自分の発言に対してどういう反論がありうるかについての懸念は、まったく正当なものであったということである。引用の最後の部分は、フレーゲが彼の著作のうち少なくともこの時点までは同一性テーゼを保持していたことを支持している。しかしながら、1892 年に実際に公刊されたヴ

ァージョンではこの部分は削除されているので、この解釈の証拠としては、これはさほど決定的なものではないかもしれない。

しかし、この未公刊の草稿の他に、*BuG* のなかにもこの解釈を支持するようなものをさらに見いだすことができる。このテキストから、本節の最初で引用した重要な一節を思い出してみよう。「論理的探求の場合には、［…］概念は、まず一つの対象に転換されねばならない、あるいは、より厳密に言うなら、概念は対象によって代理されねばならない。そしてその対象をわれわれは、「特定概念(the concept)」という前綴句を介して表示するのである (*BuG*, p. 197／『著作集4』54頁)」。以前に指摘したように、フレーゲは、彼にとって論理学の本質的な方法論的特徴であると思われたこと、つまり、概念をその代理物である対象に「変形」させる必要があるということを明示しようとしている。(12) そして、この変形の必要性に彼が言及しているということは、「概念 F」の意味が何だとされているのかを見いだすための貴重なヒントを与えてくれる。別の著作中での、この変形の実例に注目することによって、概念を代理するものとしてフレーゲがどんな対象を念頭に置いていたかの手がかりを発見することができる。この変形の例が見いだされうるのは、私が思うに1880年から1881年の間に書かれた「ブールの計算論理と概念記法」である。このテキストでフレーゲがとりわけ論じているのは、彼の形式体系内部での概念の定義であり、そして、これらの概念が、ブールの論理計算において定義されてしまうような諸概念とは違って、いかに実り豊かなものでありうるか（たとえば、いかに多数の新しく興味深い結果へと導きうるか）である。しかし、彼とブールの概念の間の差異について説明する段になると、フレーゲは概念から概念の外延へと話を勝手に変えて、それを円を用いて表現している。円の境界は外延とそのうえの論理演算の性質を表現するものと考えられている。

円 A が「動物」という概念の外延、B が「理性的」のそれを表すものとしよう。そうすると、二つの円に共通の領域が「人間」という概念の外延に相当することになる。……こうした形成は論理積に対応している。(*NS*, p. 37／*PW*, p. 33／『著作集1』175頁)

しかしながら、フレーゲは通告もなく話の対象を変え、数行後では同じ円を概念の境界を表現するものとして言及している。

これらの幾何学的図形に示されたことをよく見てみよう。どちらの場合も、概念の境界は、それが論理積によって生じたか論理和によって生じたかによらず、すでに与えられた概念の境界の一部からつくられることが見て取れるだろう。(*NS*, pp. 37-8／*PW*, pp. 33-4／『著作集1』175頁)

概念について述べていることと外延について述べていることは、このテキストでは相互に交換可能なものであるように見えるが、それはフレーゲが両者を同一視し、それゆえ概念についての厳密に外延主義的な見解を承認していたからではなく、彼が外延を概念の代理物として用いていたからだと私は考える。[13]

後にフレーゲは、「E・シュレーダー『論理代数講義』における幾つかの点についての批判的解明」(1895年) において、外延は論理的な探究において概念を代理するということをもう少しはっきりさせている。フレーゲは、論理は領域計算 (*Gebietekalkul*) であるというシュレーダーの考えを批判して、たとえば、論理は概念が「その外延に則して考えられる (*ihrem Umfange nach*)」(*KBS*, p. 437／『著作集5』51頁) ときに得られる、と述べている。見たところ、フレーゲによれば外延とは、それに対応する概念が、その外延

を通して初めて論理的な探究において考察される、そのような対象なのである。

4 概念の「同一性」——ライプニッツの原理と公理(V)

「概念 F」の意味に関する問いに答えるための証拠という点で、最後の典拠は、これまでの議論と切り離して分析する価値がある。というのは、フレーゲが公理(V)を論理学の根本法則として選んだ理由もまた、それによって同時に明らかになるからである。私が言及したいのは、値域の同一性条件と、「概念 F」によって表示される対象の同一性条件との間の非常に緊密な類似である。フレーゲはこの類似関係を、未公刊の「意義と意味詳論」（フレーゲの『遺稿集』の編者によれば、1892 年から 1895 年の間に書かれた）と、 GGA II §147（1903 年）において述べている。

「意義と意味詳論」では、フレーゲは概念間の同一性言明について考察を展開している。この考察は、彼が公理(V)を論理的な原理とみなした主要な動機の一つを再構築したものと理解できる。彼が述べているところによれば、同一性は対象間の関係であり、それゆえ概念間の同一性について語ることはカテゴリーミステイクである。しかしながら、対象間の同一性関係に類比的な、概念間の二階の関係が存在する。対象間の同一性が成立する条件は、ライプニッツの原理によって与えられる。ライプニッツの原理とはすなわち、二つの対象 a と b が同一であるのは、任意の概念 Φ について、 b が Φ のもとに属するとき a も Φ のもとに属し、 a が Φ のもとに属するとき、 b も Φ のもとに属する、ということが成り立つとき、かつそのときに限る、という原理である。フレーゲが説明するように、これと類比的な関係はライプニッツの原理のいま述べた形式化において、概念と対象の役割を交換することによって理解される（NS,

p. 131／*PW*, p. 120／『著作集4』106頁)。私はこの二階の関係を「C—同一性」と呼ぶことにする（'C' は 'Conceptual' に由来する)。従って、二つの概念Φとχの間にC—同一性が成り立つのは、任意の対象 a について、もし a がχのもとに属するならΦのもとにも属し、またもし a がΦのもとに属するならχのもとにも属するとき、かつそのときに限る。この法則を、「C—ライプニッツの原理」と呼ぶことにしよう。さて、この二階の関係表現に関して言えば、われわれが概念を意味したいときにはいつでも「概念しかじか (the concept so-and-so)」という表現を用いて対象を意味しなければならない。フレーゲによれば、このような言語の特徴に、われわれはまたもや制約されていることになる。したがって、この二階の関係が、概念Φと概念χの間で成り立つという事実を表現しようと試みるならば、われわれが結果として表現しているのは、対象間の一階関係にすぎないのである。

さて、対象間の相等性という関係が概念間の関係でもあるとは考えられないが、しかし後者についても対応する関係は存在する、ということを我々は認識した。対象間の関係の表記に使用される「同じ」という語は、従って、本来後者［概念間の関係］には用いられえない。しかし後者の目的には、「概念Φは概念χと同じである」と言う以外にはほとんど言いようがない。その際、我々は概念間の関係を念頭においているのに、この場合には明らかに我々は対象＊間の関係を名指しているのである（注＊：これらの対象は「概念Φ (the concept Φ)」と「概念χ (the concept χ)」という名前を持っている)。(*NS*, pp. 132-3／*PW*, pp. 121-2;［強調は著者］／『著作集4』108頁)。
(14)

フレーゲの見解によれば、Φとχの間に成り立つ意図された二

階の C―同一性は、「概念 Φ」と「概念 χ」とによって示される対象間の同一性に転化してしまうのだが、そのような制約が言語によってわれわれに課せられている。その上で、これらの対象間の同一性条件は、C―ライプニッツの原理によって与えられるが、この原理自体は、言語に強いられた結果、最初に考えられていたものとはいくぶん異なる原理へと変えられている。すなわち、概念 Φ と概念 χ が同一であるのは、任意の対象 a について、a が Φ のもとに属する、かつそのときに限って χ のもとに属するとき、かつそのときに限る。

これまでのところ、フレーゲの考察は単に、「概念しかじか」という形式の表現によって意味される対象と、それら同一性条件にかかわるものであった。しかしながら、このテキストの同じページで、概念―関数の値域（外延）のための同じ同一性条件をフレーゲは厳密に形式化している。C―同一性に関して私が上で引用した箇所の直後に続いているのは次のような文である（そこに現れる '$\acute{\varepsilon}$' と '$\acute{\alpha}$' は値域作用素としてフレーゲが用いた記号である）。

$\acute{\varepsilon}(\varepsilon^2=1)=\acute{\alpha}((\alpha+1)^2=2(\alpha+1))$ において相等性をもってはいるが、概念間のではなく（それは不可能である）、対象、すなわち、概念の外延の間［での相等性］である。(*NS*, p. 132／*PW*, p. 121／『著作集 4』108 頁)

「概念 χ」によって意味される対象についての考察から概念についての考察への通告なしのこうした移行や、まったく同じ同一性条件の定式化が強く示唆するのは、自分がこれら二種類の対象のどちらについて語っているのかについてフレーゲが無反省であったか、あるいはこのテキストではこれらふたつを相互に交換可能なものであると彼が考えていたかのいずれかであろう。「概念 Φ」と「概念

Φの外延」は同じ対象を意味する二つのやり方なのである。もし彼がこれら二つの表現の意味の間になんらかの存在論的な相違があると信じていたならば、なぜ彼がこのテキストをかくも誤解を招くようなものにしたのかが不可解になるだろう。フレーゲはこれら二つの対象をきわめて近いものとして扱っており、もし彼が、それらは同一でないと考えていたのだとしたら、ありうる混乱に対して注意を促すような発言をまったく省略してしまうなどということがなぜ可能だったのかがほとんど理解できない。これはフレーゲが正確さや明瞭さにおいて高い水準にあったことと不調和を起こすだろう。

この解釈はさらに、フレーゲの後期のテキストである「シェーンフリース「集合論のパラドクス」について」(1906年) にも裏付けを見いだすことができる。ここでは概念間の同一性に関する類比的な条件について、まったく同じ話が語られている。もし任意の項に対し二つの概念が同じ値を持つならば、この事実は、同一性のもつ一般性を概念間の同一性へと変換するよう(つまり、二つの概念の相互従属関係を「概念Φは概念χと同一である」と表現するよう)「ほとんど不可避的にわれわれを強いる」。しかしこれは無意味なので、同一性は概念に結びつけられた対象についての関係にならざるをえない。「意義と意味詳論」では、これらの対象は「概念χ」によって示されていたが、ここではフレーゲは、外延を用いてその同一性を直接定式化している (*NS*, pp. 197-8／*PW*, pp. 181-2／『著作集5』198〜200頁) [15]。

GGA II §147 にある一節にも同様の見解が見られる。そこではフレーゲは、彼の体系における値域と公理(V)の導入は、関数を「同定」するという数学的な営みとほとんど異ならないということを説明している。

上で言及された変換 [公理(V)] の可能性を既にいつも用いてき

たということは、実際明らかである。ただ値域の代わりに関数自体の一致が言明されていただけである。第一の関数が一般に同じ項に対して第二の関数と同じ値を持つとき、よく「第一の関数は第二の関数と同じである」と言われる。［…］こうして、この変換［*Umsetzung*］によってわれわれは実際には何も新しいことをしているわけではない。しかしわれわれはこれを完全に意識的に、また論理的基本法則を引照しつつ行うのである。(『著作集3』379〜380頁)

引用部の最後にある「実際には何も新しいことを (*eigentlich nichts Neues*)」しているわけではないという彼の主張は、次のことを強く示唆している。値域間の同一性は、数学者が通常、「第一の関数は第二の関数と同一である」と表現する事柄を本質的に捉えている、とフレーゲは理解している。違いは単に、彼の表現方法の方が、伝統的な表現によって引き起こされてしまうような誤解を招く危険性が少ない、ということである。等しいとされているものが関数ではなくて、関数とむすびついた対象であるということは看過されやすい。しかし値域を用いたフレーゲの翻訳は、これらの事柄をもっと明確にしてくれる。

これまで論じてきた証拠からでてくる結論は、次のように要約できるだろう。概念間の同一性について語ることは、厳密に言えば言語の誤用である。同一性は一階の関係だからである。にもかかわらず、数学者たちや、あるいは論理学者たちさえも、現実には概念や関数の同一性について語っている。こうした同一性言明がなされたとき、実際に述べられているのは、各々の関数と特別な結びつきを持った二つの対象が同一だということにほかならない、というのがフレーゲのもっとも根本的な主張である。たとえば $(x+1)(x-1)$ と x^2-1 という関数をとってみよう。これらのそれぞれは、数に対し

て異なった働きをする。数学者たちが、これらは同じ関数なのだと言うときに意味されているのは、フレーゲによれば、これらが同じグラフをもつということである。従って、この同一性の主張をカテゴリーミステイクを犯すことなく解釈しようとすれば、その主張が述べているのは単にこれらの関数が同じグラフと持つということであり、各々のグラフは「関数 *f* (the function *f*)」によって意味されているところのものなのである。グラフはその関数を代理する（抽象的な）対象である。複数の箇所（たとえば、*FuB*, pp. 8-9／『著作集4』22～23頁；*GGA* I §81；*GGA* II §146）で示唆されているように、関数の値域というフレーゲの観念は、代理する対象としてのグラフという着想を一般化し、この代理表現の形式を関数だと考えられる概念にまで拡張したものなのである。

　私は、当該の同一化［関数と値域の同一化］をフレーゲがどこかで明確に述べた、と言っているのではない。むしろこれまで論じてきたテキスト上の証拠が、私の示唆する解釈を極めてありそうなものにしている、と述べているのにすぎないことは、はっきりさせておくべきであろう。しかし少なくとも1903年以前には、「概念Φ」と「概念χ」という表現がそれぞれ「概念Φの外延」、「関数χの値域 (the value-range of the function χ)」と同じ対象を意味する表現だとフレーゲは考えていたのであり、これを認めるならば、論理学のどんな体系も公理(V)（あるいはそれの類似物）を含むべきだ、ということがなぜ彼には明らかに思われたのかが見てとれるであろう。「意義と意味詳論」の議論で見たように、私がC―ライプニッツの原理と呼んだものはライプニッツの原理の相応物であり、概念（あるいはより一般的に言えば関数）について、ライプニッツの原理が対象について捉えているものと完全に同じものを捉えることが意図されている。つまりそれは、それら［諸概念］の同一性を定めるものなのである。C―ライプニッツの原理と公理(V)の違い

は、前者が「概念 F」を用いた定式化がなされているのに対し、後者では「F の外延」という語による定式化がなされているという点だけである。もしこれら双方の表現が同一物を意味すると考えられるなら、フレーゲが公理(V)を基本法則と認めた主要な動機がなんであったかをただちに理解することができる。それは関数についてのライプニッツの原理の相応物なのである。固有名を含む語彙をもち、同一性を伴う任意の体系においてはライプニッツの原理が不可欠の役割を担っている。これと同様に、関数名を含んだ体系では公理(V)が同じ役割を担うのである。

5　論理的対象としての外延の重要性

さて、「概念馬」の意味に関して前の二節で行った議論と、本論文の主要な問題、すなわち外延の論理的な対象としての重要性との間には、正確にはどのようなつながりがあるのだろうか。このつながりは、フレーゲの見解のある根本的な側面、すなわち科学としての論理学の本性とそれが意味するものに関する側面に充分な注意を払うことで明らかになってくる。複数の箇所（たとえば、NS, p. 133, p. 273／PW, p. 122, p. 253／『著作集 4』109 頁、263～264 頁）でフレーゲは、真理の法則を発見することが論理学の主要な課題であると述べている。これはつまり、論理法則は「真」という語の内容の発展として理解できるということである（NS, p. 3／PW, p. 3／『著作集 4』4 頁）。フレーゲが述べた有名なたとえによれば、「善い」が倫理学の関心の対象を指し示し、「美しい」が美学の関心の対象を指し示すように、「真」は論理的な探究の目標を示す（G, p. 58, NS, p. 4, p. 139／PW, p. 4, p. 128／『著作集 4』203 頁、5 頁、118 頁）。これはつまり、論理学が探究するのは、いかにして真なる判断可能な内容から真なる判断可能な内容が帰結するかだ、というこ

とである (*NS*, p. 3／*PW*, p. 3／『著作集4』4頁)。

　真理の諸法則を扱う際、論理は諸概念と、それらの間で成り立つ諸関係とを扱わざるをえない。論理学に関するフレーゲの最初の著作『概念記法』の主要な目的は、「論理的な諸関係をあいまいでなく表現すること」であった (*NS*, p. 15／*PW*, p. 14／『著作集1』145頁)。しかしフレーゲが主張するように、彼の体系はブールの論理計算のような、単に判断に関する機械的な操作のための体系ではなく、概念内容を表現するための適切な表記法であることが意図されていた (*ZBS*, p. 4／*CN*, p. 93／『著作集1』216頁)。フレーゲは、自分の論理体系を、普遍的記号言語 (*lingua characterica*) を創出しようというライプニッツのもくろみを具現化したものであると見なしていた (*NS*, p. 10／*PW*, p. 12／『著作集1』138頁)。これが意味するのは、フレーゲの体系においては、判断可能な内容間の推論法則の表現が、概念間で成立している諸関係の表現を介して達成されるということである。実際、ブールの計算法に対する自身の体系の主な優越性のひとつは、概念間の関係や判断間の関係が『概念記法』では統一的な仕方で表現できることにある、とフレーゲは公言している (*ZBS*, p. 9／*CN*, p. 99／『著作集1』223頁；*NS*, p. 15／*PW*, p. 14／『著作集1』144〜145頁)[18]。

　概念は、論理学においてはいかなる定義も与えられないという意味で原初的なものである (*BuG*, p. 193／『著作集4』50頁)。フレーゲは、*FTA*, p. 96／『著作集2』177頁では、概念を論理学における「基礎的要素 (*Urbausteine*)」と特徴づけており、*GGA* I, p. 3／『著作集3』49頁では、概念を彼の論理体系における「礎石 (*Grundsteine*)」と呼んでいる。またジャーデインの論文への注釈では、彼は「概念は、なんらかの原初的なものであって、論理学においてそれなしで済ますというわけにはいかないものである」(*WB*, p. 122／*PMC*, p. 192／『著作集6』205頁) と述べている。*KBS*, pp.

452-5／『著作集5』67〜70頁では、シュレーダーのクラス計算は概念という考えなしで済ますことができるがゆえに、正確にはこれを論理学と見なすことはできない、と論じている。[19]

このような考えは次のことを示している。フレーゲの見解では、真理の諸法則を発展させる際に、概念は論理学が扱わなければならない中心的な主題である。論理的な探究において概念がこの特別な地位を持つことを認めるならば、論理的対象に関するフレーゲの見解をよりよく理解できる。つまり、論理的対象の典型である外延の性質は、概念の、論理学における方法論的、存在論的な重要性に起因すると私は考えている。外延の論理性は、それらが論理的な探究活動によって必然的に導入される対象だということに拠っている。フレーゲの見解では、それらは論理学を行うことによって必然的に生み出されるものである。というのも、論理学を行う際には概念について語らないわけにはいかないし、概念について語るには、彼によれば、それらをその代理をする対象へと「変形」させることがどうしても要求されるからである。そして、もし同一性テーゼをフレーゲに帰することが正しいとすれば、それらの対象が外延なのである。概念 F の外延は、本質的にその概念とは異なるものではあるが、フレーゲが「意義と意味詳論」(*NS*, p. 134／*PW*, p. 123／『著作集4』135頁) で述べているように、それはまた「非常に密接にそれと関わっている (*sehr eng mit ihm zusammenhängt*)」[2]のである。そして、概念が論理学において不可欠で基本的なものであり、それが語られる際には外延という形をとるがゆえに、外延（値域）もまた基本的で不可欠なものになる。フレーゲが *GGA* I の序言で「それら［値域］なしにすますことはまったくできないであろう」(*GGA* I, p. x／『著作集3』10頁) と述べているのは、おそらくはこうした理由によるのであろう。

もし外延が論理的な対象の典型例であり、フレーゲにとってある

対象が論理的であると認められるかどうかの基準は、それが外延へと還元できるかどうかであったとするならば、なぜ彼がライトやブーロスが示唆したような解決法を採用しえなかったのかを理解することができる。ヒュームの原理を公理として採用するということは、技術的な観点からすれば効果的であろうけれども、しかし算術が論理的な本性を持つことを明らかにしようというフレーゲの関心とは両立しない。第二階の論理にヒュームの原理を加えてできる体系は整合的であろうし、また自然数の無限列を含め算術のすべての妥当な結果を産出できるだろう。しかしこの場合、算術を論理学の一部分として認めることは、盲目的に数を論理的対象として受け入れてしまうこと、つまり、外延（ないし値域）がそうであったように、論理学の理論のなかで本質的に意味をもつ存在者へのいかなる還元をも行うことなしに、論理的対象として受け入れてしまうこと、に依存することになるだろう。フレーゲにとって見れば、これは説得力のあるやり方ではまったくなく、論理主義を放棄するに等しいことであっただろう。[20]

6　外延はどれだけ必須であったか？

ここで私は、先に簡潔に言及した、フレーゲの見解の問題となりそうな側面を取り上げてみようと思う。概念を扱う学問分野としての論理学は、概念をそれに相応する外延へと「変形」する必要がある、という *BuG* での彼の主張がそれである。すでに述べたように、これは不可解に思われる。というのは、フレーゲの論理体系では二階の（そして高階の）述定ができるからである。すなわち、*GGA* I の対象言語の中では、概念を外延と見なす必要なしに、われわれは概念についてほとんど何でも語ることができるからである。とすると、なぜフレーゲは論理学において概念を外延へと変形することが

欠かせないと考えたのか。

　件の主張について、フレーゲが充分に説得力のある説明を与えているとは私には思われない。しかし、外延主義の論理学者たちと内包主義の論理学者たちとの間での論争における彼の立場を吟味する[21]ことによって、少なくとも彼の動機の一部を見てとることは可能である。フレーゲは、彼の時代の論理学者たちが持っていたある考え方に強く反対していた。その考え方とは、論理学はクラスを扱うものであり、クラスとは本質的に、そのもとに属する対象からつくられる集まりだ、というものである。こうした考え方に対してフレーゲが行った批判は彼の諸著作のいたるところに散在しているが、格別明瞭な仕方でそれが述べられているのは *KBS* である。ここでフレーゲはこう主張する。クラスをものの集まりとして考えるシュレーダーの見解からは、それが技術的、哲学的に不適切なことを立証するような諸帰結が導かれる。第一に、クラスがそのもとに属する個体からつくられるのだとすれば、すべての単元クラスはそのもとに属する対象と同一だということになる。フレーゲはこれを犠牲の大きい過ちだと考えている。というのは、彼によればここから幾つかの不合理な帰結が導かれるからである (*KBS*, p. 451／『著作集5』58〜59頁)。しかしそれがなんであるかはここでは論じない。第二に、この考え方では空クラスを説明することができない。なぜなら、もしクラスがその要素からなるとすれば、要素が一つもない場合、同様にクラスも存在しないことになるからである (*KBS*, p. 451／『著作集5』66頁)。第三に、あるクラスの別のクラスへの包含関係と、個体のクラスへのメンバーシップ関係は根本的に違ったものである。しかしシュレーダーの体系では、この違いが不鮮明になっており、いずれの関係も「〜の部分である (part of)」というあいまいな呼称のもとで考察が行われている (*KBS*, p. 442／『著作集5』55頁)。こうした考え方に対し、論理学ではクラスは概念から派生

するものとしてしか考えられない、とフレーゲは主張する。ある概念に対応するクラスは、そのもとに属する対象の寄せ集めと混同されてはならない。フレーゲは、論理的な諸関係をもっと細かく識別して、それらに表現を与える可能性と、彼のクラスの捉え方との間に一つのつながりを見てとった。たとえば *KBS* のある一節で、彼は次のように述べている。

> 純粋な領域計算から離れてはじめて、つまり上述のような解釈の仕方を採って概念を考察し、論理学の領域へと足を踏み入れた途端に、*sub*―関係と *subter*―関係を区別することが必要となり、またそれが可能になる。そこで、もしそれら二つの関係の相違を明確にしたいと思えば、クラスを概念の外延と見なし、これを解釈の基礎にすえなければならない。(*KBS*, p. 442／『著作集 5』56頁)

(この一節で言及されている 'sub' 関係と 'subter' 関係はそれぞれ、あるクラスの別のクラスへの包含関係と、メンバーシップ関係である。) 同じテキストで後にフレーゲはさらに進んで、もしそもそも論理学が可能であるなら、クラスの概念は原則的に概念から導出されると主張する。それはつまり、クラスが概念に対して二次的な関係にあると認めた場合に限って、論理的な諸関係を表現することが可能になるということである。

> クラスをその個体のもつべき性質によって決定できる場合、「b である対象のクラス」といった言い回しを使う場合、そうする場合にのみ、クラス間の関係を述べることで、思想を一般に表現することが可能になるのである。こうすることによってのみ、われわれは論理学に到達するのである。(*KBS*, pp. 452-3／『著作集 5』

67頁)

　この一節が示唆するように、クラスに関するフレーゲの考えを主に動機付けたのは、論理学がどのように行われるのか、そして論理学がそのように行われることを可能にするのは何か、に関するフレーゲのより広い見方であるように見える。フレーゲは概念という考えが優越性を持っており、クラスは派生的な本性しか持たないと主張した。一方でこれは、今日反復的な集合観と呼ばれる考え、つまり、集合の要素はあらかじめ与えられており、どんな集合も幾つかの要素を任意の方法で集め、その操作を反復することによって形成される、という考え方を否定しているに等しい。他方では、これは概念に対する厳密に外延主義的なアプローチ、つまり概念とその外延の同一視を否定しているに等しい。

　KBS の結論でフレーゲは、シュレーダーを批判したものの、自身の立場が内包主義者たちよりも「ある意味では (in some ways)」シュレーダーに近いことを指摘している (*KBS*, pp. 455／『著作集5』70頁)。その記述の中では、論理学に関するシュレーダーとフレーゲの間の接点が正確には何なのかは明らかにされていない。しかしながら、彼が「意義と意味詳論」で詳説した見解のことを意味していたというのはありそうなことである。このテキストのある一節で、二つの概念語の意味が等しいのは、それらの概念に対応する外延が一致するとき、かつそのときに限る、と述べた後でフレーゲはこう言い足している。

そしてそれと共に、私の信じるところでは、外延主義者たちに重大な譲歩がなされることになる。外延主義者が、概念の内包 (Begriffsinhalt) に対して概念の外延を贔屓にすることによって、語の意義ではなくてその意味を論理学にとり本質的であると見な

すのだと認めさせるならば、彼らは正しい。内包主義者たちは、意義から先へ進みたくないのに過ぎない。というのも、彼らが内包と称しているのは、よもや表象ではないとすれば、意義だからである。彼らは、論理学においては、真理値を顧慮せず、いかにしてある思想が別の思想から出てくるのかということを問題にしてはいないのだ、ということを考慮していない、つまり思想から真理値への歩みを、より一般的には、意義から意味への歩みがなされるべきだということ、論理法則は先ずは意味領域に存し、間接的にだけ意義に関係するということを、彼らはきちんと考えていないのである。(*NS*, p. 133／*PW*, p. 122／『著作集4』109頁)

ここでフレーゲが強調しているのは、論理学が真理を扱うものである限り、論理学は意味の領域に関心を集中させなければならない、ということである。フレーゲが見るところでは、内包主義者たちのあやまちは、概念表現の意義の領域にとどまってしまったことにある。一方で外延主義者たちのあやまちはと言えば、概念表現の意味をそれに対応する外延だと考えたことである。しかしフレーゲによれば、「概念それ自体ではないが、しかし概念と極めて密接な連関にある外延において、彼らは意味が本質的であると称している」(*NS*, p. 134／*PW*, p. 123／『著作集4』110頁、ただしこの部分のみルフィーノの意図に合わせて訳し直した) という点で、外延主義者たちの方が真理に近づいている。つまり、概念を外延と同一視することに反対はするものの、フレーゲは明らかに外延主義者によるアプローチのある側面を、即ち論理学においては概念の考察は外延を介して行うということを、是認している。このような好みは、二つの概念が同一なのは、それらの外延が同一であるとき、かつそのときに限る、という彼のテーゼにはっきりと示されている。外延主義者たちの戦略の方が、方法論的には適切だとフレーゲには思えたのであ

る。というのも、内包的アプローチは、結局のところ危険なほど心理主義に近づいて意味のレベルからは遠ざかってしまうことになり、[26] そのような内包主義を避けるには、外延主義の方が安全な方法だと思われたからである、だがフレーゲの見解では、科学は基本的に意味レベルに関与しなくてはならない。

こうした考察は、さほど決定的なものではなく、また概念は外延を介して扱わなければならないというフレーゲの主張に対して究極的な正当化を与えるものでもない。しかし、概念を扱う際に外延を優先させることが、なぜより科学的なアプローチとしてフレーゲの目に映ったのか、を説明する助けとなるだろう。

原注
(1) この論文の前草稿に対し、スティーブン・ウォーディー（Steven Awodey）、グレン・ブランチ（Grenn Branch）、オズワルド・シャトーブリアン・フィルホ（Oswald Chateubriand Filho）、ハーバート・エンダートン（Herbert Enderton）、ゴットフリート・ガブリエル（Gottfried Gabriel）、リチャード・ヘック（Richard Heck）、アンドリュー・シュー（Andrew Hsu）、デヴィッド・カプラン（David Kaplan）、オイスタイン・リネボー（Øystein Linnebo）、故ジョージ・ブーロス（Geroge Boolos）の各氏から、幾つかの有益なコメントをいただいたことに感謝したい。広範囲に議論していただいたことで、タイラー・バージ（Tyler Burge）には特に負うところが大きい。本論文の研究は、サンパウロ州研究広汎基金（FAPESP）と科学技術開発審議会（CNPq、ブラジル）の助成金によるものである。
(2) フレーゲの著作から引用した文章の翻訳は、（特に断りのない限り）筆者による。しかしながら、文献表に記載した既存の英語の翻訳は参照した。既存の翻訳と筆者による翻訳の違いのほとんどは、たかだが強調に関するものにすぎない。公刊されたフレーゲの論文は原本のページ番号で引用してある。フレーゲの著書はセクション番号で引

用してある。フレーゲの手紙と『遺稿』を引用するにあたっては、ドイツ語の版と英語の翻訳を共に示してある。本論文で用いられているフレーゲの著作の省略記法については、文献表を見よ。

(3) 関連文献では通常これは「ジュリアス・シーザー問題」と呼ばれている。この残された［数詞を含んだ任意の等式の真理値が一意に確定できないという］不確定性になぜ問題があるとフレーゲが考えたのかは、必ずしも明白なわけではない。ある研究者たちは、*GLA* でフレーゲが定式化しているこの問題が、外延としての数の定義、および *GGA* I の §10 で付加されている約定によって解決された、とすることに疑念を表明している (cf. Dummett (1981) pp. 407-8 ; Heck (1999) p. 291 ; Parsons (1965) pp. 160-1 ; Wright (1983) p. 113)。この問題に対する議論には、これ以上この論文では立ち入らない。しかしながら、多くの研究者たちは、フレーゲが外延を彼の算術の究極的な基礎に選ぶ際にこの問題が与えた影響を過大視する傾向にあるように私には思われる。この点に関するさらに詳細な議論については、Ruffino (2002) を見よ。

(4) ライトの説明によると、実際には、ここで一つの重要な留保がなされなければならない。ヒュームの原理を公理 (V) の代わりに基礎に据えたフレーゲの算術が成功するためには、ジュリアス・シーザー問題に対する別個の解決法が存在していなければならないからである。試みられた解決法については、Wright (1983) §15 を見よ。

(5) 実際、フレーゲは 1902 年 7 月 28 日付けのラッセルへの書簡で、算術の基本法則としてヒュームの原理に似たものを採用する可能性について言及している (*WB*, pp. 223-4 ; *PMC*, p. 146 ;『著作集 6』133 頁)。

(6) 幾人かのフレーゲ研究者たちは、ジュリアス・シーザー問題がその主な、あるいはもしかしたら唯一の理由であると考えている (cf. Boolos (1996) p. 249 ; Heck (1997b) ; Wright (1983) p. 113)。しかしながら、それ［ジュリアス・シーザー問題］はフレーゲが数を外延へと還元することを選ぶにあたって二次的な役割しか演じていない、と私は考えている。その主な理由は、フレーゲの見解において、外延が論理的な対象として持っていた特権的な身分にある。

(7) 実際、1891 年以前にフレーゲが、真理値が対象である（つまり、第一階の変項の値となりうる）と見なしていたといういかなる証拠も

ない。
(8) ここでフレーゲが論理的対象であると考えていたのは、純粋に論理的な概念の外延だけである、と予想されるかもしれない（たとえば GGA I の水平線のように）。しかし彼は諸概念が論理的であることについていかなる制約も課していないように見える。つまり、任意の概念について（それが論理的なものであれ経験的なものであれ）、その外延は論理的な対象であるように見える。少なくともこのことは、同じ書簡 [1902年6月22日のラッセル宛の書簡] の中で提示されている以下の例によって示唆されている。

> やはりその際もシステムとクラスは区別されねばならないのです。私の座っている椅子を形成している原子のクラスは椅子そのものではありません。その部分が物質的であるような全体はそれ自体物質的ですが、それに対し私はクラスが物的対象ではなくて論理的対象と規定したく思います。(WB, p. 223; PMC, p. 140;『著作集6』132頁)

（他の多くの場所と同様、彼はここでも「クラス」という術語を「外延」と相互交換可能なものとして用いている。）ここでは、椅子を形成しているような原子のクラスは明らかに論理的な概念の外延ではなく、経験的な概念のそれである。見たところ、外延が論理的であるためにフレーゲが課した唯一の制約は、対応する概念が鋭く境界づけられていることのみである。しかし、外延の論理性を認めることに対してフレーゲは総じて寛大だったものの、結局 GGA I と GGA II の形式体系の中で役割を果たすのは論理的な概念の外延のみである。

(9) 外延が、論理的対象として特別に典型的な地位を有するというこの見解は、GGA I で提案されたこの特別の還元 [外延への還元] が正しいかどうかに関してフレーゲが確信を持っていないことと、一見したところ両立可能に思える（外延として数を定義するにしても、フレーゲが実際に採ったやり方よりもうまく機能するような、別の定義の仕方がありうる）。この見解はまた、論理学の目標として真理値が中心的な役割を果たす、というフレーゲの発言とも矛盾しない。というのは、論理学の探究の対象が何であるかを述べようとするとき、名前「真」が極めて特別の役割を果たす、と繰り返しフレーゲは述べているものの、真理値真と偽もまた、それらの論理性が認識されうるように、外延と同定されなければならないからである。知っての通り、これは GGA I §10 でなされている。フレーゲは GGA I §10 で、真

理値の各々を、それらがその唯一の例となるような概念の外延と同定している。こうした同定がなされた動機の少なくとも一部は、外延は特別な地位を持つという彼の見解にあると私は考えている。外延は、1884年の著作（*GLA*）で既にあらわれているが、真理値が対象として最初に認められたのは1991年（*FuB* において）である。フレーゲが真理値を対象と見なした動機は、外延を対象と見なした動機とは異なっている。フレーゲの論理主義における外延の役割は、論理学に関する彼の見解の広さに起因するものであるけれども、真理値を対象として扱ったのは、そうすることで彼の論理体系が技術的に有利になるという動機に主に基づいている。対象として真理値を導入するフレーゲの議論を再構成したものについては、Ruffino (1997) を見よ。フレーゲによる *GGA* I §10 での真理値と外延との同定に関するさらに詳細な議論については、Burge (1986) と Ruffino (2002) を見よ。

(10)　シルンはこれと反対の解釈をもっとも周到に擁護している。彼の主な議論をここで詳細に論じる紙幅はないが、Ruffino (2000) でそれを行った。私が見る限り、同一性テーゼはかならずしもシルンが挙げるような信じがたい諸帰結をもたらすものではない。加えて、シルンとスルガの議論には、テキスト上の根拠が欠けている。

(11)　ここでの私の引用はすべてオースティン訳による。私の知る限り、この一節をこのように解釈したのは Burge (1984) が最初である。またそれは、根拠として挙げる次の二つの引用についても同様である。

(12)　この時点でフレーゲは、こうした代理物であるような対象は決して真性の対象ではないと考えていた、とか、あるいは彼はここで何か文字通りの意味ではない仕方で対象について語っていたに過ぎない、と想定するのはもちろん誤りである。というのは、このテキストの同じページの注［*BuG*, p. 197／『著作集4』67頁の注11］で、「関数 *f* (the function *f*)」という表現の意味について述べているからである。もしこれらの代理物である対象が真性のものでないとしたら、フレーゲはここで意味について語らなかったであろう。後に、1914年にはフレーゲは「概念 *F*」に対応するいかなる対象もない、と述べることになる。[3] しかし私が論じている証拠が示しているのは、これは1892年でのフレーゲの意見ではなかったということである。

(13)　フレーゲはここで概念についての「厳密な外延主義」的な考え（つまり、概念の外延との同一視）と私が呼んでいるものを退けては

いるものの、にもかかわらず彼はある制限付きの外延主義的なアプローチを認めている。彼にとって、二つの概念は、それらが（たとえ異なる意義を持っていても）同一の外延を持つとき、かつそのときに限って同一であった。第6節で論じるように、フレーゲはこの制限付きの外延主義を、概念を扱う際に心理主義を回避するための方法として理解していたのである。

(14) イタリックの部分の私の翻訳[4]は、ロングとホワイトの訳と異なる。かれらはそこを「われわれは次のように言う以外には実際の手段がない…… (the only recourse we really have is to say...)」と訳している。これは少し重要である。その理由は以下で説明しよう（次の注を見よ）。

(15) 私の解釈によれば、この一節でのフレーゲの趣旨は公理（V）の認識論的な魅力と自然さとを説明することにある。しかしこの一節と、「意義と意味詳論」から引用した同様の一節の両方においてフレーゲ自身が自らの考えを表明するその仕方が相反的に見えることに注目してほしい。彼は *NS*, p. 197／*PW*, p. 181／『著作集5』198頁では、われわれはほとんど不可避的に仕向けられる (*nötigt fast unausweichlicht dazu*)、と述べており、*NS*, p. 132／*PW*, p. 122／『著作集4』108頁では、概念の同一性について述べる以外、われわれにはほとんど表現手段がない (*[e]s bleibt uns aber für diesen Zweck kaum etwas anderes übrig als zu sagen*)、と述べている。それゆえ彼は、やはり件の強制はどうしても抵抗できないというものではなく、彼が確証しようとしている結論を回避するような表現方法がわれわれにあるに違いない、と考えていたようである（そうでなければ、これらの一節において彼が 'fast' や 'kaum' といった副詞を用いたことの眼目がなくなってしまうだろう）。これは次のことを示しているように思われる。つまり、フレーゲは、彼の説明が、彼自身が論理的には不完全であると見なしていた、自然言語の特性をあてにしたものであることに気づいていたはずだ、ということである。これはつまり、公理(V)は言語が生み出す効果と結びついた、概念の同一性の類比物への要求が自然に生み出したものだ、という示唆が説得力を持つのは、ドイツ語や英語（あるいは定冠詞が同様の性質を持つような他の任意の言語）といった論理的に不完全な言語を話す人たちに対してだけだ、ということである。なにか『概念記法』のような言語を持った一群の

人々が存在しえたとしよう。これらの人々にとって、引用した件の一節における公理(V)の自然さについてのフレーゲの説明は理解できないものであろう、といった例を、リチャード・ヘックは会話の中で示唆した。「概念 F」といった表現は誤解に導くような効果を持つけれども、「(一階の) 概念の不飽和性は、それを表示する際に少なくとも一カ所を空所にしたままにすることによって表現できる」(*NS*, p. 131／*PW*, p. 120／『著作集4』107頁) のだから、『概念記法』ではこれを除去することができる、という同じく「意義と意味詳論」におけるフレーゲのコメントが、彼が議論において件の制約に気づいていたことを示している。

(16)　1902年以前には、フレーゲは、「概念 F」や「F の外延」という表現の正しい使用を、それらに対応する対象が存在することの肯定的なしるしとみなしていた。論理学では「概念語 F の意味」のような表現を避けるべきだと彼がすすめているのは、ただ一カ所 (*NS*, p. 133／*PW*, p. 122／『著作集4』108頁) に過ぎない。しかしながら、バージが指摘しているように、彼がこの一節でそう提案するのは、それらが有意味［指示的］[5]でないからではなく、混乱を引きおこしやすいという理由による (Burge (1984), p. 28)。ラッセルのパラドクスの発見は、彼の見解を根本から変える。彼の態度は言語に対してだんだんと懐疑主義的なものになってゆく。1906年には (*NS*, p. 192／*PW*, p. 177／『著作集5』190頁)、彼は「概念 F」という表現に関して言語によって引き起こされる「歪曲 (*Fälschung*)」に言及している。1910年には、ジャーデインへの書簡のなかで、「外延」という語の論理学での正しい使用に基づいて、外延の存在をあまりに容易に受け入れてしまったことを後悔している (*WB*, p. 121／*PMC*, p. 191／『著作集6』204頁)。1914年には (*NS*, p. 269／*PW*, pp. 249-50／『著作集5』292頁) 彼は「概念 F」になんらかの対象が対応するということをはっきりと否定している。最終的には、1924年に以下の一節においてフレーゲはなにか後期ウィトゲンシュタインに似た見解を表明している。

　言語の、思考の信頼性を脅かす性質の一つは、いかなる対象もそれに対応しないような単称名辞を造り出すことである。……これに対する、特に注目すべき実例は「概念 a の外延 (the extension of concept a)」という原型に基づく単称名辞の構成、たとえば「概

念恒星の外延（the extension of concept star）」である。この表現は、定冠詞をもつがゆえに、一つの対象を表示しているように思われる。しかし、言語的にそのようにして表示されうる、いかなる対象も存在しない。……言語がわれわれに提供するすべての表現について、それらが論理的に無害かどうかを調べ尽くすのは、まったく困難であり、あるいは不可能ですらあるかもしれない。……同じ表現「概念恒星の外延」は、さらに別の仕方ではあるが同様に、見せかけの単称名辞を造り出すという言語の有害な傾向性の実例である。「概念恒星（the concept star）」がそのような例である。定冠詞があるために、その表現によって一つの対象が表示されるはずだという見せかけ、あるいは同じことだが、「概念恒星」は単称名辞である、という見せかけが生じる。だが、その一方で、「概念恒星」は概念を表示する表現であり、したがって、あらゆる単称名辞とはまったく対照的なのである。(*NS*, pp. 288-9／*PW*, pp. 269-70／『著作集5』300〜301頁)

1902年以前、フレーゲは「概念 F」や「F の外延」という表現がうまく使用されることをもって、それらに対応する対象が存在することの徴候とみなしていたものの、彼はこれらの名前の指示性（referentiality）についてある疑念を残したままだったように思われる。この疑念は、公理(V)に対する懐疑的な態度へと到った足跡のうちにあらわれている。ラッセルのパラドクスが発見される前ですら、複数の箇所でフレーゲはこれを公理と認めることに対する疑いを表明している。*GGA* I の序言では、「私の理解する限り、論争は値域に関する私の基本法則(V)を巡ってのみ生じうる。……私はそれ［基本法則(V)］を純粋論理的と見なす。このようにいつの場合でも、［何を論理的と見なすかという］決断の下されるべき場所が示されているのである」(*GGA* I, p. vii／『著作集3』6頁) と彼は認めている。1903年には、ラッセルのパラドクスについて議論している *GGA* II の後書きで、彼は「それが他の基本法則と同程度に、かつ論理法則に本来要求されねばならぬ程には明らかではない」(*GGA* II, p. 253／*BL*, p. 127／『著作集3』403頁) がゆえに、公理(V)に関してつねに疑いを抱き続けてきたことを告白している。三年後、フレーゲは公理(V)についてこう述べている。「もともと以前からここには疑いを容れる余地があったのだとすれば、そのうえラッセルのパラドクスによって、この法則[6]

はいっそう大きく根底から揺るがされたのである」(*NS*, p. 198／*PW*, p. 182／『著作集5』199頁)[7]。

公理(V)に対する目下の疑念は、それが新たな対象を導入することにある。もし公理(V)が論理法則であるなら、なんらかの対象の存在が論理法則だけから証明されうるということになる。しかしながら、フレーゲが疑念を持った動機は、こうした理由によるのではなかった。それが存在を含意するということは、フレーゲにとっては問題となるような事柄ではなかったのである。というのは、その存在が含意されるような対象は、本性上論理的なものだからである。フレーゲが考えたように、もし数が対象であり、算術が論理へと還元できるものなら、論理の基本法則にわれわれが期待すべき諸特徴の一つは、それが（無限に多くの）対象の存在を含意する、ということである。私が考えるに、彼の躊躇は、通常の科学の言語や通常の数学的な実践の言語における「概念しかじか (the concept so-and-so)」や「概念しかじかの外延 (the extension of the concept so-and-so)」のような表現の指示性に関して、彼が疑念を残していたことに起因している。

(17) スルガが論ずるところによれば、フレーゲが公理(V)を分析的であると見なした理由は、その同値の両辺が同じ意義を表現しているからである (Sluga (1980) pp. 156-7)。しかしこれはほとんど説明をなしていない。というのは、一見したところ、一方にある二つの値域の間の同一性と、他方にある同一性の一般性とは、それぞれ異なる事柄について述べているように見えるので、これらがいかにして同じ意義を持ちうるのか、を理解するのは困難だからである。しかしながら、「関数 f ＝関数 g」は「$(\forall x)(f(x)=g(x))$」と同じ意義を持っている、ということを認めるのはずっと容易である。

私の見解が正しければ、なぜ公理(V)で表現されているような変形が、ライプニッツの原理の概念についての正しいヴァージョンであって、たとえば、Φ, χ を任意の二つの概念とし、$=_c$ を概念についての同一性と類比的な（新たな）二階の関係とし、X を二階の変項であるとしたときに、

$$\Phi =_c \chi \equiv (\forall X)(X(\Phi) \leftrightarrow X(\chi))$$

といった形で表現されるようなものはそうではないとフレーゲが考えたのかが予測されうるだろう。その理由は少なくとも二つある。一つは、*GGA* Iでの原始記号に加えてフレーゲはさらに一つ記号を必要

とすることになり、経済的な抑制に反することになるだろう、というものである。そしてもちろん、この種の第二階の関係が第一階の関数のために導入されれば、第二階の関数のために第三階の「同一性」の類比物を導入しなければならなくなってしまうだろう。対応する関数をその値域に投影することですべてのレベルの同一性を第一階の同一性として扱うことができた方が、ずっと単純で洗練されたものであることは明らかである。第二に、おそらくより重要なのは、ライプニッツのこのヴァージョンはそこに数が還元されうるような新たな（論理的な）対象をなんら導入しない、ということである。しかし後にフレーゲがジャーデインに宛てた書簡の中で述べているように、フレーゲはこれ［新たな対象の導入］を求めていたのである（*WB*, p. 121／*PW*, p. 191／『著作集6』204頁）。

(18) これはブールの論理計算に対するいくつかの優位性、たとえば全称量化子を用いて一般性を表現できるといったような優位性をフレーゲの体系に与える。

(19) 概念が論理学において基本的な存在者であると記述している多くの箇所で、フレーゲはこの記述は特に論理学で適用されうるような、特定のカテゴリーの概念だけにしか当てはまらない、とは考えていなかったように思われる。はっきり立てられた唯一の制限は、それらが論理学において扱われうるものであるなら、概念は鋭利に境界づけられていなければならない、というもののみである。これはつまり、任意の対象が当の概念のもとに属するか否か、が決められていなければならない、ということである（*GLA*§74; *NS*, p. 133, p. 168, p. 248, p. 260／*PW*, p. 122, p. 155, p. 229, p. 241／『著作集4』109頁、―、『著作集5』260頁、278頁；*TG*, pp. 157-8／『著作集5』13〜14頁。*TG* の p. 158 でフレーゲは「論理的概念」という術語を鋭利な境界付けを満たす概念のために充てている）。フレーゲはこの点を繰り返し指摘しているが、矛盾した属性（たとえば「丸い四角」など）を含む概念の妥当性を認めないような論理学者たちに反論する際に特にそうしている。この種の概念は実際、いかなる対象もそのもとに属しないのだから、フレーゲの基準によれば直ちに妥当なものとして認められるものなのである。しかし、概念に関してフレーゲは実質的な制限は課さなかったけれども、*GGA* I と *GGA* II での彼自身の論理的構築において考察されているのは論理的な概念のみである。見たところ、フレ

ーゲは彼自身の論理体系において厳密に説明されたものを除けば、概念が曖昧さから逃れるということがいかに困難であるかを認識していたはずである。

(20) フレーゲが、一方では外延が論理的対象の典型例であると信じながら、他方では以前に述べたように（注16を見よ）公理(V)に対していくらか疑念を残したままだったということは不可解であると思われるかもしれない。これはつまり、外延を論理的な対象に分類すること、そして、もし算術が実際に論理学の一部分でなければならないならば、数はそれらに還元されるのでなければならないと主張することについては、彼はなんらためらいを見せなかったけれども、同時に彼は、つまりは外延の存在を支配する法則である公理(V)に関して、いくらか疑念を残していた、ということである。私が考えるに、この見かけ上の不整合性は、これらの二つの主張を注意深く区別することで解消する。最初の主張は、もし外延がそもそも存在するならば、それらはもっとも基本的な論理的対象でなければならない、というものである。二番目の主張は、外延が実際に（各々の概念にひとつずつ）存在し、公理(V)がその存在と同一性条件を正しく述べている、というものである。ここで、この解釈について詳細に論じることはしないが、私はフレーゲが、論理学の存在論に関して強固な実在論的な観点を奉じていたと信じている。フレーゲは両方を正しいと見なしていたが、そうした観点との関連においては、これらの主張は独立したものであると考えられる。最初の主張は、論理学の本性はそれが本質的に概念を扱うところにあるとする見解に由来するものであり、フレーゲはこれに疑念を抱くことは決してなかった。しかしこれが条件文の形式であることに注意しなければならない。二番目の主張は、一番目ほど容易にはフレーゲには受け入れられなかった。というのは、それは「概念 F」や「概念 F の外延」のような表現の有意味性に依存しているということはもちろん、公理(V)がわれわれや、われわれの理論から独立の論理的な実在について正しく記述している、という事実にも依拠していたからである。フレーゲは GGA I の序言で、実在する対象を意味できているという究極的な保証はわれわれにはなく、常に「［われわれが］意図せずに真理から虚構へと落ち込んでしまう」（GGA I, p. xxi／『著作集3』27頁）可能性があることを認めている。換言すれば、最初の主張における彼の信念は、二番目のそれにお

ける信念よりも強固なのである。しかしこれらの主張はフレーゲのような実在論者にとってはある程度独立しており、それゆえ彼にとっては矛盾は存在しないのである。

(21) 一九世紀後半、ブールの研究に触発されたドイツの論理学者たちの間で、代数的論理学の利点と実り豊かさに関して活気のある論争が行われた。一方に、外延主義者（*Umfangslogikern*）たちがおり、彼らはブールの論理学の精神と方法論に共感を覚えた論理学者たちであった。他方に、内包主義者（*Inhaltslogikern*）たちがおり、彼らは論理学における概念内容の重要性を強調した。外延主義者たちの主な申し立ては、概念という考えそれ自体が明晰さを欠いている、というものであった。さらに彼らは、概念間で成り立つすべての科学的に適切な関係は、それに対応する外延の間でも成り立つと考えられるのだから、論理学の目的には外延の計算で充分だと主張した。それに対して、内包主義者たちは「論理学の代数（*Algebra der Logik*）」が哲学的な興味をそそるものでないことや、思想や認知的な内容から切り離されていることを批判した。前者の立場を支持していたのはシュレーダーであり、後者の立場はロッツェやフッサールといったより哲学的な傾向を持った論理学者たちに奉じられていた。フレーゲ自身は両方の立場の間の微妙なバランスを求めていた。この論争に関する詳細な歴史的説明については、Hamacher-Hermes (1994) を見よ。

(22) 同じ指摘は複数の機会で繰り返されることになる（たとえば、ジャーデイン宛の書簡の中でのフレーゲの注釈［*WB*, p. 121／*PMC*, p. 192／『著作集6』204頁］）。しかしながらクラスに対する概念の優位性は、存在論的なものなのか認識的なものなのか、あるいはその両方だったのか、についてフレーゲがどれだけはっきり理解していたのかはさほど明らかではない。

(23) フレーゲは後にこの点を1902年7月28日にラッセルに宛てた書簡の、以前に私が引用した一節（注5を見よ）の中で繰り返している。

(24) クラスは「事物の集塊（agglomeration）」であるという考えに対するフレーゲの反応についてのより詳細な議論は、Parsons (1976) を見よ。

(25) フレーゲの『遺稿集』の編集者によれば、このテキストはシュレーダーの論理学に関する手書き原稿の第二部であり、その第一部は*KBS*の草稿を構成した。

(26) 1890年代のドイツ哲学界でもっとも影響力のあった二つの雑誌、*Vierteljahrsschrift für wissenschaftliche Philosophie* と *Zeitschrift für Philosophie und Philosophische Kritik* で公刊された諸論文のタイトルから、概念に対するある種の心理主義的なアプローチが頻繁になされていたことが示唆される。フレーゲは外延主義的なアプローチを認めることで、この種のアプローチを避けようとしていたのだと私は考えている。

訳注

[1] *BuG* の準備草稿は '*Über den Begriff der Zahl. 2. Auseinandersetzung mit Kerry*' というタイトルで *NS* に収録されているが、このテキストの収録形式はいささか特殊なものになっている。各々のページの右半分にこの準備原稿が、左半分には1892年に公刊された *BuG* の原稿が記載されており、読者はそれぞれを比較対照しながら読むことができるようになっているのである。英訳の *PW* でも、同様の形式が踏襲されている(ただし、タイトルは '*On Concept and Object*' となっている)。

[2] フレーゲの原典によれば、ここは "eng" でなく "enge" である。

[3] 注16を見る限り、ここでルフィーノが念頭に置いているのは、以下の箇所のことであろう。*NS*, p. 269／*PW*, p. 249-50／『著作集5』292頁。

[4] 「イタリックの部分」がもとの論文のこの引用箇所には "Φ" と "χ" 以外に存在しないので、ここで校正の段階かなにかで本来イタリックで表記される部分が通常表記になってしまうという印刷上のミスがあったのではないかと思われる。イタリック表記の語が含まれていると思われる箇所を、ルフィーノは次のように訳している。"there is almost nothing else that we can say to this effect besides…" 注15の内容と、そこで 'almost' がイタリックで表記されて強調されていることを勘案すると、おそらくここでも 'almost' が本来イタリックで表記されるはずだったと思われる。つまり、ロングとホワイトの訳では、「概念間の関係を示すためには「概念Φと概念χは同一である」と言う以外の方法はまったくない」ということになるが、ルフィーノの訳だとその方法は「ほとんどない」、ということになる。この二つの意味の違いについては、注15での説明が明らかにしている。

[5] これまで "reference" は「意味」と訳してきたが、注16では "reference" は "referentiality"（「指示性」）と呼応して用いられているので、ルフィーノの意図をより明確に表現するため、ここでは "reference" を「指示的」と訳した。

[6] ここでのルフィーノによるフレーゲからの引用は、Long & White の英訳にそのままならったものになっている。しかし、Long & White 訳にはここに誤訳があり、'dies Gesetz' を 'these doubt' と訳してしまっている。ルフィーノによるここでの引用にも同様の誤訳があったが、訂正した。邦訳（岡本賢吾訳）では正確な訳がなされている。ここではそれにならった。

[7] ここでルフィーノは引用文献のページ付けを 'NS, p. 108' としていたが、'NS, p. 198' の誤植であろう。

文献

Bartlett, James 1961: *Funktion und Gegenstand. Eine Untersuchung in der Logik von Gottlob Frege*. Doctoral dissertation, Munich.

Black, Max (ed.) 1965: *Philosophy in America*. Ithaca: Cornell University Press.

Boolos, George 1987: 'The Consistency of Frege's *Foundations of Arithmetic*'. In Thomson (ed.) 1987, pp. 3-20.

—— 1996: 'Whence the Contradiction?' In Schirn (ed.) 1996, pp. 235-52.

Burge, Tyler 1984: 'Frege on Extensions of Concepts. From 1884 to 1903'. *The Philosophical Review*, XCIII, Number 1, pp. 3-34.

—— 1986: 'Frege on Truth'. In Haaparanta and Hintikka (eds.) 1986, pp. 97-154.

Dummett, Michael 1973: *Frege: Philosophy of Language*. London: Duckworth.

—— 1981: *The Interpretation of Frege's Philosophy*. London: Duckworth.

—— 1991: *Frege: Philosophy of Mathematics*. Cambridge, MA: Harvard University Press.

—— 1996: 'Reply to Boolos'. In Schirn (ed.) 1996a, pp. 253-60.

Frege, Gottlob 1879: *Begriffsschrift. Eine der arithmetischen nachge-*

bildete Formelsprache des reinen Denkens. Halle : Verlag von Louis Nebert. Reprinted in *Begriffsschrift und andere Aufsätze.* (*BS*) 2nd. ed. Edited by Ignacio Angelelli. Hildesheim : Georg Olms Verlag, 1988. 邦訳『フレーゲ著作集 1　概念記法』藤村龍雄編、勁草書房、1999 年、所収

—— 1882 : *'Über den Zweck der Begriffsschrift'.* (*ZBS*) *Sitzungsberichte der Jenaischen Gesellschaft für Medizin und Naturwissenschaft für das Jahr 1882*, pp. 1–10. Jena : Verlag von G. Fischer. Reprinted in Frege (*BS*), pp. 97–106. 邦訳『フレーゲ著作集 1　概念記法』藤村龍雄編、勁草書房、1999 年、所収

—— 1884 : *Die Grundlagen der Arithmetik. Eine logisch mathematische Untersuchung über den Begriff der Zahl.* (*GLA*) Breslau : Verlag von Wilhelm Koebner. Reprinted in *Die Grundlagen der Arithmetik. Eine logisch mathematische Untersuchung über den Begriff der Zahl.* Centenary edition. Edited by Christian Thiel. Hamburg : Felix Meiner Verlag, 1986. 邦訳『フレーゲ著作集 2　算術の基礎』野本和幸・土屋俊編、勁草書房、2001 年、所収

—— 1885 : *'Über formale Theorien der Arithmetik'.* (*FTA*) *Sitzungsberichte der Jenaischen Gesellschaft für Medizin und Naturwissenschaft für das Jahr 1885*, pp. 94–104. Jena : Verlag von G. Fischer. Reprinted in Frege 1967, pp. 103–11. 邦訳『フレーゲ著作集 2　算術の基礎』野本和幸・土屋俊編、勁草書房、2001 年、所収

—— 1885 : *'Erwiderung auf Cantors Rezension der "Grundlagen der Arithmetik"'.* (*EC*) *Deutsche Literaturzeitung*, 6, N. 28, p. 1030. Reprinted in Frege 1967, p. 112. 邦訳『フレーゲ著作集 5　数学論集』野本和幸・飯田隆編、勁草書房、2001 年、所収

—— 1891 : *'Funktion und Begriff'.* (*FuB*) *Jenaischen Gesellschaft für Medizin und Naturwissenschaft.* Jena : Hermann Pohle. Reprinted in Frege 1967, pp. 125–42. 邦訳『フレーゲ著作集 4　哲学論集』黒田亘・野本和幸編、勁草書房、1999 年、所収

—— 1891 : *'Über das Trägheitsgesetz'.* (*TG*) *Zeitschrift für Philosophie und philosophische Kritik*, 98, pp. 145–61. Reprinted in Frege 1967, pp. 113–24. 邦訳『フレーゲ著作集 5　数学論集』野本和幸・飯田隆編、勁草書房、2001 年、所収

—— 1892 : '*Über Begriff und Gegenstand*'. (*BuG*) *Vierteljahrsschrift für wissenschaftliche Philosophie*, 16, pp. 192-205. Reprinted in Frege 1967, pp. 167-78. 邦訳『フレーゲ著作集4 哲学論集』黒田亘・野本和幸編、勁草書房、1999年、所収

—— 1893 : *Grundgesezte der Arithmetik*. Vol. I. (*GGA I*) Jena : Pohle. Reprinted, Hildesheim : Georg Olms Verlag, 1962. 邦訳『フレーゲ著作集3 算術の基本法則』野本和幸編、勁草書房、2000年、所収

—— 1895 : '*Kritische Beleuchtung einiger Punkte in E. Schröders Vorlesungen über die Algebra der Logik*'. (*KBS*) *Archiv für systematische Philosophie*, I, pp. 433-56. Reprinted in Frege 1967, pp. 193-210. 邦訳『フレーゲ著作集5 数学論集』野本和幸・飯田隆編、勁草書房、2001年、所収

—— 1903 : *Grundgesetze der Arithmetik*. Vol. II. (*GGA II*) Jena : Pohle. Reprinted, Hildesheim : Georg Olms Verlag, 1962. 邦訳『フレーゲ著作集3 算術の基本法則』野本和幸編、勁草書房、2000年、所収

—— 1918/19 : '*Der Gedanke*'. (*G*) *Beiträge zur Philosophie des deutschen Idealismus*, pp. 58-77. Reprinted in Frege 1967, pp. 342-62. 邦訳『フレーゲ著作集4 哲学論集』黒田亘・野本和幸編、勁草書房、1999年、所収

—— 1950 : *The Foundations of Arithmetic*. Translated by J. L. Austin. Oxford : Basil Blackwell.

—— 1964 : *The Basic Laws of Arithmetic : Exposition of the System*. (*BL*) Translated and edited by Montgomery Furth. Berkeley and Los Angeles : University of California Press.

—— 1967 : *Kleine Schriften*. Edited by Ignacio Angelelli. Darmstadt : Wissenschaftliche Buchgesellschaft.

—— 1969 : *Nachgelassene Schriften*. (*NS*) Edited by Hans Hermes, Friedrich Kambartel, and Friedrich Kaulbach, with the assistance of Gottfried Gabriel and Walburga Rödding. Hamburg : Felix Meiner Verlag.

—— 1972 : *Conceptual Notation and Related Articles*. (*CN*) Edited and translated by Terrell Bynum. Oxford : Clarendon Press.

—— 1976 : *Wissenschaftlicher Briefwechsel*. (*WB*) Edited by Gottfried Gabriel, Hans Hermes, Friedrich Kambartel, Christian Thiel and Albert Veraart. Hamburg : Felix Meiner Verlag. 邦訳『フレーゲ著作集 6　書簡集 付「日記」』野本和幸編、勁草書房、2000 年

—— 1979 : *Posthumous Writings*. (*PW*) Edited. by Hans Hermes, Friedrich Kambartel, Friedrich Kaulbach. Translated by Peter Long and Roger White. Oxford : Basil Blackwell.

—— 1980 : *Philosophical and Mathematical Correspondence*. (*PMC*) Edited by Gottfried Gabriel, Hans Hermes, Friedrich Kambartel, Christian Thiel and Albert Veraart. Translated by Hans Kaal. Abridged for the English edition by Brian McGuinness. Oxford : Basil Blackwell.

—— 1984 : *Collected Papers on Mathematics, Logic and Philosophy*. (*CP*) Edited by Brian McGuinness. Translated by Max Black, Victor Dudman, Peter Geach, Hans Kaal, E. Kluge, Brian McGuinness and R. Stoothoff. Oxford : Basil Blackwell.

Gabriel, Gottfried, and Kiensler, Wolfgang (eds.) 1997 : *Frege in Jena : Beiträge zur Spurensicherung*. Würzburg : Königshausen & Neumann.

Haaparanta, Leila, and Hintikka, Jaakko (eds.) 1986 : *Frege Synthesized*. Dordrecht : Reidel Publishing Company.

Hale, Bob, and Wright, Crispin 1992 : 'Nominalism and the Contingency of Abstract Objects'. *The Journal of Philosophy*, 89, pp. 11–35.

Hamacher-Hermes, A. 1994 : *Inhalts-oder Umfangslogik? Die Kontroverse zwischen E. Husserl und A. H. Voigt*. Freiburg i. Br. : Verlag Karl Alber.

Heck, Jr., Richard 1993 : 'The Development of Arithmetic in Frege's *Grundgesetze der Arithmetik*'. *The Journal of Symbolic Logic*, 58, Number 2, pp. 579–601.

—— (ed.) 1997a : *Language, Thought and Logic : Essays in Honour of Michael Dummett*. New York : Oxford University Press.

—— 1997b : 'The Julius Caesar Objection'. In Heck (ed.) 1997a, pp.

273–308.

—— 1999 : '*Grundgesetze der Arithmetik* I § 10'. *Philosophia Mathematica*, 7, pp. 258–92.

Parsons, Charles 1965: 'Frege's Theory of Number'. In Black (ed.) 1965, pp. 180–203. Reprinted in Parsons 1983, pp. 150–75.

—— 1976 : 'Some Remarks on Frege's Conception of Extension'. In Schirn (ed.) 1976, pp. 265–78.

—— 1983 : *Mathematics in Philosophy : Selected Essays*. Ithaca : Cornell University Press.

Parsons, Terence 1984: 'Why Frege should not have said "The Concept *horse* is not a concept"'. In Wechsung (ed.) 1984, pp. 246–52.

Reck, Erich (ed.) 2002: *From Frege to Wittgenstein : Perspectives on Early Analytic Philosophy*. New York: Oxford University *Press*.

Ruffino, Marco 1997 : '*Wahrheitswerte als Gegenstände und die Unterscheidung zwischen Sinn und Bedeutung*'. In Gabriel and Kiensler (eds.) 1997, pp. 139–48.

—— 2000 : 'Extensions as Representative Objects in Frege's Logic'. *Erkenntnis*, 53, No. 2, pp. 239–52.

—— 2002 : 'Logical Objects in Frege's *Grundgesetze*, Section 10'. In Reck (ed.) 2002, pp. 125–48.

Schirn, Matthias 1976: *Studien zu Frege*, vol. I. Stuttgart-Bad Cannstatt : Friedrich Frommann Verlag,.

—— 1983 : '*Begriff und Begriffsumfang. Zu Freges Anzahldefinition in den Grundlagen der Arithmetik*'. *History and Philosophy of Logic*, 4, pp. 117–43.

—— 1990 : 'Frege's Objects of a Quite Special Kind'. *Erkenntnis*, 32, pp. 27–60.

—— (ed.) 1996a : *Frege : Importance and Legacy. Perspectives in Analytical Philosophy*. Berlin : De Gruyter.

—— 1996b : 'Introduction : Frege on the Foundations of Arithmetic and Geometry'. In Schirn (ed.) 1996a, pp. 1–42.

Sluga, Hans 1980 : *Gottlob Frege*. London : Routledge and Kegan Paul.

Thiel, Christian 1968: *Sense and Reference in Frege's Logic*. Translated by T. J. Blakeley. Dordrecht: Reidel Publishing Company.

Thomson, Judith (ed.) 1987: *On Being and Saying: Essays for Richard Cartwright*. Cambridge, MA: MIT Press.

Wechsung, G. (ed.) 1984: *Proceedings of the International Frege Conference Held at Schwerin, September 10–14, 1984*. Berlin, Akademie Verlag.

Wright, Crispin 1983: *Frege's Conception of Numbers as Objects*. Aberdeen: Aberdeen University Press.

---

*ここに訳出したのは、Marco Ruffino, 'Why Frege would not be a neo-Fregean', *Mind*, Vol. 112. 445. January 2003, pp. 51–78 である。ルフィーノによるフレーゲからの引用箇所を訳すにあたっては、原典、既存の英訳、および邦訳を適宜参照し、参照した英訳、邦訳は文献表に記載した。また、ルフィーノによるフレーゲからの引用箇所のページ付けに、邦訳のページ付けも併記した。該当箇所の邦訳がない場合は、「—」という印で示した。

プラトニズムは認識論的に破綻しているか？

ボブ・ヘイル
(長谷川吉昌訳)

　数学についてのプラトニズムとは、本論文で私が理解するところでは、存在論上のテーゼである。プラトニストは、数学的言明の表層的な統語論——さまざまな種類の数や集合やそのほかの数学的存在者への単称指示や量化を含む統語論——を、それら数学的言明の論理形式へと、それゆえそれらの真理条件へと導く信頼のおける導き手だとみなす。プラトニストが大半のほかの数学の哲学者や現場の数学者とともにそう信じているように、多くのそのような［数学的］言明が真であると仮定するならば、数や集合のような対象が存在するということがそこから帰結する。数や集合はどこにあるのかとか、それらはいつ存在しはじめたのか、どれくらい存続するのかなどと問うことはおよそ意味をなさないようにみえることから、それらは抽象的対象であって時空の外にあるのだとプラトニストは結論する。［このことから、］それらを本来的なしかたで記述しようとすると数への指示が含まれてしまうようないかなる出来事ないし事態も、ほかの出来事ないし事態と因果的な諸関係に立つような能力をもつことなどありえないということが厳密に帰結するというわけではない。だが、純粋に数学的で、しかもプラトニストのみるところでは真でもあるような言明がその真理性をそれらに拠っているような事態にはそのような能力が欠落しているにちがいないということは、少なくともたいへんもっともらしい考えではある。数学的事

実のもつこのみかけ上の因果的孤立こそがプラトニズムに対するさまざまな異論の核心をなすというのがプラトニストの考えだ。本論文で私はそれらの異論の一つを取り上げよう。プラトニズムは批判に耐えられないという確信の主要な拠りどころのひとつは、ほぼ二十年近くにもわたって、その性格において認識論的なものでありつづけてきた。大まかに言えば、数学についてプラトニズムの観点を採用するならば、数学的真理についてのわれわれの知識に関する、説得力がありかつ神秘的なところがないような、いかなる説明をも事実上排除してしまうことになると、そう考えられつづけてきたのである。もっともよく知られているところでは——そしてその始まりにおいては——この告発は、知識に関する大まかには因果的な観点を背後に仮定して展開されてきた。数学的言明のプラトニズム的真理条件を一方とし、知識の因果主義的観点を他方とするこの論争にまさしく焦点を合わせたのが、ポール・ベナセラフ（Paul Benacerraf）の論文「数学的真理（Mathematical Truth）」[1]であった。そして、引き続き行なわれた議論の多くが、この先例にならいつづけてきた[2]。つまり、知識に対するなんらかの因果的な制約——プラトニズム的に解釈された数学的命題についてのわれわれの知識を締めだすに十分なほど厳格な制約——が、健全に動機づけられ、かつ擁護可能でありうるのかどうかが問題の核心だとみなされてきた。

　本論文の論旨は厳格に制限されたものである。ありていに述べるならそれは、純粋に数学的な言明についてのプラトニズム的解釈の前に立ちはだかるような、格別の認識論的問題などありはしないということである。問題が何もないと申し立てようというのではない。なぜなら、必然的な真理についてわれわれがどのようにして知識を——ないしは正当化可能な信念を——もつことができるのかについては、われわれはいまだ十全な一般的説明を手にしていないのだから。私が実際に申し立てることは、必然的真理一般について満

足のいく説明が与えられたなら、プラトニズムに固有のさらなる問題などもはや存在しないということである。必然的な真理が存在し、そのような真理が［われわれに］知られうるということは本論文の基本前提である。たとえ必然的真理が存在するとした場合ですら数学的真理はそのうちに含まれえないということを否定するためにあげられるであろうもっとも重要な理由に応じようと努めるつもりではあっても、この一般的な前提については本論文ではいかなる擁護も行なうつもりはない。だから、以下につづく議論のどれも、必然的真理についての断固たる懐疑論者の考えを変えることはないだろう。そして、プラトニズムの是認を必然性についての懐疑論と組み合わせるような哲学者たちにとっても——そのうちではクワインがもっとも名高いであろうが——同じ理由によって以下の議論はどれも役立たないことだろう。

　［プラトニズムに対する］認識論上の説明要求が、上述の筋道に沿って——知識のことさら因果的な分析を前提するようなしかたで——突きつけられる場合には、プラトニストはかなりはっきりとした筋道に沿ってその要求に応じられるように思われる。というのも、知識——ないしは正当化された信念——に対してなんらかの因果的制約をただ単に課しただけで、そのことが、抽象的対象やそれらの対象を含む事態がもつとされている因果性の欠如との対立をただちにまねくものでないことは道理のうえで明らかなのだから。かくして、信念と知識主体のもつ理由とのあいだに——もしくは、知覚的信念の場合には信念と主体が信念を獲得する状況の関連する特質とのあいだに——なんらかの適切な因果的連関が成り立つことは、ある信念を知識として——ないしは適切に正当化されたものとして——位置づけることへのもっともらしい要求であるとみなされてよい。この種の因果的条件は、以下のようなケースを除外するうえで必要となるかもしれない。つまり、p と信じる十分な理由を挙げる

ことができる——もしくはそうであると観察できるような適当な状況に身を置くことができる——にもかかわらず、たとえば私が洗脳を受けていたり、あるいは幻覚作用のある物質を自発的にではなく摂取したりしていたせいで、たとえそういった理由をもっていなかったとしても——もしくはそのような状況に身をおいていなかったとしても——依然として私は p と信じるであろう、というようなケースをである。p が——少なくともプラトニストの解釈では——抽象的主題に関わっている場合には、この種の因果的条件は充足しがたい、と想定すべき明白な根拠は何もない。証明を構成したり理解したりすることや計算を行なうことは時間や場所を指定できるプロセスであり、頭痛や疲労や興奮を引きおこすといったれっきとした結果をもちうるのであって、これらのうちに数学的信念が含まれていないとするいかなる理由もありはしない。ここでトラブルをひ
きおこすであろうような種類の、p という知識への因果的制約は、[3]
主体のもつ p という信念と、真理性を付与する p という事態自身とのあいだに適切な連鎖を要求するようなものであると一見思われるだろう。しかし、何であれそのような強い制約を強要することが、われわれが通常擁護可能なものとみなすような種類の知識やあるいは道理にかなった信念の申し立てを危険にさらすことなしにできるかどうかは決して明白なことではない。[4]

1 ベナセラフの問題のフィールドによる一般化

いま素描したような種類の応答のもつ可能性——および、その応答のもつ、私見によればかなりの程度の、もっともらしさ——をかんがみるならば、次のように問いただすことは重要である。すなわち、これまで提案されてきたような知識に対する因果的な制約はどれも、目下の論点とは独立にそれ自体が不当な制限になっていると

いう批判にさらされやすい以上、そのような因果的制約に頼ることなしに、プラトニズムに対して効果的な認識論上の説明要求を行なうことができるのだろうか、と。ハートリー・フィールド（Hartry Field）は彼の論文集『実在論・数学・様相』(5)の表題論文において、まさにそのような説明要求を展開することで数学的反実在論を動機づけようとしている。自身の提示している異論はベナセラフによって提起された問題を定式化しなおしたものであると断りつつ、フィールドは以下のように述べている。

> ベナセラフはその問題を知識の因果説に依存するようなしかたで定式化した。目下の定式化は、因果説が知識に関する説であるというその意味では、知識に関するいかなる説にも依存してはいない。つまり、その定式化は知識の必要十分条件についてのいかなる仮定にも依存していない。かわりにそれは、もしある領域についてのわれわれの信念がもつ信頼性を説明することが不可能であるとわれわれが信じるのなら、そのような領域について事実を知っているというどのような申し立てに対しても疑いの目を向けるべきだ、という考えに依存している。(6)

要するに、フィールドによって一般化されたかたちによると、ベナセラフの説明要求は次のようなものである。すなわち、数学についての実在論者(7)の見解によれば、われわれの数学的信念はかなりの信頼性をもつはずであるにもかかわらず、そういった信念の主題についての実在論者の考え方をかんがみるに、数学的信念のもつ高度の信頼性を解明することなどとうていできようはずがないのだ、と。

もっと仔細にみてみると、フィールドによれば、知識やそれを制約しているとされる因果的な条件といった概念を引き合いに出すことなしに問題を次のように言いあらわすことができる。

225

数学的実在論者の信じるところでは、自分自身のもつ数学的信念の状態と数学共同体の成員の大半のそれとは、大部分が引用符解除的なしかたで真である。このことが意味しているのは、それらの信念状態が数学的事実と高度に相関しているということである。より正確に（また真理や事実について語ることなしに）言いあらわすと、あなたが「p」に代入する数学の文の大半について、以下の（1）が成り立つということ〔を実在論者は受け容れねばならない〕。[2]

(1)　もし数学者たちが「p」を受け容れるならば、p

……大半の部分については〔このことが成り立つ〕という事実は、たしかに説明を要する事実である。つまり、数学者の信念や発話が数学的事実をこのようにうまく反映できるのはどのようにしてなのかについてわれわれは説明を必要としている。しかし、一見したところ、この規則性を説明するうえで原理的に障害となりそうなことがある。問題が生じるのは部分的には、プラトニストの考えでは数学的存在者は、数学者とは——実際ほかのなにものとであれ——因果的に相互作用しえないという事実からである。これは以下のことを意味している。すなわち、数学者の信念を……それらの信念の生成過程のうちに含まれている数学的事実を基礎にして……あるいは、その両者を生成するある共通原因を基礎にして説明することはできないのである。[8]

非因果的な説明という考えにもフィールドは手短に触れてはいるが、以下のように不平を述べている。

この想定された非因果的説明がどのようなものたりうるかは理解しがたい。通常のプラトニストの描像では、数学的対象は心にも言語にも依存しないとされていることを思いおこそう。つまり、数学的対象はなにものにも時空的な関係をもたない等々とされている。問題は次の点にある。すなわち、懸案となっている系統的な相関を説明するためのどのようなまともな取り組みも、プラトニストが数学的対象について申し立てていることによって締めだされてしまうようにみえる、という点にある。[9]

プラトニストにとってトラブルの種となるのは——とフィールドは言っているようにみえるのだが——数学的対象のもつ因果性の欠如だけではない。数学的対象がわれわれから全面的に断絶しているようにみえること（時空的な関係の欠如、等々）からもトラブルは生じるのであり、フィールドの考えではこの後者が、くだんの相関についての——性格のうえで因果的であろうとなかろうと——およそどのような種類の説明にとっても障害となるのである。[10]

2 無矛盾性についての信念

フィールドは、彼が次のように図式的に定式化した一般的な規則性を説明するためにプラトニストは何もできないと申し立てているわけではないことを強調している。

(1) もし数学者たちが「p」を受け容れるならば、p

というのも、「数学はますます演繹的に体系化されてきているので、数学の真理性は基礎的公理のますます小さな集合の真理性へと還元されるようになっている」からである。「だから、」——とフィール

ドは認める——「数学者が公理とみなすものが真となる傾向があるという事実さえ説明できるのなら、数学者の信念が真となる傾向を、それらの信念がすでに公理から論理的に演繹されていたという事実によって説明することが可能となるだろう」[11]。つまり、説明を要する問題は、以下の「p」に代入される数学の文の大半について、どうして（2）のようになるのかを説明するという問題へと還元されることになる。

(2) もし数学者の大半が「p」を公理として受け容れるなら、p は真である

実際プラトニストは——フィールドによれば——さらにもう少し話を進めることすらできる。なぜならプラトニストは、(2) の事例の大半が成り立つという事実のうちに存する規則性を説明する方向に・いくらかは・歩みを進めることができるからである。というのも、もし (2) の事例の大半が成り立つのなら、(3) の事例の大半もまた成り立つことが帰結するからである。

(3) もし数学者が「p」を公理として受け容れるなら、「p」は、数学者が公理とみなすほかのあらゆるものと論理的に無矛盾である

そして、この後者の事実は——フィールドの信じるところでは——説明に抗わない。実のところ——フィールドが明言したわけではないが——説明に抗わ・ないほうがよいことはかなり明白である。というのも、(3) の事例の大半が成り立つという信念——数学的公理の無矛盾集合を選び出すことにわれわれが長じているという信念——は、フィールドの言う意味での保存的・・・な数学理論を選び出すことに

われわれが長じているという信念とほとんど同値であり、また前者は後者によってたしかに必要とされているからである[12]。そして、もしそのことについておよそいかなる説明もできないのだとすると、プラトニズムを掘り崩すはずの一般的な認識論的説明要求に彼自身の立場がさらされることになろう。だから、(3) にまつりあげられているような規則性を納得のいくかたちで解明できるということは、フィールド自身の反実在論的プログラムにとっても欠かせないのである。そしてフィールドもそのように考えている。

一例として (3) の説明の一部はまちがいなく次のようなものである。数学共同体はそれまでの数学中の矛盾をなんとかして取り除いてきた。微積分についてのニュートンの信念や関数についてのフーリエの信念や集合についてのカントールの信念等々をである。(事実、このことが (3) の説明のかなりの部分を占めると私は考えている。このことは以下の事実と結びついている。その事実とは、現代の集合論が無矛盾であるとわれわれの大半が信じる理由のかなりの部分を、もしそうでないのなら、おおかた誰かがこれまでに矛盾をすでに見つけだしているだろうという考えが占めているということだ[13]。)

それでは (3) は、(1) や (2) と対照的に真正の規則性を事実表現しているとフィールドはみているのだろうか。そして、もし (3) がフィールドのやりかたなり何かほかのやりかたなりで実際に説明されうるとしたなら、このことは、(1) や (2) に対応するようなほかの規則性について必要な説明を与えるためのまずもって幸先のよい出発点となりうるのだろうか。だがフィールドは、われわれがこの出発点から一歩も動けないと確信している。なぜなら、公理的理論の無矛盾性と真理性とのあいだにはかなりの――フィールドに

よると埋めがたいほどの——ギャップがあり、それゆえ規則性（3）の説明と規則性（2）の説明とのあいだにも相応の大きなギャップがあるからだ、とフィールドは述べている。[14]

しかしながら、フィールドのギャップを埋める手立てがあるのではないかと思うかもしれない。別の箇所においてだが、唯名論者として保存性という鍵概念をどう理解すべきかを論じる過程で、フィールドは、なじみ深いモデル論的な、ないしは証明論的な筋道に沿った説明は——なんらかの種類の集合への受け容れがたい指示を含んでいるという理由で——締めだされていると認め、様相概念を原初概念とする［保存性の］解釈を選んでいる。[15]つまり、大まかに無矛盾性概念に焦点を絞って言うと——保存性のためには無矛盾性が必要であり、またそれを使って保存性が定義されてももちろんよい——、ある理論を無矛盾であるとわれわれがみなしうるのは、その理論の公理がいっせいに真となることができるとき、かつそのときにかぎるのである。しかしもしこれが、無矛盾性概念が理解されるべきしかたなのだとすると、（3）が真正の解明可能な規則性をあらわしているものと仮定したうえで、フィールドは次の（4）も同様だとみなすべきであるように思われる。

(4)「p」の大半について、もし数学者の大半が「p」を公理として受け容れるのならば、p であることは可能である

だが、もしあらゆる数学的真理が必然的真理なら、すべての数学的「p」について（5）が成り立つ。

(5) p であることは必然的であるか、あるいは p であることは不可能である

そして、(4) からは——(5) がすべての数学的「p」について成り立つという前提とあわせれば——、

(6) 数学的「p」の大半について、もし数学者の大半が「p」を公理として受け容れるのなら、p であることは必然的である

が帰結するが、そこから必然性の法則によってわれわれは (2) を得る——*quod erat explicandum* [かく解明された]。

この単純な応答に気をそそられるかもしれないが、プラトニストはその誘惑には抵抗したほうが賢明というものであろう。一つには、いま素描した説明的な議論の進行が則っている原則には疑いをさしはさむ余地がある。その原則の趣旨は、ある言明 A が真となるのはどうしてかという説明が与えられ、それとともに（場合によっては補足的な前提と）A からの B の演繹が与えられたとすると、われわれは B が真となるのはどうしてかという説明を手にしている（か、少なくとも発見できる）というものである。そして、(3) に対して利用できるとフィールドが考えているようなたぐいの説明についても疑いが生じるかもしれない。第三の、潜在的には致命傷となりうる異論は以下のとおりである。(4) が真であり、しかも解明可能であると認めるつもりがフィールド自身にあろうとなかろうと、数学的言明についてのプラトニズムの解釈が批判に耐えられるものかどうかに疑いをもつあらゆる哲学者が同様のことを認める覚悟をしなければならないと、支障なく仮定することは実際にはできない。認めねばならないことは——そう申し立ててよいだろうが——せいぜい、純粋に統語論的な意味で無矛盾な公理を選ぶことにおいて数学者はかなりの程度当てにできる、ということだけである。そしてそれだけのことを認めたとしてもなお、われわれの最良の数学理論が、真でありうるような言明からなると認めることをまったく矛盾

なしに拒むことがそれでも可能であろう。かくして決定的なギャップが残るように思われる。つまり、(3) を (4) へと媒介するステップなしには、(3) が定式化する規則性の説明が利用できたところで、(6) が（それゆえ (2) が）真正の解明可能な規則性をあらわしていると保証することは——たとえ付加的な前提 (5) を認めた場合でさえ——できなくなる。(2) についての（それゆえ (1) についての）必要な説明を手に入れるべく、フィールドが認めるところの（つまり (3) についての）説明に頼ることで認識論的な説明要求に応じようというわかりやすい戦術は、かくて手詰まりになったようである。プラトニストはもっとうまくやれるだろうか。次節では、それが可能であることを示そうと努めるつもりである。

3 論理的帰結についての信念

　私は次のように論じたい。数学者のもつ数学的信念一般について彼らが信頼するにたる傾向にあるのはどのようにしてかを説明するという問題は、数学者が公理的信念において信頼できるようになるのはどのようにしてかを説明するという問題へと還元できる、とフィールドは認めた。だが、この譲歩から、彼が予期していたよりもはるかに多くの資産を得ることがプラトニストにはできるのだ、と。
　第一のステップとして次の点を見てとるべきである。先の譲歩は、任意の与えられた主題に関してわれわれの信念形成の信頼性についての自然主義的な説明を力説する誰からも認められてしかるべきであるような、まったく一般的な論点の特殊事例の一つである。その論点とはつまり、任意の与えられた主題に関して、ある種の基礎クラスに属するような信念の形成におけるわれわれの信頼性についてわれわれが適当な説明をもっている——ないし発見しうる——ときにはいつでも、その説明を拡張して、基礎クラスに属する信念か

ら演繹的推論によって到達するような信念の形成におけるわれわれの信頼性をも扱えるようにすることには、克服不能な障害などありえないということである。きわめて多くの場合に、われわれが信念に到達する実際のプロセスには演繹的推論の実行過程が含まれているので、われわれの信念と事実のあいだに成り立つと推定される適切な相関が単なる奇跡的な一致ではありえないとするならば、信念形成プロセスのこの部分を適切に遂行する傾向がわれわれにはあるはずである。つまり、われわれは概して誤謬推論ではなく妥当な推論を行なう傾向にあるのであって、適切な相関についての満足のいく説明がこの事実に訴えずにすますことができようものなら、それはどのようにしてなのかを理解するのは難しい。たしかにこの一般的な譲歩は単に条件法的なものではある。すなわち、それに関してはわれわれが信頼にたる傾向にあるような信念の範囲の、まぎれもない拡張を演繹的な推論がひきおこしているという結論に抗うことも［条件しだいでは］可能ではあろう。しかし、その抵抗の代償は高価なものとなる。それは、演繹的推論によって拡張されるかもしれないような、非推論的信念からなるなんらかの適当な基礎クラスが存在することを否定するか、もしくは、そのような推論がつねに信頼に価しうるということを否定するかのいずれかを含むことになるからである。最初の方針を選んだ場合に、全面的な非実在論を──すなわち、われわれがすすんで信念と呼ぶようなものはどれも最小限の真理傾向すらもたないというテーゼを──どのようにして是認せずにすませうるのかは理解しがたい。また二番目の方針はきわめてラディカルなかたちの独我論を含意しており、それによれば、われわれはせいぜい今ここについての信念しか信頼できないことになってしまう。これらの極論のどちらも維持できるものではないと認めるならば、演繹的推論の遂行においてわれわれは信頼に価するという傾向が事実あるということが帰結するのみならず、この傾向

は適切に説明されるはずだということも帰結する。

わればれが信じることがらのなかには論理的帰結に関することがらもある。第二のステップは以下の点を見てとることである。すなわち、多少の誤りの余地はあるにせよ、妥当でない推論ではなく妥当な推論を行なう傾向がわれわれにあるにもかかわらず、何から何が帰結するかについてのわれわれの信念が、当のことがらに関する事実から大幅にかけ離れているなどということがあろうものなら、それは——控え目に言って——たいへん驚くべきことであろう。この所見が正しければ、論理的帰結関係についてのわれわれの信念（以下簡略に、われわれの論理的信念）と、関連する事実とのあいだにはかなり適切な相関があると認めねばならないことになる。したがって、真なる論理的信念をもつわれわれの傾向についての適当な説明が当然利用できるはずだ。

われわれの論理的信念が一般に、事実とかなり適切に相関するということは偶然的事実にすぎないと論じることはできるであろう。だが、それにもかかわらず、論理的帰結関係についての事実自体は偶然的ではなく必然的だということが——プラトニズムの特色とみられることはまれではあるにせよ——プラトニストの唱える立場の構成要素にほかならない、ということはまったく正しい。そして、A は X の論理的帰結であるという事実は、われわれが（実際にそれを知っているときには）アプリオリに知る何かであるということ——あるいは少なくとも、信ずるためのアプリオリな根拠をもつ何かであること——もまた、プラトニストの唱える立場の構成要素にほかならない。さらにいえば、認識論的説明要求に応えるにあたってプラトニストがこの特質に頼ってはならないとすべき格別よい理由もみあたらない。プラトニストがそうすべきであるのなら、むろんのこと（論理的必然性についての懐疑論者からの）ほかの異論に直面する覚悟がなくてはならない。目下のポイントは端的に以下の点

に尽きる。プラトニストは次のようなかたちで認識論的説明要求に向かいあう必要はない。すなわち、数学的信念と事実とのあいだの(推定された)適切な相関を論理的信念はたかだか偶然的に真であるにすぎないという仮定にもとづいて説明せよ。

　論理的帰結関係についてのそれとは反対の仮定にもとづくならば、われわれに知りうる——ないしは正当化可能なしかたで信じうる——言明のなかには、必然的に真であって、しかもアプリオリに知られうる(ないしは正当化可能なしかたで信じられうる)ようなものもあることになる。そして何がある与えられた主題に関してものごとを正しくとらえるわれわれの傾向の許容可能な説明とみなされるべきかについてどのような制約が課されようとも、その真理性が必然性に関することがらであるような真なる信念へとアプリオリな手段で到達するわれわれの傾向を説明する余地が残されているにちがいない。

　そのような説明はどういった筋書きになるのかという、大きくしかも難しい問いを本論文で追究する必要はないだろう。今採用している仮定にもとづけば、真なる論理的信念を形成するわれわれの傾向の適当な説明が原理的には利用可能だという点を見てとり、その説明の性格について純粋に消極的な論点を一つ提示すれば、目下の討議的な目的にとっては十分である。それは次のような論点である。すなわち、くだんの説明は直截に因果的な説明ではなかろうということであり、その場合「直截に因果的な説明」ということで言いたいのは、論理的帰結関係についての事実が、対応する論理的信念に因果連鎖において先行することを示すか、もしくは両者の共通原因をつきとめるかに存するような説明のことである。この種の説明は、われわれの信念と、関連する事実とのあいだの(ほぼ確実に、さらなる解明が可能な)反事実的な依存関係に訴えるものである。だから、たとえば知覚的な信念の場合にはそのような説明を与えうると

期待することは十分納得できるし、ことによると、より一般的に偶然的な事実問題ついての経験的信念に関心が向いているときにはつねにそのような説明を与えうると期待してよいのかもしれない。だが目下の仮定にもとづけば、われわれの論理的信念の真理性は必然性に関することがらである。そして、ある種の信念が――もし真であれば――必然的に真であるという場合には、ものごとを正しくとらえるわれわれの傾向は根本的に、われわれの信念が事実と（反事実的に）足並みをそろえて変動する傾向のことなのだという考えには端的に出る幕がないのである。というのも、そのような場合には、関連する事実は別様ではありえなかったであろうし、その結果、ものごとが別様であったとしたら、われわれは現にもっているような信念をもつことはなかったであろうということは空虚に真であるにすぎない。次のような筋書きをもつ有用な説明などありはしない。すなわち、A が X から帰結するということがもしなかったとしたならば、A が X から帰結するとはわれわれは信じなかったであろうに……。[20] これによって、適切な説明はもっぱら非因果的なものになると言いたいのではない。決定的論点は、目下の仮定にもとづけば、関連する事実が他のものと因果関係をもつとみなすことを含まないようなしかたで、論理的信念と事実とのあいだの適切な相関を説明する余地があるはずだ、という点にある。

　プラトニズムに対する一般化された認識論的説明要求に対してこれらの考察のもつ意義は十分明らかとなったはずだ。プラトニスト――少なくとも私がその立場を擁護したいと思っているような種類のプラトニスト――であれば、真なる数学的言明は、論理的帰結についての真なる言明と同様に、必然的に真だと考えるだろう。それではなぜプラトニストは次のように応じてはいけないのか。すなわち、真なる数学的信念を形成するわれわれの傾向についての説明は、論理的帰結に関することがらのような、ほかの必然性に関すること

がらについての真なる信念へと到達するわれわれの傾向の説明と本質的にはおなじ筋書きになるのだ、と。

　むろんこの提案はいたって図式的であって、必然的真理一般の認識論についての満足な説明を欠いたままで最終的同意を集めると期待することはとうていできない。そして、そのような説明をわれわれがいまだ手にしていないことを私は最初に認めておいた。それを提供するという課題は——たしかにさしせまってはいるものの——本論文の残りの部分で引き受けるにはあまりにも大きすぎる。しかしながら、先の提案に対して強く主張されうるようなごく一般的な異論が若干あり、その異論の効力は、必然性の認識論を説明したときにその細部がどうなるかにはまったく依存しない。本論文の結びの節では、それらの異論のうちで私がもっとも重要だと思うものを無力化することに努めよう。

4　偶然性と必然性

　先の節での提案は、必然性の概念を完全に拒否するような哲学者にはもちろん何の効果もないだろう。だが最初にことわったように、そのような哲学者を得心させるような、認識論的な問題への答えを提出するつもりは私には毛頭なかった。なぜなら、そのような哲学者は、数学的真理を必然的とみなすことを含むようなどんなかたちのプラトニズムをも、その立場に対してほかにどのような異論が唱えられようともおかまいなく拒否するだろうし、そしてそれが拒否されるのは、今われわれが関心をもっているような格別に認識論的な異論とはまったく独立にであろうから。いずれにせよ本論文では、必然性に関するそのように包括的な懐疑論はわきにのけておいて、多くの人がすくなからず共感をおぼえるのではないかと思われるような、もっとくっきりと焦点のあった異論に取り組むこととしよう。

というのも次のような異論が出るかもしれないからである。すなわち、もし仮に必然的真理という概念自体には利用価値を認め、しかも、そのような真理をわれわれが知りうるのはどのようにしてかについての説明が与えられたとした場合ですら、それでも目下の提案は失敗するに決まっている、というものである。なぜなら、その提案が依拠している論理的真理と数学的真理とのあいだの類比が決定的な点で崩れるからであり、しかもそうなるのは、仮に数学的言明が（額面どおりに理解した場合に）真であるとしても必然的に真であるわけではないからなのである。したがって、論理的帰結に関することがらといったような、ある種の非偶然的なことがらについてものごとを正しく捉えるわれわれの傾向を説明することがたとえ可能だと期待できたところで、そうした説明を拡張してわれわれの数学的信念をも扱えるようにすることなどできはしない、それはまさに、仮に数学的信念が真であるとした場合ですら、必然的に真ではとうていありえないという理由からできないのだ、と。

とくにフィールドであればそのような異論をくりかえし主張するだろうことは十分に明らかである。実のところ、数学的真理が（そういったものがあるとして）必然的であることの否定こそが——どのような意味においてであれ、プラトニズムの擁護といずれにせよ密接に関わることになるのだが——、デイヴィッド・ルイスによる以下のような試みとフィールドが［誤って］解釈するものへの中心的な異論の実質をなしているのである。[21]すなわち、われわれの実践が信頼に足るものであるのはなぜかについて説明を要求することは、その信頼性が問題となっている信念が——もし真であれば——必然的に真であるような場合にはお門違いであると論じることによって、認識論的説明要求をはぐらかそうとする試みへと、その異論の矛先は向けられているのだ。そもそもどのような意味において数学的事実は必然的だと想定されているのかとフィールドは問うている。[22]

数学的真理は論理的に必然的であるわけでもなければ、論理的に必然的な真理へと定義によって還元することができるわけでも(少なくとも一見したところでは)ない。……むろんそれらの真理は、数学の基本法則から帰結するという意味においては数学的に必然的ではある。同様に、電子の存在はたぶん物理的に必然的であろう。すなわち、基本的な物理法則から帰結するであろう。だからといって、電子の存在が物理的に必然的だというただそれだけの理由で、われわれの「電子」信念がどのようにして電子の存在を信頼できるしかたで指し示すことができるのかを説明するという認識論的問題が、ほんとうに擬似問題であるとルイスが考えるわけではあるまい。だとしたら、数の存在が数学的に必然的だという事実によって、数についての対応する認識論的問題は擬似問題だということが示されることなどどうしてありえようか。

次のように想定した点でフィールドは疑いようもなく正しい。すなわち、もし、数学的言明が必然的であるとすれば、それは単に相対的な意味においてでしかありえない、つまり、それ自体単独では必然的でないような——たとえば数学的公理といった——諸命題のある集合からの論理的帰結であるという意味においてでしかありえないとするならば、プラトニストは立ち往生してしまうのだ、と。数学的言明をそのような意味で必然的とみなすことは、(フィールドがそうしたように)数学的言明を偽とみなすことや、あるいは——ついでに言えば——それらの言明がそもそも真理値をもつに適した真正の言明であることを否定することとすら、支障なく整合するのである。もし受け容れられた数学的言明の必然性に訴えることがプラトニズムの擁護に役立つのなら、その必然性の意味は、必然性が真理性を含意するような絶対的なものでなければならない。そ

のような意味においては数学的言明は必然的である資格をもちえないとフィールドは確信しているのだ。絶対的に必然的であるような真理とは——そのようなものがあるとすれば——、論理的真理——ないしは論理的真理へと定義によって還元しうるような真理——のことだ、とフィールドは言い張る。そして、数学的真理はこのカテゴリーからこぼれ落ちてしまうとフィールドは確信している。だが、それはどうしてなのか？

　数学的真理は論理的に必然的ではない、というフィールドの確信に満ちた宣言の後ろ盾——の少なくとも一部——は、自著の序論で略述しているような、論理的必然性ついての厳格な観点を彼が採用していることである。この厳格な観点によれば、その論理形式のみによって真となるような、真なる言明だけが必然的なのである。［そうは言っても、］ここで言う論理形式は一階の形式にかぎられる必要はない。「高階論理」と通常呼ばれているものが実際論理学の一部であるということや、高階の量化子を不可欠なしかたで含むようなある種の言明が——少なくとも、どれくらい多くの個体が存在するかについてそれらの言明がいかなる含意ももたないというそのかぎりで——論理的ないしは必然的に真である（「$(\forall x)(\exists F)Fx$」がもっともらしい例である）と認める用意が——クワイン（Quine）のような名高い懐疑論者とは対照的に——フィールドにはあるように思える。フィールドは論理的必然性を一階の論理的真理に制限しない一方で、文オペレータやさまざまなレベルの量化子からそれらの言明が構成されるしかたによってのみ真となるような言明だけしか、論理的に必然的であると認めようとしない。［論理的に必然的な真理とみなされるべき］それらの言明は——たとえば——述語やほかの論理的ではない語彙の不可欠なあらわれを含んでいてはならない。もしこの観点を厳格に適用するならば、たとえば「女狐はみな雌である」のように、論理学の真理へと定義的な置換によって変形でき

るような言明すら論理的に必然的な真理という身分をもたないことになるだろう。もっともすでにみたようにフィールドには——ふたたびクワインとは対照的に——こういった言明をもカバーするように論理的必然性の絶対的概念を拡張することを許す用意があるようだけれども。だがそこから先へとフィールドはどうしても進もうとしない。

　もし（絶対的に）必然的な真理というカテゴリーがこのようなしかたで境界づけられるべきならば、数学的真理が絶対的に必然的であることを否定した点においてフィールドはおそらく正しい。数学的真理をこの意味において論理的に必然的だとみなすことをわれわれに——もしそれが正しければ——許すであろうような、かなり強いかたちの論理主義が、もはや批判に耐えうるとは思われない。(27)だが、それで問題が片付くわけでないことはすこぶる明白である。数学的真理が、フィールドが好んで用いようとする厳格な意味において論理的に必然的ではないことを認めたとしても、これが、この問題に関連をもちかつ利用可能でもある、［論理的必然性の］有望な、ないしは尊重に価する、唯一の意味だと信ずべき十分な根拠がどこにあるのか。

　手始めに、［フィールドによって］提唱された境界設定がどれほど奇妙なしかたで［論理的必然性の範囲を］限定しているかは注目に値する。すでにみたようにそれは、たとえ——定式化されたままでは——その言明のもつ論理形式のみによって真となるわけではないような真なる言明であっても、その言明が定義的な置換によって何かほかのそのような言明へと還元できるならば、論理的に必然的であるとみなすことをわれわれに許すような境界設定である。だからそれは「女狐はみな雌である」をその中に入れる。だが、それは「もしある出来事が別の出来事に先行し、さらにその二番目の出来事が三番目の出来事に先行するならば、最初の出来事は第三の出来

事に先行する」といったような言明は除外する。だからその境界設定は、当の言明中に配置されている概念のもつ特質のみによって真であるとわれわれが正しく理解しうるような言明であっても、われわれがその関連する特質を、構成要素となっているなんらかの論理的ではない表現の明示的定義の中に詰め込むことで、もともとの言明を形式的に妥当ななんらかの図式の一事例へと変形できるようにしないかぎりは、論理的に必然的であるという称号を与えないのである。だが、関連する特質が明示的定義のかたちでコード化できない場合には——上述の時間的先行関係についての言明がそのかっこうの事例なのだけれども——、そのような言明が概念的真理であると——つまりその構成概念のもつ特質のみによって真であると——みなそうとする傾向がたとえわれわれにあろうとも、その境界設定のもとで論理的に必然的であることにはならないのである。だが——少なくとも、偶然的ではないしかたで真であり、しかもその定式化において用いられている論理的ではない表現の意味によってのみ真であるような言明が存在しうる、ということがひとたび認識されたならば——、後者の種類の事例が——まったく陳腐なものではあるとはいえ——［論理的に必然的な真理からなるクラスの］特殊な部分クラス以外のものを構成するとはとても思えなくなる。提案されたしかたで一線を画することは、明示的定義がもつと考えるには明確な理由のない意義を明示的定義の可能性に付与することのように一見してみえるのである。(28)

だとすると、数学的言明は絶対的に必然的な真理ではありえない——もしくは、それゆえ絶対的に必然的な虚偽ではありえない——というフィールドの確信が、論理的に真なる言明からなるクラスを自分の望むようなしかたで境界づけることに対して彼が望むような意義を帰することに依拠しているかぎりで、その確信は——私の主張するところでは——十全に根拠づけられてはいないことになる。

提案された方針に沿って論理的真理を残りのものから区分すること
は疑いもなく行ないうるけれども、その残りのものの中に、フィー
ルドがとにかくも一時は厳格に制限された論理的真理に属するとみ
なす覚悟を決めたような種類の絶対的な必然性をもつ言明がまった
くないと想定する、説得力のある理由が何であるのかはいまだ明ら
かではない。だが、その点についてフィールドが確信をもつことに
は別の、よりいっそう深い理由があって、それが彼の確信を正当化
しているというのがフィールドの言い分だろう。この申し立てはす
でに言及した注［注24］の中にあらわれる。関連するくだりは以
下のようになっている。

この議論において、論理的な必然性ですら「絶対的な」必然性と
みなしうるのかについては態度を保留してきた。一方で、「絶対
的な」必然性という概念自体を理解不能なものとして廃棄すべき
だとする見方に心惹かれており、他方で、絶対的必然性の概念は
理解可能ではあるのだが、それは論理的な必然性と定義に関する
ことがらにかぎっての話だとする見方にも惹かれる。［この後者
の見方にしたがって］さらに言えば、(ヒュームやカントが考えた
ように)「絶対的に必然的な」存在者などありっこないのだし、
だから数学も（額面どおりに理解すれば）それがさまざまな種類
の数学的存在者の存在を含意する以上は絶対的に必然的でなどあ
りえないのだ。

これらの見方のどちらを選ぼうとも、数学は論理学が含まない
ようなしかたで存在論的コミットメントを含んでいるという事実
が数学的必然性と論理的必然性とを峻別するのに役立つ。[29]

論理学は存在論的コミットメントの完全な欠落によってほかの学
科から識別されるという考えはいたってなじみ深く、またいたって

広く受け容れられているため、どのようにすればその考えを有意義でしかも理にかなったしかたで問題視しうるのか、ことによると見当がつかないかもしれない。そして、もしわれわれがフィールドの厳格な意味で論理的真理を解釈する方針を選ぶのなら、問題視することなど論外かもしれない。なぜなら［その選択によって］その種の真理は存在論的コミットメントを担いえないということが論理的真理の特徴づけに実質的に組み込まれてしまうからだ。だがそれはわれわれがここで関わるべき問いではない。決定的な問いは、なんらかの絶対的に必然的な真理が——このクラスはフィールドの意味での論理的真理のみからなる必要はないということを念頭においたうえで——そのようなコミットメントを担うことはありうるか、である。そして、どのような絶対的に必然的な真理も、せいぜい偶然的に真であるにすぎないような言明を——存在言明であれ何であれ——含意することは明らかに不可能だから、争点は、なんらかの存在言明が必然的に真でありうるかどうかについてである。ありえないとフィールドは信じて疑わない。なぜならフィールドは——カントにしたがって——どのような概念の適正な定義も、当該概念が適用をもつことをそれ自体で保証する力はないと考えるからである。もしそこで断固とした態度をとらなかったら、あらゆる種類の怪物に門戸を開くことになるのだとフィールドは説く。とりわけ、悪名高い神の存在の存在論的証明をくい止める力をわれわれはもたないことになるだろう[30]。

　これが提起する争点をここで十全に論じることは紙幅の関係でできない。だが、このまんざら知らぬでもない一連の考察にせきたてられて、数の存在は必然的だという見方の擁護がこの時点で紛うかたなき掛け値なしの世迷い言へと転落するはずだとわれわれが考えることになる、とは私が思わないわけを手短に示すことで本論文の結びとさせてもらいたい。三つの論点に話を絞ろう。

第一に、存在論的証明と結びつけることでプラトニストの見解の信用を落とそうとするフィールドのもくろみはまったくの失敗に終わる。なぜなら存在論的証明の方は、必然的に真なる存在言明がありうるという一般的な考えに異議を唱えることにはつながらないような理由を挙げてその欠陥を暴くことができるし、またそうすべきでもあるからだ。一つだけ例を挙げると、存在論的証明は以下のようなジレンマを回避できないという理由で拒否されるかもしれないが、それは必然的に真なる存在言明を一般にありえないとするものではない。(31) それよりも大いなるものが考えられえないものという、神概念の提示された解明は、次のいずれかとして解釈されるべきである。まず、この解明は

$(\forall x)(x = 神 \leftrightarrow x よりも大いなるものが考えられえない)$

という普遍量化された双条件法として解釈できるが、ただしこの場合にはわれわれはこれを認めたうえで、それでもなにものかが神と同一であることを拒否する余地をもっている。あるいは、この解明を

$神 = (\imath x)(x よりも大いなるものが考えられえない)$

という単称同一性言明として解釈することもできるが、この場合にはわれわれは、なにものも右辺の記述を充足しないという理由により、これを偽であるとして拒否しても矛盾に陥ることはない。

　第二に、以下の点を強調しておくのは大切である。すなわち、絶対的に必然的な真理はすべて——フィールドが申し立てているように——彼の厳格な意味での論理的真理であるか、あるいはそのような真理の定義的な変形であるかのどちらかだと考えるべき説得力の

ある根拠をわれわれはこれまでのところまったく手にしてはいない。そのような根拠を与えることができないかぎり、ある種の存在言明は必然的に真であるという見方を擁護したからといって、フィールドにとって都合のよいしかたで論争に決着をつけるものと彼が考えるような申し立て——いかなる概念の定義も本来、それ自体で被定義概念が適用をもつことを保証しえないという申し立て——に異議を唱えているとみなされる必要はない、ということが帰結する。そう考えないかぎり、ある種の存在言明は、フィールドの狭い意味での論理的真理（の定義的な変形）であることなしに、絶対的に必然的な真理からの帰結——もしくはその真理自体——でありうる、という可能性を見過ごすこととなろう。（フレーゲ流の）プラトニズムをもっともよく支持するような種類の議論は、定義によって概念に存在をもたらすことを不当にもくろんでいるわけではまったくない。数が存在するということは以下の事実の帰結とみなすべきである。すなわち、その意味論的性格が——とりわけ、それがそもそも指示をもつのなら数を指示するような真正の単称名辞を組み入れているという点において——表層統語論の示唆するとおりであるような、さまざまな言明が真であるという事実の、である。このことが示唆しているのは、これらの言明の——必然的もしくは偶然的なものとしての——身分に論争の焦点を合わせるべきだということである。

　この点を指摘することで私は事実上第三の論点に踏み込むことになる。数（基数）概念を活用してなされる言明には二種類ある。つまり、「$15+8=23$」や「$7^2<51$」といった有限の等式や不等式がもっとも単純な例となるような純粋に算術的な言明と、「男性哲学者の数は女性哲学者の数を大幅に超過している」や「この宇宙の電子の数は実に大きい」といった、数についての応用言明とである。前者の種類の言明は、もし今問題にしているような種類のプラトニズ

ムが正しいのなら必然的に真であるのに対し、後者の種類の言明はたかだか偶然的に真であるにすぎない。そしてそこに問題があると、そう思われるかもしれない。というのも、第一の種類の言明の必然性に訴えることは——目下の議論の脈絡から言って——それこそがまさに係争中のことである以上、明らかに不適当であろうから。しかしながら、もし数の存在を主張する議論の究極の前提が後者の種類の言明を含んでいなければならないのだとしたら、数が存在するという結論はそれらの言明と同程度には偶然的でありうることになるだろう。かくして、数の必然的存在を擁護する議論は——少なくとも何かこのような筋道に沿った議論ならば——致命的なジレンマのどちらかの角にかかってしまうにちがいないようにみえる。

しかしながら、このジレンマは見せかけのものであると考えるべき理由が少なくとも二つある。第一に、そのジレンマを述べるときに仮定したように、数についての必然的に真なる応用言明——大まかに言うと、ある特定の概念のもとにどれくらい多くの事物が属するか (how many things fall under some specific concept(s)) についての言明——は存在しないということがたとえ真であるとした場合でさえも、可能な宇宙の正確な特性がどうであれ、それについてなされうるなんらかの真なる数言明があるだろう、と論じることができる。その宇宙がたとえば男性と女性の哲学者を含んでいることは疑いもなく高度に偶然的なことがらである。そもそもそれがなんらかの生物種の雌雄を含んでいること自体がおそらくは偶然的であろう。その宇宙が電子や陽子等々を含むことさえ偶然的に真であるにすぎない。まったく一般的に、いかなる特定の種別概念を取り上げても、その種別概念の事例がどれくらいあるかとか、ある概念の事例の数が別の概念の事例の数とどのような算術的関係に立つかといったようなことは偶然的であるだろう、と主張されるかもしれない。それらすべてを認めたうえで、その宇宙がどのようなもので

あれ、それについてなされうるようななんらかの真なる数言明があるだろうということ——かくかくの概念にはしかじかの数の事例があるという趣旨のなんらかの真理があるだろうということ——はそれでも必然的でありうる。かくして、思い描かれたジレンマへの一つの可能な応答は次のようになる。数が必然的に存在するという申し立てを論点先取なしに擁護するためには、必然的に真であるような・・・・・特定の数言明が存在する必要はなく、なんらかの数言明が・・・・・・・・・、必然性に関することがらとして真でありさえすればよいのである、と。もしこの弱い方の申し立てが維持されうるのなら、数の存在は偶然事ではないという申し立てがジレンマの角のあいだをくぐり抜ける基礎となるだろう。

人口に膾炙した可能世界の語法で言いあらわすと、今対比した二つの申し立てのうちの弱い方は、どのような可能世界においても、なんらかの数言明は真であると表現され、強い方の申し立ては、あらゆる可能世界において真であるような数言明が存在すると表現される。だが、こういうしかたでことがらを表現すると混乱を招くおそれがある。というのも、そのことによって、ある可能世界について・・・・真であることと、ある可能世界において・・・・真なるしかたで主張され・・・・・・・・・・・うることとのあいだの——ここでは重要となる——区別が覆い隠されてしまうからである。そしてさらに、この弱い方の申し立てでさえ明白な異論にさらされるようにみえるかもしれない。というのも、ある可能な世界において、ある種の言明が（ないしは一定のタイプのなんらかの言明が）真なるしかたで主張されうると語ることは、それを主張できるだけの思考と言語を付与されたなんらかの生物がその世界に存在するということを含意していると——その必要もないのに——理解されるかもしれないからだ。そして、そのような生物がそもそも存在しないということも明らかに可能である以上、どのような可能世界においてもなんらかの数言明が真なるしかたで主

張されうるということなどありえない［と反論したくなるかもしれない］。だがこれはむろんのこと、弱い方の申し立ての意図された理解のしかたではない。そしてこれが、弱い方の申し立てを可能世界の語法であらわすときには、どのような可能世界についても、なんらかの数言明（つまり、「$NxFx=n$」というタイプのなんらかの数言明）が真である、と表現したほうがよい理由なのである。望まれていない含意を避けるために言うと、可能世界——現実世界およびほかの単に可能なだけの世界——が、われわれ自身のような生物による分類の営みとは独立にさまざまな種類もしくはタイプをもつ対象へいわば切り分け済みになるとか、あるいは、概念的図式化を行う者からはなれて概念がなんとなく浮かぶなどと想定する必要もない。どのような可能世界においても「$NxFx=n$」というタイプのなんらかの言明が真であるという申し立てに伏在している二階の量化子は、われわれが現実にもっているか、少なくとも形成しうるような概念の上を走るものと理解できる。

しかしながら、先に素描したような筋道の議論に——少なくともそのままでは——不満を感じることにはもっとましな理由がほかにある。一つには、たとえその議論が成功した場合でも、次の二つの点において結論はいたって弱いものとなる。第一点として、その議論によって確立されることはせいぜいのところ、あらゆる可能世界においてなんらかの数が存在するということにすぎず、任意の与えられた世界でどの数が存在することになるかは、当の世界でどの数言明が真となるかに依存することとなり、そしてこのことが、さまざまな可能世界を横断して変動しうるようなことがらであることは明白である。第二点として、その議論が訴えるような数言明が、あれやこれやの種類の具体的な対象がどれくらい多く存在するか——もしくは存在しうるか——に関わることは認めたうえで、それが十分なだけの数——少なくとも算術をきちんと展開するのに十分

なだけの数——をどのようにしてもたらすことができるのか見当がつかない。さらにもう一点、その議論によってどれだけ多くのことが確立されるかについてのこの評価でさえ過度に寛大であると論じられるかもしれない。というのも、ほかの可能世界についての数言明を、現実世界を除いたどの世界にも数が存在することを要求しないように解釈することは十分に可能だからだと、そう申し立てられるかもしれない。われわれが、思考や言語使用の能力をもついかなる生物も存在しないようなある世界の明白な可能性を、そのような生物の概念をそのような世界のなにものかが身につけていると想定することなく理解できる（し、実際できなければならない）のとちょうど同じように、ツチブタの数がたとえば 10^{13} であるようなある世界の可能性を、その数かあるいはほかの数がその世界に存在すると想定することなく理解することができる、と論じられるかもしれない。議論の鍵となる考えを理解するために、ビルは実際にはそこでもっとも背の高い男だったが、ビルよりも背の高い男がいたかもしれない、という言明について考えてみよ。実のところ、思い描かれた可能性は一方で、ビルが、彼よりも背の高い誰かとともに存在するようなある世界において実現するであろうが、またそれは、ビルは存在しないが、ビルの現実の背丈を超える背丈をもった男が存在するようなある世界を想定することによっても十分理解できる。つまり、ビルより背の高い誰かがいるという言明がある一定の可能世界について真であるという想定は、当の世界にビルが存在することを、排除もしないが必要ともしない。現実世界にビルがいればそれで十分なのである。そしてそれとほぼ同じしかたで、そこにいるツチブタの数が 10^{13} であるということが別の可能世界についていかにして真となりうるかを、その数がその世界に存在すると想定することなしに理解できる。その数は現実世界に存在すれば十分なのであると、そう主張されるかもしれない。一般化すれば、反論の趣

旨は、ほかの可能世界について真である言明を、言明中の数名辞が現実世界だけに存在する数への指示をもつものとしてつねに解釈できるということである。10^{13}頭のツチブタが存在するかもしれないと語ることは、ある可能世界wにおいて、ツチブタの数が10^{13}になることを、世界wにその数が存在することを必要とするようなしかたで申し立てることだと理解されねばならないわけではない。かわりにそれは、ある世界wについて、wにおけるツチブタの数が10^{13}になることを主張しており、その場合に数名辞は現実世界の数を指示すると解釈できるのである。かくして、はじめの印象とは裏腹に、与えられた議論は、なんらかの数がなんらかのほかの世界に存在することを確立しそこなっていることになる。

 この反論は、最初は強力に思われるかもしれないが、根本的な欠陥をもつ。その反論が唱えている立場によれば、ほかの可能世界についての数言明の真理性が、そのようなほかの世界に数が存在するとみなす根拠を何も与えないのは、言明の構成要素である数名辞が、現実世界に存在する数への指示をもつとつねに解釈できるからである。この申し立てはどの数が現実に存在するかについてきわめて実質的な仮定を行なっている。（少なくとも）あらゆる有限基数nとほぼ任意に選ばれた種別概念Fについて、$NxFx=n$ということが、ある可能世界について真なので、現実世界は（少なく見積もっても）すべての有限基数を含んでいることになるだろう。反論の提唱者はそのことをどうやって保証できるというのだろうか。提唱者は、Fをなんらかの具体的種別概念として、現実に真なる言明「$NxFx=n$」のおのおのについて、現実世界は有限基数nを含むと考える、とわれわれはみなしてよいだろう。しかしながら、このことが任意の大きさの有限数をもたらすのは、なんらかのそのような概念が現実に（少なくとも）可算無限個の事例をもつ場合にかぎられることは明らかだろう。[3]そしてこのことについてはわれわれはいかなる保

証ももちえないように思われる。反論を維持するのに必要なことは、なんらかの与えられた種類の事物がどれくらい多く存在しえたかについての真なる言明によって要求されるすべての数が現実世界に存在する、と考えるためのアプリオリな根拠である。すなわち、どの数言明がたまたま現実世界について真であるかについてのどのような仮定とも独立に、現実世界がすべての有限数を含んでいることを確立する議論が必要なのである。だが、そのような議論は現実世界についてたかだか偶然的にしか真ではないようなどのような仮定からも自由であるはずだというまさにその理由によって、われわれのうちで、数の存在は必然性に関することがらであるべきだとみなすものにとって役立つことだろう。かくしてこの反論は根本から揺らいでいるのである。

明らかに、今思い描いたタイプの議論ならもともとのジレンマに対するはるかに強力な応答の核を——今試した第一の応答について認められた制限からまったく自由に——与えることだろう。そのような議論を与えることは可能だろうか。可能だと私は信じる。というのも、必然的に真であるような数言明など存在しないという仮定は、あるはっきりとした思考の脈絡を見落としているからである。実際それは、有限基数の無限系列全体の存在を確立するフレーゲの手法の根底にある思考の脈絡である。もしわれわれがフレーゲにならって、それぞれの基数は本質的には適当な概念に帰属する数 (the number belonging to a suitable concept) であるとみなすなら——つまり、数をあらわす正準的な名辞は「F であるものの数 (the number of F's)」というかたちの名辞であるとみなすなら——、ある与えられた基数の存在を確立するために必要なことは——それで十分でもあるのだが——適当なだけ多くの事例をもつと保証されるようなある概念を提示することである。詳しく——そしてより正確に——言えば、もし 0 を概念 $x \neq x$ に帰属する数とみなすなら、

示されねばならないことは、$x \neq x$ であるような x の数（簡略に、$Nx : x \neq x$）があらゆる可能世界に存在する（すなわち、$\Box \exists y\ y = Nx : x \neq x$）ということである。だが、$\exists y\ y = Nx : x \neq x$ は、フレーゲの基数の同一性基準——すなわち、任意の F と G について、F の数と G の数が同一であるのは、F であるものと G であるものとが一対一に対応するとき、かつそのときにかぎる——と、いかなる対象も自己非同一的ではないという補足的な前提とから端的に帰結する。どちらの前提も必然的に真であるので結論も同様である。かくして数 0 はおのおのの可能世界で、その世界でどの具体的種別概念が——もしあるとしてだが——例化されるかとは関わりなく、その存在を保証される。そして、概念 $x = 0$ は一意に例化されることが同一性の諸法則より帰結するので、その結果さらに、この概念のもとに属する対象（objects falling under this concept）の数は 1 である、は必然的に真である。だから、数 1 も同様にあらゆる可能世界において存在を保証される。同じような手順でわれわれは、おのおのの有限基数 n について、正確に n 個の事例を必然的にもつような概念を同定でき、それによって n 自身の存在が保証されるのである。

　私のくだす結論は以下のようになる。数学的言明の存在論的コミットメントが——プラトニズム的に解釈されたとして——それらの言明が必然的に真であることにとっての克服しがたい障害となることはないし、それゆえ、次のように考えるべき理由はいまだ明らかではない。すなわち、真なる数学的信念をもつというわれわれの傾向の説明は、ほかのケースでの真なる信念——もし真であれば必然的に真であるような命題を信じることになる、論理的帰結についての信念といったような——をもつというわれわれの傾向の説明と、本質的には同じ筋道に沿って進むはずがないのだ、と。そのような説明がいったいどのような筋書きとなるのかは、大きくてしかも難

しい問いであり、その説明について——強調しておくが——私はいかなる積極的な提言もあえて述べてはこなかった。その問いの検討は——さしせまった課題ではあるにせよ——、最後のわずかなパラグラフで述べられたような種類の議論を拡張して、ほかの種類の数や（純粋）集合一般の必然的存在を確保することがどの程度までできるかという、同様にさしせまった問いとともに、別の機会に譲らざるをえない。(33)(34)

原注
(1) *Journal of Philosophy* 70 (1973): 661-79.〔飯田隆訳「数学的真理」、飯田隆編『リーディングス数学の哲学——ゲーデル以後』勁草書房、1995年、所収。〕
(2) たとえば、Mark Steiner, *Mathematical Knowledge* (Ithaca: Cornell University Press, 1975); Crispin Wright, *Frege's Conception of Numbers as Objects* (Aberdeen: Aberdeen University Press, 1983), esp. sec. 11; Bob Hale, *Abstract Objects* (Oxford: Basil Blackwell, 1987), esp. chap. 4.
(3) このいっそう厳格なタイプの因果的制約は、正当化された信念の場合にはどのように定式化されるべきなのか、というのはよい質問である。正当化された信念が真である必要は必ずしもないのだと仮定すると、そのような信念の持ち主のもつ p という信念は、p という事実と適切なしかたで関係づけられていなければならない、と要求することはできない。そのような事実は〔p という信念が偽の場合には〕存在しないであろうから。正当化の因果説は、関係する因果的プロセスが信頼できるものであることを〔正当化の要件として〕要求するかもしれない。さらなる問いは——注では十分に論じきれないほど大きな問いではあるが——、この要求は私のいう意味での強い知識の因果説を生じさせると解すべきか、というものである。もしそうなら、その結果できる説は、本文で示唆されているような強い知識の因果説に対する異論にさらされることとなるであろう——もしくは、異論にさらされると私は論じるべきである。〔他方で〕もしそうでないのなら、

その説は、本論文の残りの部分で論じられるような認識論的な異論の、あるヴァージョンを支持するものとなりえよう。その説はまた、このより強いタイプの制約ですら単独でトラブルをひきおこすほど強力かどうか、という問いにもさらされることになる。もしある言明が抽象的対象への指示を含むのなら、そのことによって、当の言明を真とするような事態は（それがどのようなものであれ）、いかなる種類の因果的説明に現われることも阻まれるはめになる、ということを示すにはさらなる議論が必要となるように思われる。この論点の明瞭な評価については、Wright, *Frege's Conception*, 85ff. を参照のこと。[1]

(4) このような思考経路の明瞭な論述については、注2で挙げた諸著作を参照のこと。

(5) Hartry Field, *Realism, Mathematics and Modality* (Oxford: Basil Blackwell, 1989). 論文7の第2節を参照のこと。

(6) Ibid., 232-33. *Realism in Mathematics* (Oxford: Oxford University Press, Clarendon Press, 1990) においてペネロープ・マディ (Penelope Maddy) もまた、Steiner, *Mathematical Knowledge* についての書評 (*Journal of Philosophy* 74 (1977): 118-29) でハート (W. D. Hart) がそうしたように、このより一般的なかたちの懸念に応酬する必要性を強調している。

(7) ここで私は「実在論者」という名辞を、フィールドがそうしたのと同様に用いる。すなわち、数学的言明は——額面どおりに受けとるならば——（少なくとも）［「言明「s」が真である」から「s」への推論を許すような］引用符解除的なしかたで真であると考えるような、なんらかの立場を指示するために用いる。そのように用いられるならば、その名辞は「プラトニズム」——私の用語法での——とほぼ交換可能となる。この意味での実在論は、マイケル・ダメット (Michael Dummett) によって広められた意味での実在論とは区別されるべきである——少なくとも両者が一致することは明白なことではない——。ダメットの言う意味での実在論者が、ある与えられた言明のクラスについて主張することとは、そのクラスに属する言明は、当の言明の真偽をわれわれが原理的にであれ認識しうる能力を、本質的に超越するようなしかたで真となったり偽となったりしうる、ということなのである。数学についてのプラトニズムと後者の意味での実在論との関係がどのようなものかという問いは大部分が未解決であり、ここで論じ

ることはできない。

(8) Field, *Realism, Mathematics and Modality*, 230-31. ジョン・バージェス（John Burgess）が議論の中で述べていたように、真理や事実について語ることなしに問題を言いあらわすことにフィールドがどこまで成功しているかについては、いくばくかの疑問が残る。しかし、ここでこの懸念を強調することは差し控えよう。

(9) Ibid., 231.

(10) "Realism and Anti-realism about Mathematics" (ibid., 53-78 〔戸田山和久訳「数学についての実在論と反実在論」、『現代思想』1990年、第18巻第10号、64〜98頁〕とりわけ p. 69 を参照のこと）において、フィールドは指示についても同様の問題が生じることを強調して、以下のように力説している。すなわち、プラトニストにとって問題が一見して解きがたいものなるのは「単に〔数学的存在者が〕われわれに因果的な影響を及ぼさないからだけではなく、数学的存在者がわれわれに対して、指示上の連鎖を説明するうえで役立ちうるような、ほかのいかなる物理的関係にも立たない、という事実にもよるのだ」。ここで、指示に関する狭い意味で因果的な説明を、正確にどういった種類のしかたでフィールドが緩和しようと考えているのかは明らかではないし、われわれに対して非因果的な——にもかかわらず物理的な——関係に立つような対象をわれわれが指示できるような、どんなケースがありうると考えているのかも明らかではない。ここで明らかに生じてくる問いは、フィールドによる認識論的な説明要求の一般化とパラレルに、指示関係を基礎にした、プラトニズムに対する説明要求の一般化されたヴァージョンを展開することができるかどうか、である。しかし紙幅の関係上、本論文ではこの問題を追究することはできない。

(11) Ibid., 231. 公理的信念の小さな集合のそれにまで問題を還元できるという示唆は——ジョン・バージェスがかつて評したとおり——次のような考えとのあいだになんらかの緊張をはらんでいる。すなわち、求められているのは、物事を正しくとらえる傾向についての——ないしは、数学者の信念と事実とのあいだの適切な相関の——説明である、という考えとのあいだにである。しかし、プラトニストにとって説明を要する疑問点が残るのは——たとえフィールドによるその定式化には多少の不備があるとしたにせよ——たしかである。つまり、数学者

の公理的な信念が真であるのなら、ただのまぐれ当たりであるはずはないのだ。

(12) フィールド自身の定式化によれば、ある数学理論 S が保存的であるのは、任意の唯名論的な主張 A とそのような主張の任意の集まり N について、A が N のみの帰結でないかぎり $N+S$ の帰結ではないときである（フィールドの "On Conservativeness and Incompleteness", *Journal of Philosophy* 81 (1985) : 239-60, reprinted in *Realism, Mathematics and Modality*, 125-46 の p. 125 を参照のこと)。簡潔に述べるならば、フィールドのねらいは、唯名論者が数学的言明を額面どおりに理解する——その結果、それらの真理条件についてのプラトニズムの説明を是認する——にもかかわらず、数学の言明が（空虚なしかたでではなく）真であることを否定することで数学的存在者へのコミットメントを回避することがどのようにしてできるかを示すことにある。フィールドはクワイン＝パトナムの不可欠性論証を掘り崩すことを自らの主要な任務とこころえているのだが、その［ターゲットとなる］論証とは、われわれは数学的言明（の少なくともかなりの部分）を真なるものとして受け容れるべきである、なぜならそれらの言明は、成功を収めた科学理論、とりわけ物理学理論において不可欠な役割を演じているのだから、というものだ。この任務は、フィールドが簡明に言いあらわしたように、数学理論がよいものであるためには真である必要はない、ということを論証することで果たされうる。そのプログラムは二つの部分からなっており、そのどちらにおいても、標準的な数学は保存的であるという考えが鍵となる役割を演じている。フィールドは最初に、たとえば物理学理論の内部で演繹の手段として数学を利用することを正当化するには保存性だけで十分であると論じ、二番目に、プラトニズム的に定式化された物理学理論（すなわち、数や関数等々への指示を含むようなしかたで定式化された理論）は、唯名論化されたヴァージョンで置き換えることができると論じるのだが、この段階で、置き換えられた唯名論的理論の十全性を示すために保存性に訴えることが必要となる。フィールドのプログラムの明瞭な説明については以下を参照のこと。フィールドの *Science without Numbers* (Oxford : Basil Blackwell, 1980) の序論と第1章、およびフィールドの "Realism and Anti-realism about Mathematics", *Philosophical Topics* 13 (1982) : 45-69, reprinted, with

a new postscript, in his *Realism, Mathematics and Modality*, 53–78. この積極的なプログラムについて私は基本的に反対ではあるけれど、このプログラムへの反論を展開することは本論文の目的ではないと強調しておくべきだろう。反論は以下に挙げる別稿ですでに展開済みである。*Abstract Objects*, chap. 5; "Nominalism", in *Physicalism in Mathematics*, ed. A. D. Irvine (Dordrecht: Kluwer 1990), 121–43; 最近のものとしてはクリスピン・ライトとの共著論文 "Nominalism and the Contingency of Abstract Objects", *Journal of Philosophy* 89 (1992): 115–35 を参照のこと。また Crispin Wright, "Why Numbers Can Believably Be", *Revue Internationale de Philosophie* 42 (1988): 425–73 も参照のこと。フィールドは自著 *Realism, Mathematics and Modality*, 43–45 や、それ以後の "The Conceptual Contingency of Mathematical Objects", *Mind* 102 (1993): 285–99 で応酬しており、後者に対してはライトと私が "A Reductio ad absurdum?: Field on the Contingency of Mathematical Objects", *Mind* 103 (1994): 169–44 で反論している。

(13) *Realism, Mathematics and Modality*, 232.
(14) Ibid.
(15) Ibid., 127.
(16) 次のことに注意を向けるのがこのことを理解する一番てっとりばやい方法かもしれない。すなわち、われわれが説明を与えることができるような物理的世界についてのどのような真理も、物的対象が存在するといったような、きわめて一般的な存在言明を含意するであろうが、そのような言明には、生の（つまり解明不可能な）偶然性を表現しているとみなされるべき強い資格がある。
(17) たとえば *ZF* の無矛盾性を信ずるわれわれの信念の最良の説明は、それが実際に無矛盾であることに基づいている、つまり、矛盾の発見にこれまでのところわれわれが失敗してきたことについてのもっとも有望な説明とは、そもそも矛盾などどこにもないというものだ、というのがフィールドの見解であるようにみえる。だが、この蓋然性の主張がどのようにして立証されるのかは決して明らかではない。この困難の評価はクリスピン・ライトに負う。
(18) 全面的な非実在論の整合性にさえもクリスピン・ライトは深刻な疑念を提起している。彼の "Kripke's Account of the Argument aga-

inst Private Language", *Journal of Philosophy* 81 (1984) : 759-78 ［松本洋之訳「クリプキと反私的言語論」、『現代思想』1985 年、第 13 巻第 14 号、44〜63 頁］を参照のこと。

(19) 一般にであって、不変的にではない。なぜなら、ある種の論理的真理に同意することは、それらに現われる論理的概念を把握するための必要条件であるのだから、われわれがそれらの真理についてきまってまちがうような可能世界は存在しえない、と論じることができるからである。この論点を思いおこさせてくれたことに対して（その必要はなかったかもしれないが、実際そうであった）ある匿名の読者に感謝する。

(20) デイヴィッド・ルイス (David Lewis) が *On the Plurality of Worlds* (Oxford: Basil Blackwell, 1986) で「因果的な見知りを必要とするような知識の部門が境界づけられるのは、その具体的な主題によってではなく……その偶然性によってである……偶然的でないことがらにはなにものも反事実的に依存しえない」と記すときに彼は上記の論点を主張しているのだ、と私は解釈する。このくだりに対するフィールドの解釈はまったく別で、それによるとルイスは説明の要求そのものを完全に阻もうとしていることになる。そうすることに成功するような議論をルイスが作りだしていないという点では、私も——彼の挙げる理由によってではないにせよ——フィールドに同意しよう。だが、フィールドがルイスの主張を誤解していることは文脈から明らかに思える。ルイスの主張のポイントは端的に、必然性に関することがらについては因果的な説明は不適当だという点にある。説明を要求することは道理にかなっているとルイスははっきり認めており (p. 113)、提示しうるような説明は何ももちあわせていないと率直に認めてもいる。

(21) 前の注を参照のこと。異論の効力は、ルイスの主張を読み違えていることには明らかに影響されないし、また同様に明らかなのは、仮にも異論が的を射ているのなら、それは目下の提案にとって致命的だということである。

(22) *Realism, Mathematics and Modality*, 235. ［本文における］次の引用の出典はこの箇所である。

(23) むろんそのような見解をとるならば、論理的帰結関係を——ほかはとにかく数学的文のあいだの関係については——純粋に構文論的な

関係とみなさなければならなくなるだろうが。
(24) *Realism, Mathematics and Modality*, 237 n. 8.
(25) Ibid., 30-38.
(26) このなかには様相オペレータも含まれているが、それらのオペレータは、本質主義に特有のテーゼが論理的真理の資格を得るのを阻むことを意図して設けられた制限に服するものである。
(27) ［論理主義の形態に対する］限定条件は単なる装飾ではない。論理主義のヴァージョンの一つとして適切に記述できるようなものはどれも――少なくとも初等数論に関するかぎり――弁護不可能である、ということが明らかになったとはとうてい言えない。数論的な論理主義への力強い弁明については、Wright, *Frege's Conception*, chap. 4 を参照のこと。
(28) おこりうる誤解を未然に防ぐためにただちに言わせてもらいたいことなのだが、フィールドが提案した一般的な方針に沿って論理的真理の境界設定を行なうことができることには疑問の余地はないし、また、まさにそのようなしかたで論理的真理をほかのものから区別することには相応の技術的および理論的な理由があることも疑いようがない。私の主張したい論点は、［それらのことと、］そのようにして設けられた区別は、フィールドが付与したがっているような哲学的な意義を帰されるにふさわしいものなのか、もしフィールドが、数学的真理が絶対的に必然的でありうることを否定するための議論にその区別を配備するのなら、それが支えると彼が当てにしなければならなくなるような哲学的重圧をその区別が担いうるのかどうか、ということとはまったく別の問題だということなのである。
(29) *Realism, Mathematics and Modality*, 237 n. 8. ここでフィールドは、絶対的な必然性という概念を完全に廃棄してしまうという考えをもちだしているが、その廃棄をどのような根拠にもとづけようとしているのかについては何も述べていない。実際、フィールドの念頭にあるのが、相対的な必然性の概念は保持したまま絶対的な必然性の概念だけを廃棄するということなのか、それともむしろ、もっとラディカルに必然性の概念を完全に廃棄してしまうということなのかすら明らかなことではない。どちらの方針を選んでも困難に直面するように私には思われる。もしフィールドが前者を選ぶのであれば、論理と定義に関することがらの必然性が何に相対的かについて明白な説明義務

を負うことになろうが、しかしフィールドがもっともらしい答えをどのようして与えうるのかは決して明白なことではない。このことと関連はあるが別個のさらなる困難は、この選択肢を選んだ場合、そのゆるぎなさについて深刻な疑惑を避けることができないということだ。すなわち、相対的な必然性とは何かについてフィールドが説明しているかぎりでは、*A* が相対的に必然的であるということは、*A* が、それ自体は必然的でないような真理からなるなんらかの特定可能な集合 *K* の論理的帰結であることに関することがらである。これに対応する（もし *K* ならば *A* を主張する）条件法そのものはおそらく必然的だろうが、しかしこの必然性が絶対的なものでないことなどありえようか。要するに、相対的な必然性という概念そのものに絶対的な［必然性の］概念が伴わざるをえないようにみえるということなのだ。この事情にかんがみれば後者の方針の方がより魅力的にみえるかもしれない。その方針を選ぶべきだと信じる哲学者たちも——そのなかではたぶんクワインがもっとも名高いであろうが——もちろんいる。だが、(a) 私の考えでは、その結果得られる立場の整合性を疑うべきもっともな理由がある（とくに Wright, *Wittgenstein on the Foundations of Mathematics* (London: Duckworth, 1980), 319–23, 415–20 および、中核となる議論の改良された定式化については Wright, "Inventing Logical Necessity", *Language, Mind and Logic*, ed. Jeremy Butterfield (Cambridge : Cambridge University Press, 1986), 189–94 ［野矢茂樹訳「論理的必然性を作る」、『現代思想』1988年、第16巻第8号、233〜257頁］を参照のこと）。そして、(b) 数学について自身が提示する説明において、たとえ限定つきではあっても不可欠なしかたで様相概念を使用することを望みながら、どうしてフィールドがラディカルな方の方針を選ぶことができるのかがとにかく不可解である。これは言うまでもなく深くて難しい問題ではある。しかしながら、いま言及した考察を（とくに最後のものを、この第二の見方を採用した場合ですら、数学は絶対的に必然的ではありえないとフィールドが考えるのは明らかだという事実とあわせて）考慮するならば、絶対的な必然性の概念を利用できると仮定したまま話を進めるのは公正さに欠けると私は思う。

　数学的言明は、それらがもつ存在論的コミットメントのゆえに、論理的にもしくは絶対的に必然的ではありえないという趣旨の議論は、

たとえば以下で挙げるようなフィールドのほかの論文に見られる。"Is Mathematical Knowledge Just Logical Knowledge?", *Philosophical Review* 93 (1984): 509-52 (reprinted, with additions, in *Realism, Mathematics and Modality*, 79-124; 関連するくだりは 79-81 である)。

(30) 数の存在を必然的とみなすような種類のプラトニズムは［神の存在の］存在論的証明と一つ穴のむじなであるという見せかけをつくりだすことで、その信用を落とそうと試みるこの策略へのフィールドの偏愛の事例が、彼の著述中には散見される。たとえば "Critical Notice of Crispin Wright: *Frege's Conception of Numbers as Objects*" [*Canadian Journal of Philosophy* 14 (1984): 637-662], reprinted as "Platonism for Cheap?" in *Realism, Mathematics and Modality*, 147-70 と同書の序論、43 n. 23 を、前注で引用したフィールドの *Philosophical Review* 論文とともに参照のこと。

(31) 論点のこの定式化のしかたはライトによる。ライトの "Why Numbers Can Believably Be", 455-56 を参照のこと。ライトは、数論的プラトニズムを擁護する広い意味でのフレーゲ流の議論と存在論的証明とのあいだにはほかにも重要な類比関係の欠如がいくつもあることに注意を喚起しており、そのような類比性の欠如は、全体として——私のみるところでは——フレーゲ流の議論に肩入れすると存在論的証明を是認するはめになるという考えそのものを粉砕する。フレーゲ流のプラトニズムを存在論的証明の——アンセルムスが念頭においていたものとはまるで異なった——あるヴァージョンと結びつけようする新しい試みを、フィールドは彼の "The Conceptual Contingency of Mathematical Objects" で行なっている。それがなぜ前の試みと同様にうまくいかないかの説明については、Hale and Wright, "A Reductio ad absurdum?" を参照のこと。

(32) もっときちんと述べるなら、示唆された導出は次のようになる。
   (1) $\Box \forall F \forall G \ (Nx: Fx = Nx: Gx \leftrightarrow Fx \approx Gx)$
   (2) $\Box \sim \exists x \ x \neq x$
   (3) $Nx: x \neq x = Nx: x \neq x \leftrightarrow x \neq x \approx x \neq x$ 1 $\Box E, \forall E$
   (4) $\sim \exists x \ x \neq x$ 2 $\Box E$
   (5) $x \neq x \approx x \neq x$ 4 （どのような一対一

	関係でも用 をなす)
(6) $Nx: x \neq x = Nx: x \neq x$	3, 5　分離
(7) $\exists y \ y = Nx: x \neq x$	6　$\exists I$
(8) $\Box \exists y \ y = Nx: x \neq x$	7　$\Box I$

(33) 必然性についての信頼のおける認識論のとりうる方向に関する提言を組み込んだ若干の予備的な論考が、［アリストテレス協会の］シンポジウムへのライトと私による寄稿論文に見られる。"Necessity, Causation and Scepticism", *Proceedings of the Aristotelian Society* supp. vol. 63（1989）: 175-238

(34) クリスピン・ライトには建設的批判と激励に対していつもながらの感謝を。ミシガン大学で開催されたセミナーでの、この題材の初期のヴァージョンについてなされた討論、および1993年7月にミュンヘンで開催された会議 *Philosophy of Mathematics Today* での、より新しいヴァージョンについての討論からも私は恩恵をこうむっている。また、鋭敏な批判と建設的提案を寄せられた匿名の論文査読者にも深甚なる謝意を表する。

訳注

［1］ 注3は論文集再録版では大幅に切り詰められているが、底本どおりに訳出した。なお、再録時にはこの注は以下のように変更されている。

「このいっそう厳格なタイプの因果的制約は、正当化された信念の場合には――正当化された信念が真である必要は必ずしもないのだと仮定すると――どのように定式化されるべきなのか、というのはよい質問である。それはまた、このより強いタイプの制約ですら単独でトラブルをひきおこすほど強力かどうか、という問いにもさらされることになる。もしある言明が抽象的対象への指示を含むのなら、そのことによって、当の言明を真とするような事態は（それがどのようなものであれ）、いかなる種類の因果的説明に現われることも阻まれるはめになる、ということを示すにはさらなる議論が必要となるように思われる。この論点の明瞭な評価については、Wright, *Frege's Conception*, 85ff. を参照のこと。」

［2］ 引用文中の〔　〕内は原文での引用者による補足に対応する箇所

であり、日本語への翻訳にあたって付加されたもの（[ ] 内の補足）ではない（以下同様）。

[3] 底本では「可算個の (countably many)」となっているが、誤りであると思われるので論文集再録版にしたがって訂正した。

＊ここに訳出したのは、Bob Hale, 'Is Platonism Epistemologically Bankrupt?' *The Philosophical Review*, Vol. 103, No. 2, April 1994, pp. 299–325 である。なお、この論文は Bob Hale & Crispin Wright, *The Reason's Proper Study: Essays towards a Neo-Fregean Philosophy of Mathematics*, Clarendon Press, 2001 に再録されている。訳出にあたっては雑誌掲載版を底本とし、論文集再録版を適宜参照した。

フレーゲ構造と命題、真理、集合の概念

ピーター・アクゼル
(土谷岳士訳)

概要
フレーゲ構造という概念を導入し、これがフレーゲによる論理的集合観の厳密な展開ならびにラッセルのパラドクスの説明のための整合的な土台となることを示す。

1　導　入

　素朴なあるいは論理的な集合観（the naive or logical notion of set）というものが初めてはっきりと述べられたのは、フレーゲの『算術の基本法則』(1893年・1903年) においてである。この観点はフレーゲの定式化のままでは矛盾していることが、ラッセルのパラドクスの発見によって明らかになった。もともとのアイデアの理に適った再構成をする試みはあまたあるが、ほとんど一般には受け容れられなかった。それに代わって、ラッセルの型理論とツェルメロの公理系を初めとして、現代の公理的集合論に至るアイデアの発展があった。昨今の数学者はたいてい、集合論（たとえば ZFC）の公理系の直観的な正当化についてはやたらに思い悩まずに受け容れる傾向にある。とはいえ集合論屋は、反復ないし累積階層的集合観（the iterative or cumulative hierarchy notion of set）というものによってこの公理系が上手に説明できることをよく承知している。(Scott (1974) か Shoenfield (1977) を見よ。) この観点は、集合たちを各々の集合がその要素すべての後に現われるような階層に並べるもので、フレーゲの観点とはまったく異なるものである。

論理的な集合観は次のように説明できよう。集合（set）とは命題関数 f の「外延」$\{x|f(x)\}$ であって、どんな対象 a についても $a \in \{x|f(x)\}$ は命題となり、この命題が真となるときかつそのときに限り $f(a)$ が真となるのである、と。フレーゲが関数と対象をはっきり区別すべしと主張した一方で、どんな関数の外延も対象となる。たとえば普遍集合 $\{x|x=x\}$ が存在することになるが、この集合は累積階層の中では手に入らない。

　この論文の目的は、上のような論理的集合観の正確で無矛盾な定式化を与えるために適切で一般的な土台を提案することである。構造論的な取扱いの方がより見通しがよいと思うので、私の提示の仕方では、形式的体系の使用も、またいかなる統辞的道具の形式的使用も、避けることにした。要になるのはフレーゲ構造の概念である。大まかには、フレーゲ構造とはラムダ計算のモデルであるが、モデルの要素を「対象」と称し、さらに「命題」とも呼ばれる対象たちをまとめた集団（collection）と、その部分をなす「真理」とも呼ばれる命題たちの集団が付加されている。加えて通常の論理定項がひとそろい存在し、その各々は、その論理定項を使って命題を作る方法の明記と、できた命題の真理条件の指定とをする論理図式（logical schema）を充たす。あるフレーゲ構造での関数 f の外延 $\lambda xf(x)$[1] は、ラムダ計算のどんなモデルでも調達できる内的ラムダ抽象（internal lambda abstraction）を用いて定義される。よって $\{x|f(x)\}$ は単に $\lambda xf(x)$ のもう一つの書き方で、特に f が命題関数であるとき、つまりそのフレーゲ構造での関数でその値がすべて命題になるようなときに使うものとされる。

　フレーゲが『基本法則』で使った形式言語の底にある構造は、本質的にはフレーゲ構造であってさらに次の条件を充たすものである。ちょうど二つの命題、「真」と「偽」が存在し、当然ながら前者のみが真理である。ラッセルのパラドクスは、いかなるフレーゲ構造

もこの付加条件を充たしえないということを見せつけたのである。私はフレーゲの条件の間違った箇所を、フレーゲ構造上の対象の集団についての「内的」定義可能性（"internal" definability）という概念の定式化によってつきとめる。フレーゲの条件からは真理のすべての集団の内的定義が存在することが導かれるが、ラッセル・パラドクスの論証はそんな定義がありえないと証明したことになる。このことは明らかに、タルスキによる今や古典となった真理論に関係がある。ところが続けて私は、命題すべての集団も、集合（set）すべての集団も、内的定義は持ちえないことを示そう。もっと思いきった結果も出てくる。たとえば、フレーゲ構造でのいかなる集合についても、その部分集合すべての集団は内的に定義できない。ここで大事なのは、集合同士の外延的同一性を、対象としての集合同士の同一性関係と混同してはいけない、ということである。そこで例として、$\{x|\neg(x=x)\}$の部分集合すべての集団は、空集合すべての集団となる。外延的には空集合はたった一つしかないのだが、空集合すべての集団は内的に定義できないということになる。これらの帰結から次のように考えられる。論理的パラドクスと意味論的パラドクスという伝統的区分は、どちらも内的定義可能性と外的定義可能性の混同という同一の原因に発するのだから、間違った区分だったのではないかと。

　ここまで来ると読者はフレーゲ構造の概念が無矛盾であることになんらかの保証が欲しくなるのではあるまいか。実にさまざまなフレーゲ構造を導き出せるような一般的構成法を提示することで、私はこの保証を与えよう。ざっといえば、まずラムダ計算の勝手なモデルから出発する。モデルに付属するある半順序の上で単調増加になる作用素を構成し、この作用素の不動点はどれもフレーゲ構造となるようにする。この半順序には、どんな鎖（chain）も上限を持つという性質があるが、そのような半順序上のいかなる単調増加作

用素も最小不動点を持つというのは古典的集合論の周知の事実である。よってフレーゲ構造は存立しうる。

フレーゲが『基本法則』を書いたのは、算術と解析が論理の一部であるという彼の確信を立証するためであった。ラッセルのパラドクスがこの企てを挫いた。ではフレーゲ構造の上ではフレーゲがしたような算術の構成を成し遂げられるだろうか。答えが然りならばフレーゲの労作はついに身の証を立てたことであろう。残念なことに、読者自ら確かめてもよろしいが、フレーゲの構成はうまくいかない。(なぜなら、まず自然数 0 を空集合すべての「集合」だと定めたとしても、先に述べた通り、空集合すべての集団は内的に定義できないのだから、空集合の集合などありえない。フレーゲの構成の他の段階でも同じような困難に突き当たる。) フレーゲ構造一般では算術を内部で展開するのに必要な強さもない。どんなフレーゲ構造でも、各々の自然数を対象として表現し、しかも算術で普通に使う関数たちがそのフレーゲ構造上の関数となるようにするところまでは必ずできる。しかし一般にはこのように対象として表現された自然数全体の集団を内的に定義できるとは限らない。もし内的に定義できる場合には、そのフレーゲ構造は N–標準的 (N-standard) であると言うことにしよう。N–標準的なフレーゲ構造を構成するのは難しくないし、そこでなら算術と初等解析を内部で展開することもできる。その他の数学の諸分野を内部で展開できるようにするには、さらに対象の集団たちが追加で内的に定義できる必要があろう。そのような集団の好例は、第二級ならびにそれ以上の順序数の類 (the second and higher number classes of ordinals) である。とはいえほかにも対象の再帰的に定義された集団で、適切に構成したフレーゲ構造でなら内的に定義できるような例があり、それらについては今後の論文で考察する予定である。

私はこの論文中の諸概念を、構成主義と古典論理とのどちらの見

方からも理解できるように表現することに心を砕いた。このため古典論理から見ると冗長ではあるが、直観主義の論理定項をすべて原始定項に取ることにした。論理図式はフレーゲ構造の内的論理を指定することはなく、外的論理を反映するだけであることに気をつけてほしい。

フレーゲ構造という概念は、もともとマーティン＝レーフの型理論（1975年）をうまくラムダ計算で解釈するやり方として考案された。構成的数学を基礎づける言語であって、その底にある構造がフレーゲ構造のようになるものを開発する可能性についてペル・マーティン＝レーフと文通し議論する中で、この論文は書かれた。この言語は型無しであろうし、命題という概念を原始概念として取り、型理論のようにそれを型の概念へ還元したりしないものになるだろう。しかしながら、そのような言語に相応しい意味の理論を形作る試みには弱点がいくつかあるようだ。だからフレーゲ構造という概念の数学基礎論での意義は未だはっきりしてはいない。私の論文が基本的な枠組みを提示するとは言わないが、そのような枠組みの来たるべき発展に寄与するところあれと願っている。

マーティン＝レーフの型理論のフレーゲ構造による解釈のある程度の記述がこの論文の7節にある。ある限られた文脈での解釈の詳細については Jan Smith (1978) を見よ。

Aczel (1977) において私は、コンビネータ的形式算術で反映公理の入った一階形式体系（a first order formal system of combinatory formal arithmetic with reflection axioms）を導入し、CFA_1 と名付けた。そこではマーティン＝レーフの型理論でユニバース型を一つ持つものを CFA_1 で解釈できることを示した。これはマーティン＝レーフ理論の厳密な証明論的強さの確定への最初の一歩であった。N-標準的フレーゲ構造は、本質的には CFA_1 の ω-標準モデルとほとんど同じものである。一階の形式体系で、その ω-標準モ

デルがちょうど N-標準的フレーゲ構造になるようなものを作るのは難しくない。

ここに述べたアイデアと私以外の論理学者の研究との間にはいくつか接点がある。目立った例はフェファーマンらによる明示的数学 (explicit mathematics) の諸体系の研究である。これは Feferman (1975) に始まる。最近の文献については Feferman (1978) と Beeson (1977) を見よ。フェファーマンのやり方は、主に二つの点で、本論文のものとは異なっている。第一に、フェファーマンは、ラムダ計算であれば手に入る全域的に定義された適用関数 (application function) ではなく、部分的にしか定義されない二項適用関数を使う。そのため、私であればラムダ計算のモデルを使う所で、フェファーマンは通常のまた一般の再帰的関数論 (ordinary and generalised recursion theory) のモデルから得られるような適用モデル (applicative model) を使う。第二に、フェファーマンはクラス分け (classification)（彼の流儀での集合概念に当たる）と所属関係を原始概念とするが、私は命題と真理の概念から出発して、そこから集合と所属関係の概念を定義する方を良しとする。技術の点で言えばこの二つのやり方は、一方のやり方のいかなる形式的結果ももう一方のやり方で再構成できるという意味で、平行しているようである。たとえばフェファーマンであればチャーチの提題 (Church's thesis) をモデル化するのに通常の再帰的関数論から得られる適用モデルを使うところを、私であればラムダ計算の項モデルか、スコットのグラフモデルの部分モデルで再帰的枚挙可能集合全体からなるものを使う、という風に。スコットのラムダ計算研究についても触れておかねばならない。彼による集合論的モデルの発見は、ラムダ計算のモデルの構成は適用モデルの構成と同じくらい自在であることをわれわれに見せつけた。彼の束論的モデル (lattice theory model) については Scott (1972) を、グラフモデルについては

Scott (1975a) を見よ。またクラス抽象にラムダ抽象を使うというやり方については Scott (1975b) を見よ。

　私がフレーゲ構造の構成で使ったような再帰的定義可能性による構成 (inductive definability construction) は近年やっとポピュラーになったアイデアの一定式化なのだが、元はずっと前のフィッチの研究に発する。同じアイデアが、Feferman (1975)、Scott (1975b)、Aczel (1977) でも使われている。

　関連研究についてのこの小走りの概説を、もっと昔のチャーチ、カリーらによるラムダ計算ないしコンビネータを論理と組み合わせた体系を開発しようとする研究について触れずに終える訳には行かない。初期の試みは Church (1932 and 1933)。カリーは推論コンビネータ論理 (illative combinatory logic) の諸体系を開発した (Curry et al. (1972) を見よ)。カリーの研究に関して、私がつい最近気付いたことを指摘しておく値うちがあろう。この論文で私が使ったような非標準的な含意概念は、とうの昔にカリーが考察していたものだった (Curry et al. (1972), 15 B 5 を見よ、また Stenlund (1975) を見よ)。私自身がこのような含意を導入したもともとの動機は、型理論の解釈をフレーゲ構造で実現する必要からであった。

　この論文では、ラッセルのパラドクスにフレーゲの『基本法則』との関わりにおいて組織だった説明を与ええた、と私は言いたい。強調しておくべきは、この説明がフレーゲの言語哲学のいかなる特定の解釈にも依存していないことである。フレーゲ構造についての「対象」とか「関数」といった私の用語法は、私がフレーゲによる「表現 (expression)」、「意義 (sense)」、「指示 (reference)」という三分法を採用し、フレーゲ構造に指示の役割を与えているという印象を与えるかもしれない。しかしそれは私の本意ではない。私はこの論文では、いかなる基礎づけの言語 (foundational language) も、いかなる意味の理論も、提示しようとはしなかった。この課題

は手つかずであるが、マーティン＝レーフが将来の論文で遂行してくれるものと信じている。

この論文では、「集合 (set)」、「∈」という語法をメタ言語で用いるのはできる限り避ける。その代わりこれらの用語をフレーゲ構造の中での専門的な使用に限り、メタ言語では「集団 (collection)」、「入る (in)」という言葉を使う。またラムダ抽象記法も、フレーゲ構造やもっと一般のラムダ構造での専門的な使用に限る。メタ言語では代わりに次のような記法を使う。$e[x_1, \cdots, x_n]$ をメタ言語のある表現で、自由変数として出現するのはリスト $x_1, \cdots, x_n$ の中の変数であり、各変数 x_i は決まった変域 (range) を持つものとせよ。このとき $\langle e[x_1, \cdots, x_n] | x_1, \cdots, x_n \rangle$ が指示するのは n 項関数 f で、$i=1, \cdots, n$ について a_i が x_i の型に属するときには $f(a_1, \cdots, a_n)$ が $e[a_1, \cdots, a_n]$ の値 (value) を指示するようなものである。ここで $e[a_1, \cdots, a_n]$ は $i=1, \cdots, n$ について $e[x_1, \cdots, x_n]$ の自由変数 x_i の各出現に a_i を同時に代入した結果である。関数は常に外延的に扱うことにするので、同じ定義域 (domain) を持ち常に相等しい値を取る二つの関数は同一の関数であるとする。

二項関数については $f(a, b)$ の代わりに通常の中置記法 (infix notation) (afb) をしばしば用いる。また F が関数を引数 (argument) として取る一項関数で、$\langle e[x] | x \rangle$ が F の定義域に入るとき、$F(\langle e[x]|x\rangle)$ の代わりに $(Fxe[x])$ と書く。これは量化子やラムダ抽象についての通常の記号法と合っている。

2 論理系

これから $\mathscr{F} = \mathscr{F}_0, \mathscr{F}_1, \cdots$ というような族 (family) を扱う。ここで $\mathscr{F}_0$ は $\mathscr{F}$ 上の対象 (object on $\mathscr{F}$) と呼ばれる物たちの集団であり、$n=1, 2, \cdots$ について、$\mathscr{F}_n$ は、n 項 $\mathscr{F}$ 関数 (n-place $\mathscr{F}$-function) と呼ば

れる$\mathscr{F}_0$上の n 項関数たちの集団である。以下では常に$\mathscr{F}$は明示的に閉じている (explicitly closed)、つまり$\mathscr{F}_0$上の定値関数 (constant function) と射影関数 (projection function) はすべて$\mathscr{F}$関数となり、また$\mathscr{F}$関数全体は合成 (composition) について閉じている、と仮定する。$\mathscr{F}_0$を変域とする変数と$\mathscr{F}$の対象や$\mathscr{F}$関数の各々についての定項とからよくあるやり方でできる表現を導入すれば、明示的閉包条件のより扱いやすい定式化ができる。すなわち、$\mathscr{F}$が明示的に閉じているとは次が成り立つことである。それに出現する変数が $x_1, \cdots, x_n$の中から取られているような表現 $e[x_1, \cdots, x_n]$ の各々について、$\mathscr{F}_0$上の n 項関数 $\langle e[x_1, \cdots, x_n] | x_1, \cdots, x_n \rangle$ が$\mathscr{F}$関数となる。$\mathscr{F}_0$がたった一つしか元を持たず、だから各$\mathscr{F}_n$も一元集合となるとき、$\mathscr{F}$は自明 (trivial) であると言う。

定義 2.1. 明示的に閉じている族$\mathscr{F}$が与えられたとき、関数 $F: \mathscr{F}_{n_1} \times \cdots \times \mathscr{F}_{n_k} \to \mathscr{F}_0$が$\mathscr{F}$汎関数 ($\mathscr{F}$-functional) であるとは、各 $m > 0$ と、$\mathscr{F}_{m+n_1}$中の関数 f_1、$\cdots$、$\mathscr{F}_{m+n_k}$中の関数 f_k、に対して、関数

$$\langle F(\langle f_1(\bar{y}, \bar{x}_1) | \bar{x}_1 \rangle, \cdots, \langle f_k(\bar{y}, \bar{x}_k) | \bar{x}_k \rangle) | \bar{y} \rangle$$

が$\mathscr{F}_m$中にあることである。ここで$\bar{y}$は変数 m 個のリストで、$i = 1, \cdots, k$ について、$\bar{x}_i$は変数 n_i 個のリストであり、これらの変数の各々は、$\mathscr{F}_0$を変域とする。

$n_1 = \cdots = n_k = 0$ のときは、$\mathscr{F}$汎関数は$\mathscr{F}$関数と一致する。

$\mathscr{F}$についての明示的閉包条件を、表現が$\mathscr{F}$関数用の変数と$\mathscr{F}$汎関数用の定項を含んでもよいとすることで、強めることもできる。よって、「F」がある$\mathscr{F}$汎関数 $F: \mathscr{F}_{n_1} \times \cdots \times \mathscr{F}_{n_k} \to \mathscr{F}_0$を表す定項で、$e_1, \cdots, e_k$ が既に形成された表現で、$i = 1, \cdots, k$ について、$\bar{x}_i$ は変数 n_i

個のリストとすると、表現

$F(\langle e_1|\bar{x}_1\rangle, \cdots, \langle e_k|\bar{x}_k\rangle)$

を作ることができる。

　当然の事ながら、これらの表現においては自由変数と束縛変数を区別する必要があるが、そこは普通のやり方で面倒を見るものとしよう。

　さて次を証明するのは簡単だが回りくどい。

定理 2.2. $\mathscr{F}$を明示的に閉じた族とする。$e[\xi_1, \cdots, \xi_m]$ を、$\mathscr{F}$対象、$\mathscr{F}$関数、$\mathscr{F}$汎関数についての定項たちと変数たちでその各々はあるnについて$\mathscr{F}_n$を変域とするものとから上記のように作られているような表現であるとし、この表現の自由変数は$\xi_1, \cdots, \xi_m$から取られているものとする。このとき $\langle e[\xi_1, \cdots, \xi_m]|\xi_1, \cdots, \xi_m\rangle$ は$\mathscr{F}$汎関数となる。

　これから、明示的に閉じた族$\mathscr{F}$に対する「論理系」という重要な概念と、論理定項（logical constant）と呼ばれる特別な$\mathscr{F}$汎関数たちのリストを定式化しよう。これら論理定項とは、$\neg : \mathscr{F}_0 \to \mathscr{F}_0$と、$\&, \vee, \supset, \doteq : \mathscr{F}_0 \times \mathscr{F}_0 \to \mathscr{F}_0$と、$\forall, \exists : \mathscr{F}_1 \to \mathscr{F}_0$である。

定義 2.3. 上のような、ある明示的に閉じた族$\mathscr{F}$上の論理定項のリストを一つ決めたとき、それに対する**論理系**（logical system）は、集団の対から成る。一つめは**命題**（proposition）と呼ばれるような対象たちの集団で、二つめは**真理**（truth）と呼ばれるような命題たちの集団である。以下では「a は真理の一つである（a is a truth）」の代わりに「a は真である（a is true）」という自然な言い

回しを使うことにしよう。これらの集団は下のような、各論理定項について一つずつの論理図式（logical schemata）を充たさなければならない。

論理図式

否定（negation）　もし a が命題であるならば、$\neg a$ は命題であり、

　$\neg a$ が真　*iff*　a が真ではない、となる。

連言（conjunction）　もし a、b が命題であるならば、$(a \mathbin{\&} b)$ は命題であり、

　$(a \mathbin{\&} b)$ が真　*iff*　a が真かつ b が真、となる。

選言（disjunction）　もし a、b が命題であるならば、$(a \vee b)$ は命題であり、

　$(a \vee b)$ が真　*iff*　a が真または b が真、となる。

含意（implication）　もし a が命題であり、さらに対象 b は a が真のときには命題になるものとすると、$(a \supset b)$ は命題であり、

　$(a \supset b)$ が真　*iff*　a が真ならば b が真、となる。

次の二つの図式にはこの概念が必要である。命題関数（propositional function）とは、その値のどれもが命題となるような関数である。

普遍量化（universal quantification） もし f が $\mathscr{F}_1$ に入っている命題関数であるならば、$\forall x f(x)$ は命題であって、

$\forall x f(x)$ が真 *iff* すべての対象 a について $f(a)$ が真、となる。

存在量化（existential quantification） もし f が $\mathscr{F}_1$ に入っている命題関数であるならば、$\exists x f(x)$ は命題であって、

$\exists x f(x)$ が真 *iff* ある対象 a について $f(a)$ が真、となる。

同一性（equality） もし a、b が対象であるならば、$(a \doteq b)$ は命題であって、

$(a \doteq b)$ が真 *iff* $a = b$、となる。

我々の含意図式の定式化は標準的とは言いかねるが、これが後で重要になる。a が命題であって真ではないときには、対象 b が何であろうと $(a \supset b)$ は命題（実は真な命題）となることに注意せよ。

$(a \;\&\; \supset b)$ を、$(a \;\&\; (a \supset b))$ の略記として使うことにする。これは連言を拡張したもので、上の図式から導かれる次の図式に従う。

拡張された連言（extended conjunction） もし a が命題で、対象 b は a が真なときには命題であるとすると、$(a \;\&\; \supset b)$ は命題で、

$(a \;\&\; \supset b)$ が真 *iff* a が真かつ b が真、となる。

$(a \equiv b)$ を $((a \supset b) \;\&\; (b \supset a))$ の略記として使う。これは上の図式

たちから導かれる次の図式に従う。

双条件（bi-implication） もし a、b が命題であるならば、$(a \equiv b)$ は命題となり、

$(a \equiv b)$ が真 *iff* (a が真 *iff* b が真)、となる。

3 フレーゲ構造とラッセルのパラドクス

この節で導入するフレーゲ構造という概念は、フレーゲの『基本法則』のうち、正当であるとわれわれが考えている部分を取り出すためのものである。フレーゲによる関数 f の「値域」(course of values) という概念は、ここでは $\lambda x f(x)$ として扱うのだが、λ は以下の定義の一部として与えられることになる。

定義 3.1. 明示的に閉じた族 $\mathscr{F}$ についてのラムダ系 (lambda system) とは、二つの $\mathscr{F}$ 汎関数、$\lambda: \mathscr{F}_1 \to \mathscr{F}_0$ ならびに $\mathrm{APP}: \mathscr{F}_0 \times \mathscr{F}_0 \to \mathscr{F}_0$ から成り、

$\mathrm{APP}(\lambda x f(x), a) = f(a)$

を $\mathscr{F}_1$ 中のすべての f と $\mathscr{F}_0$ 中のすべての a について充たすものである。

定義 3.2. フレーゲ構造 (Frege structure) とは、ある明示的に閉じた族 $\mathscr{F}$ 上の論理定項のリストに対する論理系で、$\mathscr{F}$ についてのラムダ系を伴うものである。

この節の残りでは、一つの固定したフレーゲ構造について考えよう。まずフレーゲの『基本法則』の公理(V)が真理となることに注目してほしい。すなわち

命題 3.3. $\mathscr{F}_1$のいかなる関数 f、g についても、以下の命題が真となる。

$$((\lambda x f(x) \doteq \lambda x g(x)) \equiv \forall x(f(x) \doteq g(x))).$$

証明 もし $(\lambda x f(x) \doteq \lambda x g(x))$ が真であるならば、$\lambda x f(x) = \lambda x g(x)$ となるので、定義 3.1. から

$$\begin{aligned} f(a) &= \text{APP}(\lambda x f(x), a) \\ &= \text{APP}(\lambda x g(x), a) \\ &= g(a) \end{aligned}$$

がすべての対象 a で成り立つ。よってすべての対象 a について $(f(a) \doteq g(a))$ が真となるから、$\forall x(f(x) \doteq g(x))$ が真となる。

逆に、もし $\forall x(f(x) \doteq g(x))$ が真であるならば、すべての対象 a で $f(a) = g(a)$ となるので $f = g$ である。よって $\lambda x f(x) = \lambda x g(x)$ となるから $(\lambda x f(x) \doteq \lambda x g(x))$ が真となる。

定義 3.4. ある対象が集合 (set) であるとは、$\mathscr{F}_1$ 中のある命題関数 f があって、その対象が $\lambda x f(x)$ の形になることである。

$\langle e[x] | x \rangle$ が $\mathscr{F}_1$ 中の命題関数であるときには特別に $\lambda x e[x]$ の代わりに、$\{x | e[x]\}$ という集合らしい記法を使うことにしよう。また b が集合であるときには特別に $\text{APP}(b, a)$ ではなく $(a \in b)$ と書

くことにする。

この新しい記法で書くと定義3.1.の等式は

$$(a \in \{x|f(x)\}) = f(a)$$

となることに注目せよ。よって次の図式が導ける。

述定（predication） もし b が集合であるならば、どんな対象 a についても $(a \in b)$ は命題となる。

包括公理（comprehension） もし f が $\mathscr{F}_1$ 中の命題関数であるときには、$\{x|f(x)\}$ はある集合 b であって、どんな対象 a についても

$(a \in b)$ が真　iff　$f(a)$ が真、となる。

私は、これらの図式が直観的に正当で、だからこそ無矛盾な公理を表現している、と主張する。6節でわれわれはフレーゲ構造の数学的な実例を構成するから、無矛盾性については疑いようは無かろう。[3]

この辺で、もしわれわれがフレーゲ構造の上でラッセルのパラドクスを導出しようとしたら何が起きるか調べるのがためになるだろう。R で対象 $\{x|\neg(x \in x)\}$ を指すことにしよう。もしわれわれが $\langle (x \in x)|x \rangle$ は命題関数であると証明できることになれば、R は集合となって、いかなる対象 a についても

$(a \in R)$ が真　iff　$\neg(a \in a)$ が真
　　　　　　iff　$(a \in a)$ が真ではない、

ということになるだろう。ここでもし a として R 自身を取れば矛盾が出ることになる。$\langle (x\in x)|x \rangle$ が命題関数となるためには、各対象 a について $(a\in a)$ が命題となることが示せなくてはならない。ところがわれわれの述定図式はこのことを導き出すのに必要な強さがない。われわれが導けるのはせいぜい、すべての集合 a について $(a\in a)$ が命題となる、という所までである。よってパラドクスを導こうというわれわれの企ては潰えた。ラッセルのパラドクスは、フレーゲの『基本法則』では導けるのであるから、これからわれわれは『基本法則』の構造がフレーゲ構造と本質的に異なるところを挙げていこう。

(1) 『基本法則』の構造には、ちょうど二つの命題、「真」と「偽」が入っている。「真」が唯一の真な命題である。

(2) 『基本法則』の構造には、$\mathscr{F}_1$ に入る命題関数で、水平線 (horizontal stroke) なるものがある。この関数を対象 a に適用すると、命題——a ができ、これは a が真であるときには真となり、a が真以外の対象であるときには偽となる。よって水平線はこの図式を充たす。

水平線（horizontal stroke） いかなる対象 a についても、——a は命題となり、

——a が真　*iff*　a が真、となる。

(3) 『基本法則』の構造は、¬、⊃、∀、≐ を基本的な論理定項として持ち、残りの論理定項、∨、&、∃、は基本的なものたちから古典論理で普通になされるやり方で定義される。論理定項 ¬、⊃、∀、は水平線を内蔵させられている。たとえばフレーゲは ¬ ではなくて ⊤ を使い、これは両側に水平線を内蔵している、つまり「——」

＋「|」＋「——」であると考える。フレーゲは⊃と∀についても同様の記法を使う。

このことは、以下のように強化された形の否定、含意、普遍量化図式を導く。

強い否定（strong negation）　いかなる対象 a についても、¬a は命題であって、

　¬a が真　*iff*　a が真ではない、となる。

強い含意（strong implication）　いかなる対象 a、b についても $(a⊃b)$ は命題であり、

　$(a⊃b)$ が真　*iff*　（a が真であるならば b が真である）、となる。

強い普遍量化（strong universal quantification）　$\mathscr{F}_1$ に入るいかなる関数 f についても、$\forall xf(x)$ は命題であり、

　$\forall xf(x)$ が真　*iff*　すべての対象 a について $f(a)$ が真、となる。

(4) 『基本法則』では、APP を与えられたものとしては扱わない。その代わりに公理 (V) で λ が一対一であると明示的に要請する。つまり $\mathscr{F}_1$ に入るいかなる関数 f、g についても

　$(\lambda xf(x) \doteq \lambda xg(x)) \equiv \forall x(f(x) \doteq g(x))$ が真である。

（ここで (1) の事からフレーゲは ≡ の代わりに $\doteq$ を使ったことになるのに注意。）

加えて『基本法則』では関数量化 (function quantification) と確定記述 (definite description) を使えるので、APP (b, a) を $\iota y \exists f (b \doteq \lambda x f(x)$ & $f(a) \doteq y)$ （直観的には、$\mathscr{F}_1$ に入るある f について $b = \lambda x f(x)$ かつ $f(a) = y$ となるような唯一の y ということ）と定義する。

すると $(a \in b)$ は――APP (b, a) としても定義できるし、確定記述を使わずに直に $\exists f(b \doteq \lambda x f(x)$ & $f(a))$ としても定義できる。どちらの定義でも $(a \in b)$ は水平線を内蔵していて、包括公理図式が成り立つ上に、述定図式の次のような強化が成り立つ。

強い述定（strong predication） いかなる対象 a、b についても $(a \in b)$ は命題となる。

フレーゲの致命的な過ちは (1) である。(1) が成り立つとすると、――a を $a \doteq (a \doteq a)$ とすることで水平線を定義でき、この水平線を用いて¬、⊃、∀、∃を定義し直して、強い方の図式たちが成り立つようにできる。ラッセルのパラドクスは、水平線、強い否定、強い述定、どの図式からも導けることに注意してほしい。例えば、強い述定の下では $\langle x \in x | x \rangle$ は命題関数となるので、$\{x | \neg (x \in x)\}$ は集合となる。入れ代わりに、強い否定の下では $\langle \neg (x \in x) | x \rangle$ が命題関数になるので、$\{x | \neg (x \in x)\}$ はやはり集合となる。終いに、水平線があれば $\langle \text{――} (x \in x) | x \rangle$ が命題関数になるので $\{x | \neg \text{――} (x \in x)\}$ が集合となって、やはりラッセルのパラドクスが導ける。

私はフレーゲの誤りの本質が、このちょっと見には無害な水平線図式にあると確信している。この図式が行っていることこそ真理の内部定義なのだから。タルスキによる対象言語とメタ言語の区別ならびに対象言語内での真理の定義不可能性の論証がある以上、われわれは警戒を怠ってはならないのである。

用語を導入しておくと役に立つ。

定義 3.5. $\mathscr{C}$ がフレーゲ構造 $\mathscr{F}$ 上の対象のある集団で、C が $\mathscr{F}_1$ に入る命題関数であるとき、いかなる対象 a についても、

$C(a)$ が真　*iff*　a が $\mathscr{C}$ に入る

となることを、C が $\mathscr{C}$ を内的に定義する（C internally defines $\mathscr{C}$）と書くことにする。

　水平線図式は、水平線が真理全部の集団を内的に定義していることを表している。われわれのここまでの議論はこれが不可能であることを明らかにしたのであり、タルスキによる真理の定義不可能性の論証を、われらがフレーゲ構造用に取り戻したことになる。

　しかしフレーゲ構造については、続けてさらなる定義不可能性を証明できる。P が $\mathscr{F}_1$ に入る命題関数で、命題全部の集団を内的に定義している、と仮定しよう。すると $\langle (P(x)\ \&\ \supset x)|x \rangle$ が命題関数となって真理全部の集団を内的に定義していることは簡単に分かる。よって命題全部の集団の内的定義など存在しえない。同様に、S が $\mathscr{F}_1$ に入る命題関数で、集合全部の集団を内的に定義するものとすると、$\langle S(\{y|x\})|x \rangle$ は命題全部の集団を定義する命題関数となる。ここでいかなる対象 a についても、$\{y|a\}$ とは $\lambda x f(x)$ のことで、ただし f は $\mathscr{F}_1$ に入る関数で一定値 a を取り、f が集合となる *iff* a が命題となる、というものである。よって、集合全部の集団の内的定義はありえない。

　以上をまとめて、次が得られたことになる。

定理 3.6. フレーゲ構造上の、命題全部、真理全部、集合全部、の集団は、どれも内的に定義できない。

まだまだフレーゲ構造での定義不可能性が導ける。a を集合とせよ。集合 b が a の部分集合（subset）であるとは、$\forall x(x\in b \supset x \in a)$ が真であることと定めよう。仮に A が集合 a の部分集合全部の集団を内的に定義するとしよう。F を $\langle A(\{y|x\})|x\rangle$ とする。各々の対象 b について $F(b)$ は命題であって、

$F(b)$ が真　*iff*　b が命題で $\{y|b\}$ が a の部分集合となる、
　　　　　　iff　b が命題で $(b \supset \forall y(y \in a))$ が真、となる。

しかし次の補題はそのような F がありえないことを言っている。

補題 3.7.　フレーゲ構造でのいかなる命題 c についても、$(b \supset c)$ が真となるような命題 b 全部の集団は内的に定義できない。

証明　題意で述べられている集団が C によって定義されているとしてみよ。R を $\{x|C(x \in x)\}$ とする。明らかに R は集合となり、しかも

$(R \in R)$ が真　*iff*　$C(R \in R)$ が真
　　　　　　iff　$(R \in R) \supset c$ が真、となる。

簡単な推論から $(R \in R)$ が真であって、ゆえに c が真となることが帰結する。するとあらゆる命題 b について $(b \supset c)$ が真になるので、C は命題全部の集団を定義していることになるが、これは不可能である。

この補題で c を $\forall y(y \in a)$ と置くと、a の部分集合全部の集団の

定義 A はありえないことがわかる。よって次が証明できたことになる。

定理 3.8. フレーゲ構造では、いかなる集合 a についても、a の部分集合全部の集団は内的に定義できない。

この定理はどんな集合についても成り立つ以上、$\{x|\neg(x\doteq x)\}$ にも当てはまることに注意。この集合の部分集合となるような集合は、正に空であるような集合である。つまり、空集合全部の集団はフレーゲ構造では定義できないことになる。もちろん、どんな空集合二つも、それら同士は等しくないとしても、外延的には等しい。『基本法則』では集合同士の外延的同等性は同一性と一致していたが、ここで明らかになったように、フレーゲ構造では一致しえない。

訳注
[1] 「$\lambda x.f(x)$」と書くことが多いが原文に従う。
[2] 翻訳では省いた部分。解説参照。
[3] 翻訳では省いた部分。解説参照。

文献

Aczel, P. (1977) The strength of Martin-Löf's intuitionistic type theory with one universe, in: *Proceedings of the Symposium on Mathematical Logic* (*Oulu 1974*), edited by S. Miettinen and J. Vaananen, Report No. 2 of Dept. Philosophy, University of Helsinki, pp. 1–32.

Aczel, P. (1979) The type theoretic interpretation of constructive set theory, in: *Logic Colloquium '77*, edited by A. Macintyre, L. Pacholski and J. Paris (North-Holland, Amsterdam).

Barendregt, H. P. (1977) The type free lambda calculus, in: *Handbook of Mathematical Logic*, edited by J. Barwise (North-

Holland, Amsterdam) pp. 1091–1132.

Beeson, M. J. (1977) Principles of continuous choice and continuity of functions in formal systems for constructive mathematics, *Annals of Mathematical Logic*, 12, 249–322.

Church, A. (1932 & 1933) A set of postulates for the foundations of logic, *Annals of Mathematics*, 33, 346–366, and 34, 839–864.

Curry, H. B., et al. (1972) *Combinatory Logic*, Vol. 2 (North-Holland, Amsterdam).

Feferman, S. (1975) A language and axioms for explicit mathematics, in: *Algebra and Logic*, Lecture Notes in Mathematics, 450 (Springer, Berlin) pp. 87–139.

Feferman, S. (1978) Recursion theory and set theory: a marriage of convenience, in: *Generalised Recursion Theory*, Vol. II, edited by J. E. Fenstad, R. O. Gandy and G. E. Sacks (North-Holland, Amsterdam) pp. 55–98.

Frege, G. (1893 & 1903) *Grundgesetze der Arithmetik, begriffsschriftlich abgeleitet*, Vols. I and II (Jena), partial English translation in Furth (1964).

Furth, M. (1964) *The Basic Laws of Arithmetic* (Univ. of Los Angeles Press, Berkeley and Los Angeles).

Martin-Löf, P. (1975) An intuitionistic theory of types: predicative part, in: *Logic Colloquium '73*, edited by H. E. Rose and J. C. Shepherdson (North-Holland, Amsterdam) pp. 73–118.

Shoenfield, J. R. (1977) Axioms of set theory, in: *Handbook of Mathematical Logic*, edited by J. Barwise (North-Holland, Amsterdam) pp. 321–344.

Scott, D. (1972) Continuous lattices, in: *Toposes, Algebraic Geometry and Logic*, edited by F. W. Lawvere, Lecture Notes in Mathematics, 274 (Springer, Berlin) pp. 97–136.

Scott, D. (1974) Axiomatizing set theory, in: *Proceedings of the Summer Institute on Axiomatic Set Theory*, 1967, Part II, edited by T. Jech, AMS Proceedings of Symposia, Vol. XIII, Part II, pp. 207–214.

Scott, D. (1975a) Lambda calculus and recursion theory, in: *Proceed-

ings of the Third Scandinavian Logic Symposium, edited by S. Kanger (North-Holland, Amsterdam) pp. 154–193.

Scott, D. (1975b) Combinators and classes, in: *λ-Calculus and Computer Science*, edited by C. Böhm, Lecture Notes in Computer Science, 37 (Springer, Berlin) pp. 1–26.

Smith, J. (1978) On the relation between a type theoretic and a logical formulation of the theory of constructions. Dissertation, (Dept. of Mathematics, Göteborg, Sweden).

Stenlund, S. (1975) Descriptions in intuitionistic logic, in: *Proceedings of the Third Scandinavian Logic Symposium*, edited by S. Kanger (North-Holland, Amsterdam) pp. 197–212.

＊ここに訳出したのは、Peter Aczel, "Frege structures and the notions of proposition, truth and set," in *The Kleene Symposium: Proceedings of the Symposium Held June 18–24, 1978 at Madison, Wisconsin, U.S.A.*, ed. by J. Barwise, H. J. Keisler, K. Kunen, North-Holland, 1980, pp. 31–59 の前半部分、pp. 31–42 である。

訳者解説

全部で7節ある論文のうち、第1節から第3節までを訳出し、4節以降を省いた。本文は充分に簡にして要を得ているとはいえ、抄訳であること、形式的道具立てが出て来ることから、若干の補足をしておく。

論理主義と命題関数

論理的集合観とは、数学は性質や機能の対象化ということに深く関わっているという、フレーゲ、カントール、デデキント、パース、ラッセル以来の洞察を基に、数学的対象の本性、数学の諸定理の「正しさ」、数学の諸科学への応用が「正しい」理由、の三点を説明しきろうとする試みである。この試みの実現の中心的な道具が、性質の外延であった。つまりまず、$\{x|F(x)\}$ という記号の扱い方。性質、性質の性質、それ

らの同一視、などの構成を次々行ってゆくこと。それにより、適当な性質の外延に比定された数学的対象どもが、その対象が持っていてほしい性質（形式的公理的にその対象についての理論を展開するときには、公理として要請する類いの性質）を確かに備えていると論理的に証明すること。そして、数学の論証が「正しい」のは、結局

　（＊）包括公理：対象がある性質を持つのは、その対象がその性質を持つ対象全部の集まりに属するときである

という自明性に基づいていると示すこと。さらに数学の諸科学への応用が「正しい」のは、数学の諸定理が論理的真理（つまりいつでもどこでも成り立つこと）だからである、と示すことである。この目標がうまく実現されるには、(1) 述語 F を書き表す言語が、うまく定義された、素性の良いものでなければならない、(2)「{|}」、「$\in$」、という記号が、あるいは、性質の外延、ならびにそれへの対象の所属という概念が、うまく扱えなければならない、(3) 個々の局面においては、しばしば $\{x|F(x)\}$ が確かにそれに所属する要素を持つことの三つが必要である。

　いずれも手強い問題である。特に、実数論の再構成などでは、述語 F の中に「{|}」や「$\in$」が現れることを許容したい。そのことが、性質の外延と所属関係という道具で数学をとらえ直す、という方法の強さの源なのだから。ところがこのことは（＊）を、単純に左辺で右辺を定義する定義図式と考えることを不可能にする。より安全な概念への還元などという問題はおいておいても、「{|}」や「$\in$」が立ち働く世界がどのような形をしているのか、というのは難しい（そしてこの世界を使い回そうとするなら、ある程度解明せねばならない）問題となる。そしてラッセルのパラドクスが、伝統的論理の当たり前の要請とも見える（＊）と普通に定式化された述語論理とがそのままでは相容れないことをさらけ出した。

　問題の答えは（あるいは少なくともその定式化は）一つではない。

　公理的集合論は次のような道をたどった。何か対象の世界が先にあることにするのである。その対象たちを、集合と呼ぶ。この世界には、和集合、冪集合などといった対象を生成する原理が非論理公理として入っており、その一つとして、ある集合の元たちのうちからある性質を満たすものを抜き出すという形に包括公理を制限したもの（分出公理）があ

る。集合の集まり、集合の集合の集まり、などといったものが、どんどん対象化でき、それに応じて、性質の外延、性質を外延化したものについての性質の外延、といったものが扱える。特に、関数は、入力と出力の順序対の集合、という対象に比定する。ラッセルのパラドクスは（公理的集合論が無矛盾であるという仮定の下で）ラッセル集合は存在しないという形で回避される。

　しかしながら、公理的集合論では、包括公理はその世界の生成原理の一部でしかない。対象一個一個が勝手にあって後で性質名をつけられて頭ごなしに集められるという描像は、包括公理の救い方としては不満足ではないだろうか。包括公理の旨味は、それ一つで数学的対象とは何であるかも、数学の諸命題が何であるかも、説明できるということだったはずである。対象から包括公理（の修正版）を導くのではなく、包括公理から対象とその性質どもが導けるという包括公理本来の眼目に沿った形の救い方はないのだろうか。そもそも公理的集合論でも、まず直観的には、制限無しの素朴包括公理で欲しい性質の外延を想定した上で必要な場合にはこれを集合になるように修正するという形で、包括公理を使っているではないか。この暗黙の使用のレベルで包括公理を成り立たしめる構造はどのようなものだろう。

　包括公理、あるいは性質の外延の働き方を考えてみよう。ある性質（述語）を考える。その性質の外延という表現を作った途端、その性質を持つあらゆる対象が一括して表される。その性質を持つ個々の対象を構成したり直観したりする必要なしに、である。そしてその外延表現は、大抵、元の性質があらわに言及されていないような類を表す数学用語の定義とされる。一方、何か対象（名前、項）を考える。その対象がその類に属するか否かは、対象についての直観ではなく、類についての直観でもなく、頭ごなしに要請するのでもなく、定義に立ち返り、その対象が、外延の元になった性質を持つかどうかで決まる。表現の側でいえば、その対象名に外延の述語を述定した文の真偽を考えればよい。文（が表す事態）は他の文（が表す事態）たちと論理的な諸関係で結びついている。特に文の真偽は、その文が証明されるか否か、つまりその文（が表す事態）を論理的に帰結するような文（が表す事態）たちへ遡り、その文（が表す事態）たちを帰結するような文（が表す事態）たちへ遡り、していって現れた文（が表す事態）たちが最終的にすべていつでも成り立つ文（が表す事態）たちにたどり着くかどうかで決まる。大事なこと

は、これにより、初めに考えた文（が表す事態）が、帰結関係を遡って出てきた文（が表す事態）たちと結びつけられることである。特に、初めに考えた文が真ではなくても、まったく無意味ということではなく、帰結関係を遡って出てきた文（が表す事態）たちは、その文（が表す事態）が成り立つための前提条件を特定するであろう。また、類に属する勝手な対象（generic object）を仮定するとは、外延の述語をある変数に述定した「文」の前提条件になるような「文」たちを仮定することに当たる。論理主義は、このような文（が表す事態）たちとの関係こそが、初めの文（が表す事態）の本性であるとする。ということは、論理主義では、数学的な事態を、個々の事態への直観や措定に依らず、事態全体の結びつき方で説明する。結局、ある対象がある類に属するという事態は、諸事態の結びつきの形に還元される。数学とは、性質や述語が、論理を介して相互作用する場で起きていることであり、数学的対象とは generic object として働く文（が表す事態）の束である、というのが論理主義の主旨である。[1]

ある項「t」で表された対象が、外延表現「$\{x|F(x)\}$」で表される集合に属するかどうかは述語「F」の意味で決まる。すなわち、文「$F(t)$」の意味で決まる。外延表現「$\{x|F(x)\}$」の意味（つまり F であるような対象の集合）とは、各々の対象に対して、その対象が F であるという命題を割り当てる関数となり、包括公理の

$t \in \{x|F(x)\}$ ならば $F(t)$

の向きは、関数を入力 t に適用して、その値として命題が出たということを表す。一方、

$F(t)$ ならば $t \in \{x|F(x)\}$

の向きは、一つの命題からある項を除いて命題関数を取り出す操作に当たる。論理主義の主旨からいえば、集合はその集合に属する対象をいきなり束ねたものではなく、あくまでそれを対象に適用した結果が真な命題になって初めて要素と関係がつくという意味で、自身の要素から独立な位置にある。

さて、論理主義は、もともと外延、所属関係、包括公理からすべての

フレーゲ構造と命題、真理、集合の概念

数学を導こうというのだから、述語「F」の中身も外延表現と「$\in$」との組み合わせしか出てきようがない。さらに、対象を表すような項は包括公理で取り出した外延表現しかありえない。だから $t\in\{x|F(x)\}$ という文は、実はいつも $\{y|G(y)\}\in\{x|F(x)\}$ という形になっている。これは包括公理から、$F(\{y|G(y)\})$ という文になるのだが、今、述語「$F(x)$」の中に「$\cdots a\in x\cdots$」という表現があったとしよう(つまり F 性の判定条件の中に、F 性を判定したい対象に対象 a が属しているかを問う部分があったとする)。すると、$F(\{y|G(y)\})$ の中には $\cdots a\in\{y|G(y)\}\cdots$ という部分が現れ、結局 $F(\{y|G(y)\})$ かどうかを確定するには $G(a)$ を確定しなければならない。述語「$G(y)$」の中に「$\cdots b\in y\cdots$」という表現が出て来ることもある(つまり G 性の判定条件の中に、G 性を判定したい対象に対象 b が属しているかを問う部分がある)。項 a も「$\{z|H(z)\}$」という外延表現のはずだから、$G(a)$ を確定するためには $H(b)$ を確定しなければならない、云々。このように対象への命題関数の作用は、命題関数の作用たちの奔流を起こしうる。そして、最も一般の場合には、この作用が有限段階で終わって値となる命題が現れ、そこから順々に遡って元の命題 $F(\{y|G(y)\})$ の真偽が確定する保証はない。もちろん、この非可述性が(普通の導出法での)ラッセル・パラドクスの要因のひとつであった。命題関数という概念に含まれている関数概念は独特の手強い複雑さを持っていると言えよう。パラドクスの成り立ちを探るのに、このような関数概念の性格を調べるという筋道があるのではないか。

上のように、命題関数としての外延が、入力としてのもう一つの外延に作用する事例を考えると、このような関数には、次のような特徴がある。

1. 命題関数がある入力に対してどのような値を出力するか(もちろん命題なのだが、それが真か偽かということ)は入力によってできた命題と他の命題たちとの論理的な関係の網を経巡ることで決まる。関数と個体とは、この網への入り方の指定をするだけである。
2. だから関数は、単品では、それに対してありうる入力と出力の対の集団を内包してはいない。入出力対と関係はあるがそれとは別の何かである。
3. 特に、定義域をまず決めて、そこに属する個体一つ一つに、値となる個体を割り当てて、それをまとめあげて関数とする、という

作り方は、できるとは限らないし、する必要もない。
 4. また、関数は入力から値への移行において、入力となった一つの個体まるごとには関わらない。関数の元になった述語によって入力の中から取り出され、諸命題の網にさらされる性質のみが、値に影響する。相異なる個体で、しかし関数が作用したときに包括公理の繰り返しで出て来る命題たちが同じになるようなものは、その関数については、(包括公理と論理的帰結関係の本性から) 同じ値を持つ。つまり関数は、入力として取ったどんな個体をも、その関数が扱う諸性質を持つか持たないかだけで区別される generic object として扱う。

パラドクス云々は抜きにしても、論理主義的数学観の構造を理解するには、このような関数概念が体現している数学的構造を理解しなければならないはずだ。では、関数をこのようなものとして扱う枠組みはあるのか。実はここでラムダ計算というものが登場する。フレーゲ構造がラムダ計算のモデルプラスアルファである以上、ラムダ計算について説明しなければなるまい。

ラムダ計算とそのモデル

　ラムダ計算とは何か。それは関数とその作用を、「段取りの実行の、段取りの実行の、段取りの実行の……」というような手続きたち同士の相互作用として考える道具である。

　何か手続きたちが作る世界を考え、入力も手続き、関数も手続き、値も手続き、となっているとしてみよう。ある手続きの段取りとは、基本的には、その手続きに含まれる部分的な手続きたちと、それらの組み合わせ方の指定である。かりにそれを何らかの言語表現「M」とか「N」で表すとしよう。ある手続き N に手続きを付け足すとか、N の作業のある部分を他の手続きにつなげるとかするその付け足し方つなげ方も一つの段取りであって、これは手続き N に働きかけるある手続き M となる。そして M を N に働かせるという段取りは「$M(N)$」と表すことにしよう。これを実行したら N に M で決めたやり方で手続きをつなげたりしてできる手続きになるはずである。一方、段取りの中には、それが組み合わせている部分手続きたちの中に、自前の作業ではなく他所に依託した作業をも含むものがありうる。他所に依託した分の作業は、変数

「x」、「y」などで表すとすると、このような段取りは、それを表す表現の中に変数が混じっていることになる。そしてこの段取りには、他所から受け取った作業をこの段取りの作業組み合わせの x 部分に埋め込みという指定が入っているだろう。表現「M」で表した段取りの変数「x」のところに他所から手続きを受け取って埋め込めという段取りを「$\lambda x.M$」という表現で表そう。この手続きを N に働かせたもの $(\lambda x.M)N$ は、手続き M の x 部位に手続き N を受け取ってはめ込んだ手続きとなる。では段取りの実行はどうするか。実行ということの中には、最低限「手続き M の x 部位に手続き N を受け取ってはめ込め」という指定に従って、実際に M の x 部位に手続き N をはめ込むことが含まれていよう。M が「…x…x…」という「x」が現れる表現で表される手続きだとすると、「$(\lambda x.…x…x…)N$」で表した段取りのうち、このことを実行した手続きは、「…N…N…」という表現で表せよう。我らが手続きの世界が、上で述べた組み合わせ方と実行法のみから成るとしたものが、ラムダ計算の基本である。すなわち

1. 手続きを表す表現（ラムダ項）は、変数か、既にあるラムダ項「M」、「N」と変数から作った「$M(N)$」や「$\lambda x.M$」というものである。
2. 「$(\lambda x.M)N$」という項で表される手続きの、（一段階の）実行結果は、項「M」の変数「x」の所に「N」を代入した項である。このような表現の書き換えを β 簡約という。

ここまで来ると、ラムダ項とそれらの代入操作という仕掛けそのものが、段取りと実行の世界を体現していると見ることができる。そして、各ラムダ項は、他のラムダ項に β 簡約で作用して、新たなラムダ項を作る関数と見ることができる。

例1 $f(f(x))$（手続き x に手続き f を作用させたものに手続き f を作用させる、つまり手続き x に手続き f を二回作用させる、という手続き。）

例2 $\lambda x.f(f(x))$（他所から受け取った手続きに手続き f を二回作用させるという手続き、つまり手続き f を二回作用させるという関数。）

例3 $\lambda f.\lambda x.f(f(x))$（二つの手続きを受け取って、一つめの手続きを二つめの手続きに二回作用させる手続き、つまり手続きの回数としての自然

数 2。)
- **例 4** $\lambda g. \lambda y. g(g(g(y)))$ （同様に手続きの回数としての自然数 3。）
- **例 5** β 簡約の例。$(\lambda x.(\lambda y.\ xy))(\lambda f.\ fa)$ を簡約すると $\lambda y.((\lambda f.\ fa)y)$ となる。これを簡約すると、$\lambda y.\ ya$ となる。

このようにラムダ項からラムダ項への関数としてのラムダ項には次のような特徴がある。

1. 関数項 M に項 N を入力した結果は、項 $M(N)$ を簡約して、できた項に簡約できる所があればまた簡約して、という具合に、ラムダ項たちの簡約関係の網を経巡ることで決まる。初めの項 M と N はこの網への入り方を指定するだけである。
2. だからラムダ項そのものは、単品では、それに対してありうる入力と出力の対の集団とは別物である。関数そのものの構成の中に入力となるべき項や出力となるべき項は入っていない。
3. 定義域（ラムダ項全体のうちのある部分集団）をまず決めて、そこに属する項一つ一つに、値となるべき項を割り当てて、この割り当てを入出力対集合としてまとめあげた関数が、ラムダ項の世界での関数、すなわち一つのラムダ項として実現できるとは限らない。つまり、うまいラムダ項 X を作って、X に「定義域」に属する項 M を並べてできた項 $X(M)$ を簡約していったら、必ず M に割り当てた項にたどり着くようにできるとは限らない。定義域という概念は関数を作った後で考慮される。
4. ラムダ項が表す関数は、入力から値への移行において、入力の項まるごとには関わらない。簡約によって入力の中から作り出され、さらなる簡約にさらされる項のみが値に影響する。

ラムダ項の世界では自然数を一通りと、自然数上の再帰的関数を表現できる。たとえば自然数は上の例のように項を作用させる回数を表す項（チャーチ数詞）で表すとし、各々の再帰的関数に対して、適切なラムダ項で、それをチャーチ数詞に作用させて簡約していくとチャーチ数詞になって、それは再帰的関数に数を入力して出た値に対応しているようなものが取れる。

このようにラムダ項の簡約という形式的計算として見たラムダ計算に

例示されている関数概念は、なにか論理主義的関数概念に近い構造を持っていそうである。ではその構造とはどのようなものか。モデル論の道具を援用し、各々のラムダ項がある数学的構造の要素の名前となっており、しかもラムダ簡約で関係しあう項たちは同じ要素の名前となっているようにして、ラムダ項が体現しているような関数概念を純化してその構造に取り出せないだろうか。

モデル論では、ある数学的理論の帰結を探究するために、その理論のさまざまな言い回しが何か数学的構造の要素の名前であると想定してみて、そう想定できるにはその構造がどのような特性を備えているべきかを調べる。公理的集合論を使ったモデル論では、数学的構造とは、(いくつかの) 集合とその上の関係や関数をいくつか特定したもの、つまり (それらの) 集合の和や積や冪の要素で適当な条件を充たすもの一揃、となる。

いま、ラムダ項の世界では、各ラムダ項がそのまま関数であったから、ラムダ項が名づけているような要素すべてのなす構造を $\mathscr{L}$ とすると、

$$\mathscr{L} \cong \mathscr{L}^{\mathscr{L}}$$

となりそうである。集合論では集合 X, Y について、

$$X^Y = \{Z \subseteq Y \times X \mid Z \text{ は関数的関係である。}\}$$

であった。ところがこう考える限り、$\mathscr{L}^{\mathscr{L}}$ と $\mathscr{L}$ に同型対応など取れないというのがカントールの対角線論法であった。

集合論的発想で手続き的関数観を表現しづらいのはなぜか。関数適用のとらえ方にずれがあるからである。集合論的関数を作用させる、つまりその関数の定義域の要素を入力して値域の要素を出力する、とは、入出力対集合の中で、第一成分が入力と同じ対の第二成分を取り出すこと (第二成分への射影) である。このとき第一成分の中身 (どのように構成されたか) は、要素の同一性以外、適用には関わらない。関数を入出力の対の集合と同一視するのは、関数の構成そのものの中に入出力となる対象たちの構成を含めることである。対象たちの構成が完遂してから関数を作ることになる。

一方、手続き的関数の適用はどのようなものであったか。関数はそも

そも入出力の対集合ではなく、手続きの段取りである。入力もまた手続きの段取りとしての関数である。特に入力の構成は関数がすることではない。入力が与えられて初めて関数はそれに対する出力の構成を始める。出力の構成は、入力された関数が行う手続きにさらなる手続きを加えることであるが、それが入力された関数の振る舞いをも使って行われるのである。たとえば項 $\lambda x. M(x)$ の $M(x)$ の中に…$x(L)$…という部分があったとすると、この関数に項 N が入力されると、$M(N)$ の中には、…$N(L)$…という部分がある。N が関数抽象項であったときここで β 簡約が行われるはずだが、これは $M(N)$ を算出するにあたって、入力（であるところの関数）N に L を入力したらどんな値になるかを関数 M が調べていることになる。このように、手続き $\lambda x. M(x)$ は手続き N の成り立ちに分け入って、その成り立ちに誘導され、また誘導し返すようにして、手続き $M(N)$ という値に至る。N とは異なるもう一つの項 N' について、$(\lambda x. M(x))(N') = M(N')$ を考えたとき、もしも $M(x)$ の中の…$x(L)$…という部分や…$L'(x)$…という部分の x に N' を入れた $N'(L)$ や $L'(N')$ がすべて、$M(N)$ での対応する部分 $N(L)$ や $L'(N)$ と同じ手続きであれば、$M(N')=M(N)$ になる、つまり関数 $\lambda x. M(x)$ の N での値と N' での値が同じになるはずである。また、$N'(L)$ や $L'(N')$ のすべてではなくとも大部分が、$M(N)$ での対応する部分 $N(L)$ や $L'(N)$ と同じ手続きになっていたら、$M(N')$ と $M(N)$ は、同じでなくとも「似た」手続きとなろう。手続き的な関数 f に何か x を入力して出た値は、その x の成り立ちのうちで f との相互作用に直面する部分にのみ依存する。f は入力として取ったどんな手続きをも、その成り立ちのうちでその関数が扱う側面だけで区別される generic object として扱う。関数が直に行うことは、成り立ちを成り立ちに移すことであって、あくまでそれに附随して、個々の個体が、その値へと移されるのである。

集合論的関数 g では、上のような N と N' とについて、$(N, y), (N', z) \in g$、つまり $g(N) = y \neq z = g(N')$ となっても構わないのだが、手続き的関数ではその本性からこんなことは起こらないのである。

このような特質を持つ数学的対象のモデル論的考察をするのだから、やり方を少しかえようというのである。

1. 扱いたい対象の諸類を、その類の要素の集合ではなく、その類の要素の成り立ちの構造として定式化し、その構造の特別な要素と

して、もともとの要素を位置づける。公理的集合論上で行うモデル論でも、その類を、その類の個体名が名づけるべき要素の集合ではなくて、要素の成り立ちたちの集合プラスその上の構造でモデル化し、その成り立ちたちのうち特別なものを、類の個体名が名づけている、というようにする。
2. 関数名が名づけるべき要素を、そのような成り立ちの構造同士の間の、構造を保つ写像としてモデル化する。
3. 関数そのものも、1. の意味での類に属すると考える。つまり、関数とは、関数の成り立ちたちのなすある構造の特別な要素である、とする。

懸念の手続き的関数のモデル化についていえば、

4. 類$\mathscr{A}$の成り立ちの構造が、類$\mathscr{A}^{\mathscr{A}}$の成り立ちの構造と同型なものを（できれば）見つける。（そのために、ブルーノ、ガリレオ、デデキント以来の「無限集合の不思議」を援用する。）という方針が立つ。

これはうまく行った。D・スコットはこのような考えを実行したのである。では、類の要素の成り立ちたちの構造を、どのように定式化しよう。

例1。一つのやり方は、成り立ちを、その類の要素が持ちうる属性と考えることである。するとその属性たちには、その類の要素であれば必ず充たしているべき一般的なものから、より特別なある範囲のものしか充たしていないもの、さらにはもしかしたら特定の一つの要素しか充たしていないもの、というふうな、特殊化ないし具体化についての序列があるだろう。類の要素は、その要素が持つ属性の発現の過程で得られるとすると、属性xが発現するには、それに必要な属性はすべて発現していなければならない。属性aと属性bとが両立しうるならば属性$(a$と$b)$はこの両者をより特殊化具体化した属性となり、その属性を発現する要素の範囲はより絞り込まれるだろう。このような、属性の発現の序列を、単純化して半順序集合としてモデル化する。この集合の要素は、もともと表したかった類の要素の属性である。順序関係は、属性の発現の過程を進んで、類の一般性から類の個々の要素に近付いた方を大とする。つまり半順序集合の要素x, yで$x<y$となるのは、属性xが属性y

に必要であることを表すと考える。

では二つの類 A, B をこのように半順序集合で表したとき、A から B への関数はどのように考えられるか。類 A の属性の発現過程を、類 B の属性の発現過程に移すことである。このような意味での関数 $f: A \to B$ では、$a < a' \in A$ とすると、$f(a) \in B$ は、属性 a の発現過程を B のある属性の発現過程に移したものであり、$f(a')$ はそれと同じやり方で属性 a' の発現過程を B のある属性の発現過程に移したものである。いま a' の発現には a の発現が含まれているから、f で a' を移すことの中には、f で a を移すことが含まれている。だから $f(a')$ の発現には $f(a)$ の発現が含まれる、つまり $f(a) < f(a')$ となるはずである。都合、このような関数を順序保存関数（単調関数）としてモデル化することが考えられる。実際は、順序保存性をさらに強めた（属性の発現の可能無限系列を属性の発現の可能無限系列に移すときには、移された結果は、発現の各有限段階を移したものだけで決まる、という）スコット連続性という性質を考える。

この、半順序集合とスコット連続関数という道具立てで、数学的対象の類とその成り立ちを成り立ちに移す関数を定式化するのがスコット領域理論である。この理論ではさらにスコット領域 A からスコット領域 B へのスコット連続関数全体も自然にスコット領域になることが示せる。すなわち、「関数とは、関数の成り立ちたちのなすある構造の特別な要素である」と考えることができるのである。

例2。上のような考えで、類 $\mathscr{A}$ の成り立ちの構造が、類 $\mathscr{A}^{\mathscr{A}}$ の成り立ちの構造と同型になる実例として、スコットの $\mathscr{P}(\omega)$ モデルを説明しておこう。

これから考える類は、基本的な属性が可算無限個あるとし、単純化してそれらはどれも両立可能であるとしよう。さらにこの属性たちを自然数と同一視し、例えば3で属性第三番を表すというふうにしよう。すると、任意の自然数の集合は、それに属する番号の基本属性を同時に持つ個体を generic に表していると考えられる。$\{2, 3, 5\}$ は属性二、三、五番を持つ個体である、等。基本領域として取るのは、このような個体としての自然数の集合の全体、つまり $\mathscr{P}(N)$ である。より大きい集合は、発現している属性の多い個体であると考えるから、$X, Y \in \mathscr{P}(N)$ について、$X \subseteq Y$ のとき $X < Y$ という順序がこの領域に入っている。

さて、自然数全体の集合と、自然数の順序対全体の集合との間には全単射が取れるので、うまい関数 $\langle , \rangle: N \times N \to N$、$\pi_1: N \to N$、$\pi_2: N \to N$

を取って、$\pi_1(\langle n, m \rangle) = n$、$\pi_2(\langle n, m \rangle) = m$、$\langle \pi_1(m), \pi_2(m) \rangle = m$、となるようにできる。すると各々の自然数 m は、同時に自然数の順序対 $\langle \pi_1(m), \pi_2(m) \rangle$ とも見ることができる。

もう一つ入り用な道具は、自然数の有限集合全体と、自然数全体との間の全単射である。いま、自然数の有限集合 $X = \{n_1, n_2, n_3, \cdots, n_i\}$ があったとき、その要素の最大を m とし、二進法で $m+1$ 桁の数 $n(X)$ を次のように定める。

$j (< m) \in X$ のとき $j+1$ 桁目は1、$j (< m) \notin X$ のとき $j+1$ 桁目は0。

また、自然数 n に対して、自然数の有限集合 $e(n)$ を

$e(n) = \{j | n$ の二進法表記において、$j+1$ 桁目が1になる$\}$

と定めると、関数 $n(X)$ と $e(n)$ とが全単射を与える。

すると、各々の自然数 m を、自然数の有限集合と自然数との順序対 $(e(\pi_1(m)), \pi_2(m))$ と見ることができる。これを「$e(\pi_1(m))$ に入る属性をすべて充たしているような個体を属性 $\pi_2(m)$ 番へ写せ」という指令と考える。今や任意の自然数集合が、このような指令の集合、つまり関数と見なせることになる。$X, Y \in \mathscr{P}(N)$ について、関数としての X に入力としての Y を入力した結果を与える関数 APP: $\mathscr{P}(N) \times \mathscr{P}(N) \to \mathscr{P}(N)$ を

APP$(X, Y) = \{m | \exists Z \exists l (Z \subseteq Y \wedge Z$ は有限 $\wedge\ l \in X \wedge e(\pi_1(l)) = Z \wedge \pi_2(l) = m)\}$

と定める。つまり指令の集合 X の中に、(属性の集合で特定される限りでの) 個体 Y がすべて充たしている属性についてのものがあったら、その指令を実行する、という風にして得られた属性を、集めたものである。この定義から、$Y < Y'$ のとき APP$(X, Y) <$ APP(X, Y') となるのは、ほぼ明らかであろう。よって自然数の任意の集合が、基本領域上の順序保存関数 (実はスコット連続関数) とみなせる。基本領域上の任意のスコット連続関数が、自然数のある集合で表せることは、$f: \mathscr{P}(N) \to \mathscr{P}(N)$、スコット連続、に対して、$f$ の規則集合 rule $(f) \in \mathscr{P}(N) \times N$ を rule$(f) = \{(X, m) | m \in f(X)\}$ と定めると、f のスコット連続性から、実は X が有

限集合になっている規則 (X, m) たちだけで f の振る舞いは完全に決まるので、finrule $(f) = \{(X, m) | m \in f(X) \wedge X$ は有限$\}$ としておけば、$\lambda(f) = \{\langle n(X), m \rangle | (X, m) \in \text{finrule}(f)\}$ として、関数 $\lambda: \{f: \mathscr{P}(N) \to \mathscr{P}(N) | f$ はスコット連続$\} \to \mathscr{P}(N)$ が決まり、$\text{APP}(\lambda(f), Y) = f(Y)$ とすることができる。

これで $(\mathscr{P}(N), \text{APP}, \lambda)$ という三つ組は、ラムダ計算のモデルであると言える。本論文中のラムダ系とは、このようなモデルを、n 項関数 ($n \in N$) ごとに分けた形で書いたものである。

フレーゲ構造の見つけ方

上で説明したような関数たちのなす宇宙を使って、命題たちや述語たちの論理的相互作用と、述語の外延としてそこから浮かび上がる論理的集合たちをモデル化したのがフレーゲ構造である。上のようなラムダ計算のモデルから始めて、フレーゲ構造のアイデアに至る道をたどってみよう。まずはモデルの中に、命題に当たるものを比定しなければなるまい。そこで、モデルの要素のあるものたちは命題に当たるとだけ仮定してみて、進んでみよう。命題に当たる要素の中には、真な命題に当たるものもあるだろう。これらを真理と呼ぶことにして先に進もう。ここで重大なただし書き。

> 「本論文中と、この解説でここから先では、「命題」、「真理」、という用語は、上の意味でのモデルの要素のことを指すテクニカルターム／専門用語である！」

これらの単語で普通に意味しているようなもののことは、「文」とか、「事態」とか、「成り立っていること」などの言い回しを使うと約束する。

さて、モデルの要素たちは、どれも何らかの関数になっており、関数適用やら、ラムダ抽象やらに当たる操作ができて、その結果がやはりモデルの要素になっている。このことと、今仮定した命題たち真理たちを使うと、述語（が名づけている要素）に当たるものをモデルの中に比定できる。すなわち、モデルの要素（である関数）の内で、それをどんな要素に適用しても、結果が命題になるようなもの、（フレーゲ構造専用のテクニカルタームとしての）命題関数である。

ここで本論文中で最も大事な術語「内的定義」について述べなければならない。いま、われわれは、（公理的集合論を媒体として）フレーゲ構

フレーゲ構造と命題、真理、集合の概念

造という種類の構造をモデル論的に考えている。フレーゲ構造は、だから、特定の集合と、その集合上の特定の関係たち（一項関係としての部分集合も含む）ならびに関数たち一揃である。ここでいう集合とは、公理的集合論の意味での集合、つまり、公理的集合論の宇宙の要素の集団でしかも、宇宙の特定の要素と∈関係で結びつくという形で、その特定の要素のそのまた要素全体に比定できる集団である。関係や関数についても同様に、底集合の要素の順序対（関数なら入出力対）等の集合である。今までに出てきた範囲でいえば、ラムダ計算のモデルとしての、関数適用を表す二項関数 APP、関数抽象を表す一項関数 λ、そして命題全体の集合、真理全体の集合である。これらの他にも、（今モデル論の媒体としている）公理的集合論の許す限りにおいて、フレーゲ構造上の部分集合や関数を、構造の要素やその順序対の集合として定義したり考察したりできる。一方、フレーゲ構造の要素の各々は、ラムダ計算モデルの要素として、関数である。つまり、モデルの任意の要素を入力とし、モデル上の関数適用 APP を使って作用した結果の要素を出力とする関数である。この関数については、この入出力対の集合としての定義と、モデルの要素（とモデル上の関数適用）による定義の二通りの表し方があることになる。想定上の論理主義的集合論の言語が名指しうるのはフレーゲ構造の個々の要素のみである。フレーゲ構造上の関数的入出力関係は、要素として定義ができなければ、想定上の論理主義的集合論の特定の項で名指すことはできないのである。むしろ、想定上の論理主義的集合論の特定の項で名指せるかどうか、ということのモデル論的定式化が、フレーゲ構造上での要素による定義可能性という概念なのである。

　さて、フレーゲ構造の構造の要素としての命題関数が、フレーゲ構造上の関数適用によって構造のある要素に作用した結果は、真理であったりなかったりするだろう。ここで、その命題関数は、その命題関数を適用した結果が真理であるような要素全体の集団を「内的に定義する」という。想定上の論理主義的集合論の言語でその命題関数を名指す述語が当てはまるような要素の全体が、その命題関数によって与えられる。フレーゲ構造の要素の勝手な集団を取ってきて、フレーゲ構造からその命題たちへの関数を、その集団の要素には真理を割り当て、それ以外の要素には真理でない命題を割り当てるように按配した入出力対の集合を作って、これをその集団に対応する命題関数（特性関数）だと言えば言えるが、この入出力集合を与えるような要素が構造内になければ、このよ

うな関数を想定上の論理主義的集合論の言語のある述語として名指し、さらにはその外延を外延表現で名指すことはできないのである。

では、ただまるっきり入出力集合ではなく、フレーゲ構造の一つの要素でもない次のような例はどうか。フレーゲ構造の要素、f、g、hがあって、どんな要素xに対しても APP(APP(f, APP(x, g)), APP(h, x)) が命題になるのが分かっているとき、このような入り組んだ形でxに作用する命題関数を適用した結果が真理であるような要素全体の集団。これは内的定義可能である。フレーゲ構造はラムダ計算モデルであるから、関数抽象に当たる操作がモデル上でできる。想定上の論理主義的集合論の言語で、F、G、H が f、g、h を名指しているとすると、上の関数は、変数 y についての関数表現 $(F(y(G)))(H(y))$ が名指すものになるが、$\lambda y.(F(y(G)))(H(y))$ が名指すような要素 k がモデルにあり、この要素によって、上の関数は定義されている。

この例のように、フレーゲ構造中の要素を使って作られた命題関数にモデル上での関数抽象を施して得られた要素（これ自体、モデル上の適用関数によって命題関数である）こそ元の命題関数（を指している想定上の論理主義的集合論の述語）の外延としての論理的集合である。ここで重大なただし書き。

「本論文中と、この解説でここから先では、「集合」という用語は、上の意味でのモデルの要素となっている命題関数を指すテクニカルターム／専門用語である！」

よって、集合とはすなわちフレーゲ構造の要素となっている命題関数のことであり、その集合の要素は、フレーゲ構造の要素のうち、その関数を作用させたら真理となるもので、それら全体の集団をこの関数が内的に定義していることになる。

さて、このように、命題、真理、集合、といった道具立てが加わったラムダモデルに、論理的結合子をも加えたい。すなわち、例えば、結合子「かつ」に対して、モデルの適当な要素（カッと呼んでおこう）で、期待されるような性質を持つものを要請したい。

もともとラムダ計算やその親類のコンビネータ計算自体がこのような試みであった。すなわち、適当にあい異なるラムダ項 t と f を用意して、それらに真理値の役割を担わせ、命題とは簡約すると真理値に落ち着く

ようなラムダ項であると定め、ラムダ項 f が表す関数がどんな入力に対しても出力は真理値になっているとき f を命題関数であるといい、述語の外延あるいは集合とは命題関数であると定め、結合子は真理値やその組み合わせを入力したときに適当な真理値を出力するラムダ項であるとする、云々。これがうまく行っていれば、何もフレーゲ構造がどうのと言う必要はなかったのである。

このような論理的ラムダ計算はうまく行かなかった。その訳は手続き的関数という概念の本性に由来し、またラッセル・パラドクスとも関係する。まず、あらゆるラムダ項には、不動点が存在する。つまりどんな項 M に対しても、適当な項 X で $M(X)=X$ となるものが取れる。たとえば

$$X = (\lambda x. M(xx))(\lambda x. M(xx))$$

とすればよい。これは使いでのある事実で、たとえば未知の手続き的関数 X を構成したいときに、X が充たしてほしい条件を上のような不動点方程式の形に書ければ、一律にその解として X が作れる。ところが論理的結合子もラムダ項である以上、その不動点が取れる。否定についてのラムダ項（否と呼んでおこう）について否 $(X)=X$ となり、もし結合子の出力が頭ごなしに真理値になるとしたら、これは矛盾である。また、勝手な命題ラムダ項 A と、含意結合子（即と呼んでおこう）に対して、$(X$ 即 $A)=X$ なる X が取れるが、これが命題であるとすれば、この条件と簡単な命題論理の推論で A が真になることが帰結する。この論法でどんな命題 A でも真になるから、論理的帰結関係が無意味になる（カリーのパラドクス）。

フレーゲ構造では、命題ないし真理値を頭ごなしに $\{t,f\}$ と決めてかかるのではなく、論理演算と平仄が合っていて、しかも自然にラッセルやカリーのような例が命題にならなくなるように、条件づけようというのである。（もちろん、この条件を充たすような構造が存立しうることは証明しなければならない。アクゼルの論文の後半でその証明が行われる。）

アクゼルの論理図式を見て、タルスキのT図式による結合子の定義と何が違うから話がうまく行くのか訝しがる向きもあるかもしれない。第一にこれはテクニカルタームとしての命題、真理、結合子、についての図式である。第二にこれは結合子だけの定義（を、命題や真理とは何

なのかが既に確定している所で行うの）ではなく、結合子ならびに命題や真理がどのようなものであるべきかの最低限の条件づけなのである。各結合子の論理図式は、その結合子に何かを入力した結果がどのようなときに命題となるかを定め、命題となる場合（基本的には命題を入力したときになる）にはどのようなときに真になるかを定めるが、それによって結合子の真理関数的振る舞いだけではなく、命題集団そのもの、ならびに真理集団そのものを再帰的に定めているのである。さらに、そのように条件づけられた所の命題たちに値を取る関数を命題関数というのだから、論理図式は、間接的には集合とは何であるかも定めているのである。以上のことが、3節でのラッセル・パラドクスの分析と、4節以降のフレーゲ構造の構成で決定的な役割を果たす。ラッセル「集合」は命題関数にならないので集合ではなく、それをラッセル「集合」に「述定」したラッセル「命題」も命題ではない、というのが議論の骨子である。パラドクスが出るからラッセル命題だけ例外にしようというのではない。論理図式の諸条件は別にパラドクスの処遇について述べてはいない。何かその諸条件は少なくとも充たしている集団、という一般的な命題概念が設定できた上で、ラッセル・パラドクスと突き合わせると、ラッセル「命題」は命題ではないことが帰結するのである。

フレーゲ構造の作り方

4節では、ラムダ系を持つ明示的に閉じた族$\mathscr{F}$をラムダ構造と名付け、ラムダ構造がラムダ計算のモデルになっていることを確かめる。5節では、ラムダ構造上の演算をいくつか定義し、その性質を調べる。APPやλを繰り返し使うことで、$\mathscr{F}$中の各n項関数$f\in\mathscr{F}_n$に対してそれを表すする対象（つまり$\mathscr{F}_0$の要素）を与える$\mathscr{F}$汎関数が作れ、逆に各対象$a\in\mathscr{F}_0$についてそれが表すn項関数を与える$\mathscr{F}$汎関数を作ることができる。$\mathscr{F}$上で原始再帰的関数論が展開できる。$\mathscr{F}$の対象の順序対に対して、その対をあらわす$\mathscr{F}$対象を与える$\mathscr{F}$関数 PAIR: $\mathscr{F}_0\times\mathscr{F}_0\to\mathscr{F}_0$ と順序対対象からそれが表している対の第一、第二成分を復元する$\mathscr{F}$関数 $p, q: \mathscr{F}_0\to\mathscr{F}_0$ が存在する。PAIR、p、q、を組み合わせて使うことで、$\mathscr{F}$対象の有限列も扱える。$\mathscr{F}$汎関数のある組が独立である（independent）という概念を導入する。これは、その組に属する関数の値域が互いに交わらず、しかもそれら値域の特性関数が$\mathscr{F}$関数になっているということである。各自然数mと$\mathscr{F}$汎関数の有限列に対して、その列の先頭にmを付けた

フレーゲ構造と命題、真理、集合の概念

列を表す対象を与える$\mathcal{F}$汎関数たちは独立である。平たく言うと、自然数と$\mathcal{F}$汎関数の列 $(m, f_1, \cdots, f_i)$ と $(n, g_1, \cdots, g_j)$ があったとき、先頭の自然数インデックスが違ったり列の長さ i と j が違ったりすれば、この二つの列が同じ対象で表されることはない。など。この$\mathcal{F}$汎関数の自然数インデックス付き有限列を、6節のフレーゲ構造の構成で使う。

まず各結合子を、フレーゲ構造の要素 x、y、f に対して

$(x \doteq y) = \langle 0, x, y \rangle$
(つまり $\doteq = \lambda x. \lambda y. \langle 0, x, y \rangle$、以下も同様)、
$\neg x = \langle 1, x \rangle$
$(x \;\&\; y) = \langle 2, x, y \rangle$
$(x \vee y) = \langle 3, x, y \rangle$
$(x \supset y) = \langle 4, x, y \rangle$
$\exists x f(x) = \langle 5, f \rangle$
$\forall x f(x) = \langle 6, f \rangle$

というふうにインデックス付きの有限列に比定してしまう。そして論理図式を、出来上がっている命題集団と真理集団が充たすべき条件としてではなく、手持ちの命題、真理、命題関数たちから新たに命題と真理を生成する再帰的定義とみなすのである。たとえば否定図式を、

　a が命題であるとき、$(\neg a)$ を命題集団に加えよ。また、a が真でないときかつそのときに限り、$(\neg a)$ を新たに真理集団に加えよ。

という指令と読む。他の結合子についても同様である。そして手持ちのラムダ構造の上で、まず命題集団も真理集団も空であるところから出発し、論理図式たちに従って、どんどん命題と真理を生成してゆくのである。第一段階は、手持ちの命題も真理も一つもないので、既にある命題や真理を材料に使う論理図式は使えないが、同一性図式は

　a と b が対象であるとき、$(a \doteq b)$ を命題集団に加えるのだが、$a = b$ のときにはさらにこれを真理集団に入れ、そうでないときは真理でない命題とする。

という条件となり、材料が任意の要素なので使える。つまり、第一段階では、対象の同一性についての命題が一通り生成され、そのうち真理はラムダ構造上で$\langle 0, a, a \rangle$の形の要素となる。今や命題集団も真理集団も空ではないから、第二段階では、他の図式も使えるようになる。特に、ラムダ構造の要素となっている関数の中で、値が必ず$\langle 0, a, b \rangle$の形になるものは、第一段階が終わった所で命題関数であることになるので、これについて量化、述定、包括公理図式も使えることになる。第三段階では命題も真理もさらに増え、またそれらを値とする関数が、新たに命題関数に認定され、つまり新たに集合に認定される。このような再帰的定義とみなした定義図式たちは、公理的集合論の対象としてのラムダ構造の冪集合からそれ自身への作用素にまとめられる。

$\mathcal{Y} \subseteq \mathcal{X} \subseteq \mathcal{F}_0$に対して、$\theta_0(\mathcal{X}, \mathcal{Y}) = \{\mathcal{X}$を材料となる命題集団とし、$\mathcal{Y}$を材料となる真理集団として、それらに論理図式たちを一回適用した命題の形の要素$\}$、$\theta_1(\mathcal{X}, \mathcal{Y}) = \{\mathcal{X}$を材料となる命題集団とし、$\mathcal{Y}$を材料となる真理集団として、それらに論理図式たちを一回適用して作った真理の形の要素$\}$、$\theta(\mathcal{X}, \mathcal{Y}) = (\theta_0(\mathcal{X}, \mathcal{Y}), \theta_1(\mathcal{X}, \mathcal{Y}))$とすると、$\theta: (\mathcal{P}(\mathcal{F}_0) \times \mathcal{P}(\mathcal{F}_0)) \to (\mathcal{P}(\mathcal{F}_0) \times \mathcal{P}(\mathcal{F}_0))$であり、材料が多ければそれを使ってできる命題型要素や真理型要素も増えるので、$\mathcal{X} \subseteq \mathcal{X}'$かつ$\mathcal{Y} \subseteq \mathcal{Y}'$のとき、$\theta_0(\mathcal{X}, \mathcal{Y}) \subseteq \theta_0(\mathcal{X}', \mathcal{Y}')$かつ$\theta_1(\mathcal{X}, \mathcal{Y}) \subseteq \theta_1(\mathcal{X}', \mathcal{Y}')$である。このようなことを、作用素$\theta$は単調増加であるという。空な集合二つから始めて命題と真理を生成してゆく過程は$(\phi, \phi), \theta(\phi, \phi), \theta(\theta(\phi, \phi)), \theta(\theta(\theta(\phi, \phi)))\cdots$というように$\theta$を何度も適用して$\mathcal{F}_0$の部分集合の対を作ってゆくことに当たる。これを適当な超限回行えば、$\mathcal{F}_0$の部分集合の対$\mathcal{P}$、$\mathcal{Q}$で、

$\theta(\mathcal{P}, \mathcal{Q}) = (\mathcal{P}, \mathcal{Q})$

となる最小のものが作れることは、再帰的定義の一般論である。この式は、θによって$\mathcal{P}$、$\mathcal{Q}$の要素から作った命題や真理が既に$\mathcal{P}$、$\mathcal{Q}$に入っているという意味だから、$\mathcal{P}$、$\mathcal{Q}$では論理図式が成立することになる。しかもこれらは、対象の同一性についての命題と真理から始めて論理図式について閉じている集合の最小限のものになっている。ここで5節の独立性によって、異なる結合子を使った命題が同じ対象になってしまうことはなく、同じ結合子を使った命題同士でも材料の違うものは違った対象になるので、このようにして作った命題ならびに真理集団の中でたと

えば $p=\neg p$ となるような命題は存在しない。ラムダ構造 $\mathscr{F}$ と、$\mathscr{P}$、$\mathscr{Q}$ の三つ組がフレーゲ構造となる。

フレーゲ構造の考え方

　つまるところ、フレーゲ構造の教えは何か。ラッセル・パラドクスは、集合という対象の措定についての困難ではなく、命題とか事態という概念の定式化についての困難だということである。記号の集団と意味の集団を別個に用意しておいて、それらを要素ごとに指示関係で結びつけるという描像では理解しきれない面が言語の意味にはある。個体と事態という二種類に意味の世界を分け、記号の方はそれに対応して項と命題記号に分け、うまく結ぼうとする。しかし性質の外延記号には、ある個体を結びつけただけでは話が終わらなかった。性質の外延は、個体化を裏切って、事態の束として働くからである。外延ならびにそれに関わる事態は、事態のすべてに関わるような個体なり事態なりである。よって外延記号ならびにそれを含む文は、その他すべての文や外延記号に関わる項なり文なりである。少なくとも性質の外延というものを対象として遇する限り（そしてそれ以外に対象などというものの出所があるのだろうか）、つまり対象を事態を引き起こす何かととらえる限り（そしてそれ以外に対象のとらえ方などあるのだろうか）（あい異なる理論の事態概念を重ね合わせる、という働きがありうるが、今ここでは、性質の外延というもっとも広い意味での対象概念／論理的対象について考えていたことを思い出そう）、これは不可避である。だから個々の記号と意味の結びつき以前に、意味同士の関係と記号同士の関係との辻褄が合うことが必要になる。このため、とりあえず用意した記号集団の中に文記号に当たるものたちを設定するためだけで既に、事態同士の関わりあいにうまく合う記号を取り出さなければならず、他の記号とうまく関わりあっている記号を取り出さなければならず、記号が他のすべての記号とどう関わりあっているかを見なければならない、というのが論理図式での命題性条件なのである。

注
(1) 「論理主義」の旗印の下になにを考え、どのように主張し、誰にけんかを売るかは、学者ごと、また同じ学者でも著作ごとに異なるのだが、ここで説明しているのは、そのあたりの事情を一切省き、目標とそれに向かう方法のみを（教育的に）再構成した「論理主義」であると思ってほしい。

文献紹介

アクゼルの論文から二七年が経ち、後続する研究や解説なども増えたので、紹介しておく。

(1) 林晋、小林聡著『構成的プログラミングの基礎』、遊星社、1991年。

構成主義的数学の入門書。フレーゲ構造とフェファーマンの体系を、プログラム言語の意味論に使う試み。

(2) Cantini, A. *Logical Frameworks for Truth and Abstraction* (North-Holland, Amsterdam), 1996.

フレーゲ構造ならびにそれを表す形式言語の研究。論理定項の中に真理述語まで入れる。これでタルスキに抵触しないのは論理図式の命題性条件と、含意定項のレベル分けという工夫による。フレーゲ構造関連の話はほとんど網羅的に書いてあり、文献目録も充実している。

(3) Chierchia, G., Partee, B. H., Turner, R. (eds.) *Properties, Types, and Meaning*, 2 vols. (Kluwer, Dordrecht), 1989.

集合論とタルスキ意味論以外のやりかたで自然言語の意味論と言語哲学を考える試み。特に第一巻の半分くらいはフレーゲ構造がらみの論文である。

(4) Link, G. (ed.) *One Hundred Years of Russell's Paradox* (Walter de Gruyter, Berlin), 2004.

ラッセル・パラドクスの教訓は未だ汲み尽くされてはいない。

証明論的意味論と命題についての
フレーゲ的同一性規準(1)

ヨラン・スントホルム
（金子洋之訳）

『算術の基本法則』第32節において、フレーゲは、文の意味はその真理条件によって与えられるというアイデア、あるいは彼の特殊な言い方では、文の意味はその文が［真理値］真（the True）の名前であるための条件によって与えられるというアイデアを世に送り出した。実のところ、これは、フレーゲ的体系で真理が果たさねばならない多くの役割の一つにすぎなかった。特に、二値性が成立するという意味で、すなわち、すべての思想（命題）は、神によるのであれ、人間によるのであれ、どんな認知活動とも完全に独立に、真か偽かのいずれかであるという意味で、真理は絶対的な観念である。それゆえ、なされた主張や承認された判断の正しさといったさまざまな認識論的観念はこの絶対的な真理の観念に還元可能である。すなわち、ある平叙文の発話を通してなされた（公にされた）主張（判断）は、その文によって表現される命題が真である場合に、正しい。真理にこうした絶対的な身分が与えられたとすれば、フレーゲが次のような意見をもっていたとしても、驚くにはあたらない。彼によれば、真理は分析されずに残されねばならない特異な観念なのであり、そして事実上定義不可能な観念なのである。

真理メイカー図式、すなわち、

(*) 命題 A が真である＝A のための真理メイカーが存在する。

というパターンにそって真理の望ましい分析を与えることは、他の人々、特にブレンターノ、ラッセル、とりわけ『論考』の作者に残された。もちろんここで、ライプニッツの充足理由律との明らかな歴史的平行関係に注目しなくてはならない。真理メイカー分析が語っているのは、ある命題が真なときにはいつでも、その命題は根拠ないし充足理由、すなわちその真理メイカーをもつ、ということである[1]。このようにして導入される真理の観念は、明らかに、真理メイカーの選択されたカテゴリーと並んで、その真理メイカーのカテゴリーにふさわしい存在の観念の両方に依存する。もっとも精巧になされた実在論的真理メイカー分析、すなわち、『論考』でウィトゲンシュタインによって与えられた分析では、要素命題のための真理メイカーは事態であり、それにふさわしい存在の観念は存立の観念であり、他方、非要素命題の場合には、要素命題への依存関係が真理関数的な性格をもつために、真理メイカーの働きはなしですますことができる。他の選択肢としては、真理メイカーとして複合観念を選ぶラッセルや、基本的な真理の担い手として判断を用い、そうした判断の対象を真理メイカーとするブレンターノの選択がある。

これほど多様な選択肢が与えられると、真理メイカー分析について膨大な一般的主張をなしうると期待することはできない。特に、真理メイカー図式（*）が真理のさまざまな属性に関して完全に中立だということは、強調されるべきである。たとえば、真理が二値性をもつ概念であるかどうかは、存在についてさらにどういう性質が成り立つかということと、真理メイキングの関係とに依存するであろう。

ここで述べることのできる一般的で実質的な一つの論点は、次のような意味理論的観察である。すなわち、文意味が真理条件によって与えられ、後者（真理条件）が図式（*）によって与えられると

310

き、存在の概念か真理メイキングの関係かのいずれかが、性格上、非命題的でなければならない。さもなくば、『思想』でフレーゲが真理に関して与えたのと同じ議論の筋道にそって、際限なく下降してゆく意味説明という悪しき無限背進を覚悟しなければならなくなる。たとえば、ウィトゲンシュタインの論考理論の場合には、どちらの概念も明らかに命題的ではない。(要素) 命題と命題が提示する事態の間の関係は内的関係であり、したがってそれは示されうるだけであって、語ることはできない。その一方で、存立するという観念は、明らかなことだが、存在量化子によっては表現されない (その存在量化子は、存在量化された命題関数に対する真理条件を使って説明される)。

意味論についての証明論的な考え方のもとでは、選ばれる真理メイカーの種類は、明らかに、証明のそれであり、それに応じて、真理メイカー図式を次のように述べることができる。

(**)　A が真である＝A の証明が存在する。

しかしながら、証明論的意味論のような何かを進行させるためには、証明の概念と、それに付随する存在の概念の両方をかなり入念に仕上げる必要がある。

「証明 proof」は、主として数学で語られてきたが、法律の文脈でも語られている。英単語 proof の語源は、他のヨーロッパ諸言語で proof を表す語とは異なっている。「証明 proof」はラテン語の probare に由来し、そのためにときには、試験 test を意味することがある。他方、Beweis (ドイツ語)、bewijs (オランダ語)、bevis (スウェーデン語)、démonstration (フランス語) のような語はいずれも英語の demonstration と同じ語幹に由来し、哲学的には後者の語 [demonstration] を考察する方がはるかに啓発的だというこ

とがしばしばある。オックスフォード英語辞典はそれに相応しい意味を提供している。

　論証する、あるいは推理によって明らかにするという行為、またはプロセス。

　したがって、この意味では、証明 proofs は行為、心的行為であり、これはブラウワーがまさしく主張していたことにほかならない。私がそれを為すことによって何かを知る、その為すこととは、知るという行為、知識獲得のプロセスである。通常、存在の概念を行為に対して適用することはないであろうが、行為—存在のための唯一納得できる候補は、お・こ・な・い・ performance の観念であるように思われる。ところが、これは、真理をまぎれもなく時制をもつ観念にしてしまうことにつながるであろう。すなわち、命題は、それが証明されたときに初めて真である。その結果として生ずる時間性は、しかしながら、伝統的に認められてきた、真理の無時間性ないし「永遠性」とあからさまに矛盾する。この居心地の悪い結論を避けようとして、

　命題は、それがすでに証明されている場合に真である。

と言って、その結果、いったん立証された真理は真のままである、とすることもできるかもしれない。事実、ブラウワーはいかなる「経験されない」真理をも許容していない。真理についてのこうした考え方、保持された真理は、もちろん時間の中で変質するわけではないが、それでもなお時間的な観念である。ある瞬間よりも前では、それはずっと証明されないままであり、その後にそれは証明され、ずっと証明されたままであり続ける。伝統的に、行為は、それ

ら行為の対象と結びつけられている。証明は知るという行為なのだから、証明行為の対象は、知識の対象、あるいは、カント的な用語では、認識にほかならない。その一方で、知るようになるという行為は、伝統的には、判断という行為であり、その対象は為された判断である。「定理」という語は、ときには、数学的証明という行為によって証明されるものを表すためにとっておかれる。定理は命題であろうか。一つの伝統に則した意味では、それらは命題であり、これとは別の近代的な意味ではそれらは命題ではない。伝統的には、命題とは提起された何かである。ここには明らかに主張の力が見て取れる。この用語法はいまでも数学の内部に生き残っており、そこでは定理は命題と呼ばれている。この場合には、この伝統的な意味で、命題は判断と主張のレベルに属している。哲学での伝統的な標準用法を見てみれば、「判断」と「命題」は、証明あるいは知るという心的行為の心的所産を表すために共通に使われている、ということがわかる。これに対し、「主張」はそうした行為の結果を公にするために使われる外的記号ないしトークンを表すために主としてとっておかれているように思われる。それゆえ、ある、伝統的な意味で、「命題」は、「判断」と同じもの、あるいは、同じではないとしても、少なくとも、知識の心的対象を表す外的記号として「判断」にきわめて密接に関係づけられた何かを意味するように思われる。[2]

判断の形式とは何か。伝統的には、主語／繋辞／述語という形式の二項判断

$S \text{ is } P$

が使われてきた。1837 年以降、すなわちボルツァーノ以降、形式

命題 A は真である

が通用するようになり、特に、ボルツァーノ、フレーゲ、ラッセル、ウィトゲンシュタイン、そして数理論理学を通して、現代分析哲学のすべての人によってこの形式が考察されてきた。ボルツァーノとフレーゲは、それぞれ命題それ自体 Satz an sich と思想 Gedanke を使っており、命題という用語はフレーゲ的な思想をラッセルが翻訳したものである。この結果、命題は、今日では、この現代的な意味で、もはや判断ではなく、判断内容なのである。

　要約しよう。証明は知識の行為であり、証明という行為の対象は、なされた判断、主張、定理（ここで、どういう用語を選ぶかは、どの相を強調したいかに依存する）である。なされる判断の形式は、

　(***)　A は真である

であり、A は、問題となっている判断の内容として役立つ命題である。証明による真理メイカー分析の応用は、判断の形式として、

　(・)　A の証明が存在する

を生み出す。これはいまの場面ではほとんど意味をなさない。というのも、われわれがこれまで考えてきた証明とは、その対象として判断をもつ、証明という行為だからである。(・) において、命題 A は判断ではなく、むしろ判断の内容であり、したがって、証明行為の対象ではない。この判断全体

　A の証明が存在する

は、それが判断されたときには、たんにその内容 A というよりは、証明行為の対象でなくてはならない。それゆえ、定式化（・）は、カテゴリーの誤謬であるように思われる。

　証明は心的行為ないし心的構成だというブラウワーの見解は、適切な真理メイカー分析を与えてはおらず、そのために要求される観念の導入は、彼の生徒、ハイティンクに残された。彼は、ある論争への決定的な貢献の一部としてそれを行ったが、その論争とは、たとえば、直観主義命題計算に関する初期の研究において彼が導入した、形式的計算の適切な解釈にかかわる論争であり、それ以外の点では混乱した論争であった。言い換えれば、フレーゲが

　命題とは何か？

という問いに対して古典的な（実在論的）答えを与えたのと同様に、ハイティンクは、同じ問いに対して直観主義的な答えを与えたのである。フレーゲの答えはこうであった。命題（思想）は、二つの真理値、真（The True）と偽（The False）の一つを提示する仕方、あるいは、もっとはっきり言えば、真理値を決定する条件である。他方、ハイティンクは、この、知識から独立した真理値という観念を使うことはできなかったので、自らの分析を証明と構成によって定式化した。彼によれば、

　命題 P、たとえば「オイラーの定数 C は有理数である」は、一つの問題、もっとうまく言えば、一定の期待（$C=a/b$ となるような二つの整数 a と b を見つけ出せるという期待）を表現し、それは、実現されうるか、あるいは裏切られるかするものである[3]［I］。

一年後に事態はさらに明らかにされる。

　私は、命題と主張の間を区別する。主張は命題の肯定である。数学的命題はある一定の期待を表現する［Ⅰ］。たとえば、命題"オイラーの定数 C は有理数である"は、$C=a/b$ であるような二つの整数 a と b が見いだされるはずだという期待を意味する［Ⅲ］。あるいは、"期待"という語よりも、現象学者によって造られた"意図（志向）Intention"という語の方が、ここで言わんとしていることをよりよく表現しているかもしれない。……

　命題の肯定は、意図の充足を意味する。たとえば、肯定"C は有理数である"は、求められている［二つの］整数が事実見つけ出されたということを意味するであろう［Ⅳ］。……命題の肯定は、それ自体命題ではなく、むしろ、事実の確立、すなわち、命題によって表現された意図の充足である［Ⅳ］。……

　その充足が求められているような意図によって、一つの問題が与えられる［Ⅰ］。それは、ある構成によってその意図が充足されるか、あるいは、その意図から矛盾へと導かれるということが証明されるかするとき、解決される。

　命題の証明は、それ自体がふたたび数学的に考察されうるような数学的構成である[(4)]［Ⅱ］［Ⅲ］。

最終的な定式化は、彼の本『数学基礎論――直観主義、証明論』において与えられた。[(5)]

　すべての命題は、一定の諸条件を満足する数学的構成へ向けての

意図を表す。命題の証明は、そこで要求されている構成の現実化に存する［Ⅱ］。

簡単に言えば、以上の引用で示されたハイティンクの立場は、次のようなものである。

（Ⅰ）数学的命題／問題は、それらの証明とみなされるものによって個別化される。すなわち、数学的文の意味は、その文によって表現される命題の証明とみなされるべきものを定めることによって説明される。
（Ⅱ）命題の証明は構成である。
（Ⅲ）構成は数学的対象である。
（Ⅳ）完全に明示化された場合には、数学的主張（定理、判断）は、次のような形式をとる。
　　構成 c は、命題 A の証明である。

もちろん、"構成"という語は、プロセスか生み出されたものかという点で、あるいは、行為か対象かという点で、すなわち、構成という行為と、その行為において、あるいはその行為を通して構成される構成-対象との間でひどく多義的である。さらに、その行為がそれに従って実行される構成-手続き、ないしレシピもまたときには構成として知られている。そういうわけで、"証明-対象 proof-object"が、数学的構成-対象に適用されるにふさわしい用語であるように思われる。この数学的構成-対象は、数学的主張を行う権利をもつために、すなわち、命題の真理を判断するために提示されなければならないものでもある。[6]

　ハイティンクは、命題の真理を主張する権利をもつために知らなければならないことは何かについて説明を与えた。さまざまな定式

化が提供されてきたが、証明-対象を用いて表現されたヴァージョンの中で、以下の定式化はかなり標準的なものである。

(0) いかなる対象も⊥の証明ではない。
(ⅰ) a が A の証明-対象であり、b が B の証明-対象のとき、$\langle a, b \rangle$ は $A \& B$ の証明-対象である。
(ⅱ) a が A の証明-対象のとき、$i(a)$ は $A \vee B$ の証明-対象である。b が B の証明-対象のとき、$j(b)$ は $A \vee B$ の証明-対象である。
(ⅲ) x が A の証明-対象のとき、$b(x)$ が B の証明-対象であるとする。このとき、$\lambda x b(x)$ は $A \supset B$ の証明-対象である。
(ⅳ) $P(x)$ が集合 D の上の命題関数で、$b(x)$ が $P(x)$ の証明-対象のとき、$x \in D$ とすれば、$\lambda x b(x)$ は $(\forall x \in D) P(x)$ の証明-対象である。
(ⅴ) $P(x)$ が集合 D の上の命題関数で、$a \in D$、かつ b が $P(a)$ の証明-対象のとき、$\langle a, b \rangle$ は $(\exists x \in D) P(x)$ の証明-対象である。

これらの定式化は、ハイティンクからとられたというよりも、むしろマーティン゠レーフの直観主義タイプ理論で通用している定式化にヒントを得ている。[7] 以下において、場合によっては、主張（判断）

 a は、タイプ α の対象である

を表す表記法として、

 $a : \alpha$

を使用する。特に、問題となっているタイプが命題 A の証明–対象のタイプの場合には、

$a : A$

と書く。

この地点で一つの概念的な洗練が要求される。すなわち、上の説明の前件で導入される証明–対象は、当の命題のカノニカルな証明（ダメット）ないし直接証明（ゲンツェン）である。上の直接の証明–対象は、いずれもゲンツェン方式の導入則形式をもっている。すべての証明がこの形式で構成される必要があるわけではない、ということはよく知られている。たとえば、最後の推論がモードゥス・ポネンス、すなわち含意除去の事例になっているような、連言命題の証明は、明らかに導入則形式をもってはいない。

よく知られた除去則は、カノニカルでない証明–対象を得るための方法の端的な実例を提供してくれる。たとえば、c が $A \& B$ の証明–対象のとき、$p(c)$ は A の証明–対象であり、$q(c)$ は B の証明–対象である。射影関数 p と q の主要な性質は、次のような二つの評価規則によって与えられる。

$p(\langle a, b \rangle) = a : A$
$q(\langle a, b \rangle) = b : B$

証明–対象のカノニカルな表示とカノニカルでない表示の間の区別は、数字とそれ以外の数名辞の間の区別に正確に対応している。数字は、自然数の集合を導入するために使われるカノニカルな表示である。当然のことながら、この集合の対象を表示するための他の方法もまた必要だし、原始再帰的な数値関数等々のための表現も導

入される。そして、さまざまな数名辞を作り上げるためにこれらが利用されるが、そこでは、扱われるべき関数のための再帰式は名辞間の定義的相等性の観念を与えるのに役立つ。たとえば、$(3!+4)/2$ は、カノニカルでない数（数を表示するカノニカルでない仕方）である。この数は、5として、カノニカルな仕方で表示することもできる。
[8]

　同じ意味で、証明に関するプラウィッツ型の還元ステップもまた、カノニカルな証明-対象とカノニカルでない証明-対象の間の相等性の観念を提供してくれる。たとえば、仮定により、
[9]

$z: A \& B$ とすれば、$z: A \& B$

したがって、&除去によって、$z: A \& B$ とすれば、$p(z): A$

それゆえ、⊃導入により、今度は何の仮定にも依存せずに $\lambda z p(z)$ は $A \& B \supset A$ の（カノニカルな）証明-対象である。

&導入により、
$\langle \lambda z p(z), \lambda z p(z) \rangle : (A \& B \supset A) \& (A \& B \supset A)$

したがって、&除去によって、
$q(\langle \lambda z p(z), \lambda z p(z) \rangle) : A \& B \supset A$

先の二つの評価規則の二番目、すなわちプラウィッツの二つの&還元ステップの一方により、この後者のカノニカルでない証明-対象は、カノニカルな証明-対象 $\lambda z p(z) : A \& B \supset A$ と定義的に相等である。

ダメットは、カノニカルな証明とカノニカルでない証明の間のこの区別が、「推論のパラドクス」を解消するために、すなわち、論理の妥当性とともに、推論の道具としてのその認識論的有用性を説明できるようにするために必要とされる、ということを強調してきた。[10] 論理の認識論的有用性は、次のような事実から生じてくる。すなわち、論理的推論は、ある命題の真理を検証するための、直接的に［その命題に］意味を付与する手段以外の手段を与えている、という事実である。たとえば、

　ヨラン・スントホルムは、自分のポケットに6フローリンもっている

という命題の真理を知るための、直接的で意味付与的な手段は数えることであるが、一連の推論を通してこの真理を発見することもできたはずである。その日の最初に25フローリンもっており、これこれに使い、算術の規則に従って総計すればこれこれの和になり、それぞれの度にこれこれのおつりを受け取り、その上で、オランダの貨幣制度が与えられれば、唯一可能な配分は1ギルダーの価値をもつ六つのコインを含むはずである。論理が認識論的に有用なのは、それが、直接的な意味付与の手段を超えて、命題の真理を認識するための間接的な手段を与えるからである。

　もし意味が証明によって、すなわち、当の文の真理を知るようになるための手段によって与えられるならば、明らかに、［証明という］意味付与を行う手段は、真理を知るようになるための意味付与の手段に含まれている。さらに、その場合には、意味付与の手段は、真理の認識のために存在するあらゆる手段を包摂するように思われる。直接的な意味付与のための手段と間接的な論理的手段との間に要求されていたギャップが、そのときには閉じてしまうのである。

それによって意味が与えられるところのカノニカルな証明-対象とそれ以外のカノニカルでない証明-対象の間の区別は、このギャップを開いたままにしておくことをわれわれに許すのである。

こうした、直観主義的な意味分析にもとづくとき、真理メイカーは、数学的な構成-対象であり、真にするという関係 the relation of truth-making は、その構成が当の命題の証明-対象であるという関係である。これにふさわしい存在の観念がさらに処理されるべく残されている。α が一般的な概念（タイプ、種、カテゴリー、等々）であり、それゆえ

$$a : \alpha$$

が判断の一形式であるとき、さらにもう一つの形の判断、すなわち、

$$\alpha \text{ EXISTS}$$

を導入することができる。一般に、ある判断形式を説明するためには、その形式をもつ判断を行うために何を知らねばならないかが定められなくてはならない。いまの場合に要求される知識は、

$$a : \alpha$$

という形式のある特定の判断を知らなければならないということ、すなわち、規則

$$\frac{a : \alpha}{\alpha \text{ EXISTS}}$$

が、α EXISTS という判断を主張する唯一の仕方を与えるということである。
(11)

　この最後の場面、ここにおいて始めて証明論的意味論の論理は直観主義的になる、ということは強調しておかねばならない。EXISTENCE というこの判断にかかわる概念の使用のゆえに、われわれは二値の法則を主張できないのである。証明論的意味論そのもの、すなわち、先に与えられた証明‐対象の節〔証明‐対象にもとづく論理結合子の説明〕は、真理概念の諸属性に関して完全に中立である。それは、タルスキの T─文が古典論理 vs. 直観主義論理に関して完全に中立であるのとまったく同じ意味でそうなのである。実際、トレルストラとファン・ダーレンが観察したように、充分な古典的推論と存在の古典的観念を用いれば、命題 A は、A の証明‐対象の存在と同値になり、かくして、意味論そのものは、
(12)

　いかなる「説明力」ももたない。古典的に妥当な図式を構成的には受け入れられないものとして認識する可能性は、「構成」、「関数」、「操作」についてのわれわれの解釈にもっぱら依存する。
(13)

EXISTENCE の概念を使うとき、われわれには次のことが見てとれる。直観主義的な分析に基づけば、判断のボルツァーノ形式

　A is true

は、

　α EXISTS

という中間形式の使用を通して、

323

$a : A$

という形式において、伝統的な判断形式

S is P

に引き戻されるか、もしくはその特殊ケースになる。(14) もう一度、行為／対象という用語法にもどると、いまや次のことが見てとれる。証明という行為の対象は証明‐対象ではなく、証明された判断である。他方、証明‐対象、あるいは構成‐対象は、構成という行為の対象である。(15)

　命題に関する同一性の概念は、よく知られているように、扱いの難しい概念である。実のところ、クワインは、命題の同一性に関してうまく扱える規準がないということに基づいて、分析性、様相、そして二階の量化を拒絶してきた。「同一性なしにいかなる存在者 entity もない」というのは、そこで提供されたスローガンである。フレーゲは、彼の一番最初の哲学的著述以降ずっと、この問題を提出し続けてきた。『概念記法』第3節で、彼は、判断の内容、すなわち命題が二つの仕方で異なりうることを見てとっている。

　第一は、ある他の判断と結びついた一つの判断から導くことのできる帰結が、また、同じその判断と結びついたもう一つの判断から帰結するという場合である。第二は、これが事実でない場合である。

　そこで、両方の命題において［第一の仕方で］同じである内容のこの部分を、私は概念内容と呼ぶ。これのみが概念記法にとって

意味をもつので、同じ概念内容をもつ命題の間に、概念記法では区別を設ける必要はない。

したがって、等しい判断内容 A と B の間のここで効いてくる推論条件は以下のようになる。判断 $J_1, ..., J_k$ と内容 A に真理を帰属する判断とから推論されうるすべての判断 J はまた、判断 $J_1, ..., J_k$ と内容 B に真理を帰属する判断とから推論されうるし、その逆もまた同様である。私の分析の結論のところで、この定式化にもう一度もどるつもりだが、しばらくの間は、次のような観察に注意を限定したい。すなわち、内容の同一性のための規準は、一定の［認識的］態度がすでに他の一定の内容に対してとられているとすれば、当の一定の内容に対してどういう認識的態度がとられねばならないかについての考察を通して与えられる、という観察である。

次の点に注目することは興味深い。フレーゲ自身の概略に従えば、彼が最初に企てた『論理学』は、判断可能な内容、つまり判断の命題内容、が推論と結合してもたらされることになっていたまさしくその地点において、すなわち、命題の同一性に関する上で要約した概念記法的規準の詳細な扱いが期待されるまさにその地点において、停止する。[16]

'意義と意味について' において、文意義の同一性のための規準、すなわち表現された思想の同一性のための規準は、認知的等価性 cognitive equipollency によって与えられる。

さて、その文の中の一つの語を、それと同じ意味をもちながら意義は異なる別の語によって置き換えよう。この場合、このような操作は文の意味に対しては何の影響も与ええない。ところが、そのような場合、思想は変化するということを我々は知っている。なぜならば、たとえば、「明けの明星は、太陽によって照らされ

る天体である」という文の思想は、「宵の明星は、太陽によって照らされる天体である」という文の思想と異なるからである。宵の明星が明けの明星であることを知らない人は、一方の思想を真として、他方の思想を偽とすることがありうる。[17]

二つの命題は、したがって、それらに対して異なる認識的態度を保持することが可能な場合に異なっている。言い換えれば、一方を真とし、他方を偽とすることが可能でないならば、すなわち、ある人が一方を真とするならば、その人はまた他方をも真としなければならず、その逆もまた同様であるならば、二つの命題は等しい。したがって、命題の同一性についてのこのフレーゲ的定式化も、ふたたび両方の内容に対して等しい認識的態度をとる必要性にもとづいて理解されている。

1897年に『論理学』というタイトルのもとで彼は二度目の企てを行ったが、その過程において、フレーゲはこの問題に立ち返り、次のような説明を与えている。

「M は N に文書 A を与えた」「文書 A が M によって N に与えられた」「N は M から文書 A を受け取った」という三つの文は正確に同じ思想を表現しており、我々がこれらの文どれか一つから受け取るものは、他の文から受け取るものとわずかの違いさえもない。したがって、事実また、これらの文のうちのどれか一つが真で、同時に他の文が偽であるということは不可能である。

また「フリードリッヒ大王はロースバッハの戦いに勝利した」という文と「フリードリッヒ大王はロースバッハの戦いに勝利したということは真である」という文においても、先に述べたように、異なった言語形式で同じ思想が与えられている。最初の文が表現

している思想を肯定することで、我々は二番目の文が表現している思想を肯定するのであり、またその逆も成り立つ。そこには二つの異なった判断が下されているのではなく、ただ一つの判断が下されているのである。[18]

ふたたび、二つの思想が等しいと主張されるのは、一方の肯定が、それ自体で他方の肯定になっており、その逆もまた成立する場合である。実際、フレーゲが正しく述べているとおり、そのようなケースにおいては、どちらかの一方から、いかなる事柄であれより多くを知ったり、より少なく知るようになるということはありえない。

1906年の8月、フレーゲは、『論理学入門』を提供しようという困難な作業にもう一度戻ってくる。彼は、同一性の規準のために立ち止まることをせずに、「思想」をどう扱うかから始め、いくつかの関連する話題——それらは、そこに記された日付から一週間のうちに論じられている——を通じて、同一性の規準を明らかにしようとしている。そのすぐ後に、フッサールとフレーゲは、命題の同一性について手紙でのやりとりを開始する。そのきっかけは、論理学における最新のドイツ語圏の研究をめぐってフッサールが書いたサーベイ論文、特にマルティによる論文についてそこでなされた報告である。[19] フッサールは、「同一な congruent」平叙文と「等価な equipollent」平叙文の間に区別をたてており、そこでは、同一性 congruence は統辞論的な同一性を、「等価性 equipollence」は認知的な同値性を意味しているように思われる。いま問題になっている、1906年10月30日—11月1日付けの最初の手紙では、フレーゲは躊躇なく単純に等価性の概念を使用している。

　論理学においては、互いに等価（äquipollent）な命題はただ形式においてのみ異なっていると見なすようにすべきです。主張力

——それによってそれらの命題は発話されるわけです——が除去されたあと、互いに等価な命題はその内容において共通な何ものかをもっています。私はそれを、それらの命題によって表現された思想と呼んでいます。これのみが論理学に関連のあるものなのです。

さらに彼は論理的分析の可能性を論じ、二つの特定の文は、等価性についてのフッサールの解釈においても等価になるということをフッサールに納得させようと試みている。後者［フッサール］は、等価性を、問題となっている二つの文の否定が同値 (gleichwertig) であることを意味すると主張していたのである。フレーゲはこのことを彼の真理値分析を使って立証しようとしている。それを行う過程で、彼は自分の「概念記法」とその真理表による説明がいまやその公刊から28年になるというコメントを加えている。このコメントをフレーゲは、論理学入門についての8月の草稿でくり返しており、この事実は、フッサールの返答がその［論理学入門における］論理学にかかわっているのではないかということを示している[20]。この印象は、草稿と同じ話題、たとえば、力や陰影などの話題の多くがこの手紙に登場していることによってさらに強められる。フッサールからフレーゲへの、1906年11月10日と11月16日の二通からなる返答 XIX／4-5 は失われてしまったが、フッサールは、とりわけ等価な文についてコメントしていたからである[21]。

　少なくとも私は、この問題に客観的な解決を与えるための規準を見いだすことができません。

しかし、ある問題に答えるための客観的な基準が存在しないとすれば、その問題はそもそも学問において意味のあるものではない

のでしょう。

という文言でもって手紙XIX／3を終えたフレーゲは、命題の同一性に関してそのときまでに言われてきたことに明らかに満足できないままであったのであり、以前の手紙から五週間―呼吸をおいた後、第二ラウンドに戻ってくる。

一つの思想を同一のものとして再認するためには、何らかの客観的な規準が必要であるように思われます。なぜなら、そのような規準がなければ論理的分析は不可能となるからです。さて、命題Aが命題Bと同一の思想を表現しているかどうかを決定するための唯一の可能な方法とは次のようなものであると思われます。すなわち、まず二つの命題のどちらの意義にも論理的に自明な構成要素は含まれていないと仮定します。その上で、もしAの内容が偽でBの内容が真であるという仮定と、Aの内容が真でBの内容が偽であるという仮定とがともに論理的矛盾に導くならば――しかもそのことを確かめるために、AないしBの内容が真であるか偽であるかを決定する必要もなく、また純粋な論理法則以外のものを用いる必要もないとするならば――同時にBの内容にも含まれないようないかなるものもAの内容――それが真であるか偽であるか判断されうる限りで――に含まれません。なぜなら、Bの内容に含まれてAの内容に含まれないようなものは正当化されないわけですし、上の前提によれば、そうしたものは論理的に自明なものでもないからです。同様に、われわれの仮定によれば、同時にAの内容にも含まれないようないかなるものもBの内容――それが真であるか偽であるか判断されうる限りで――に含まれません。したがってAあるいはBの内容において、真あるいは偽として判断可能なものは完全に一致します。

そしてこれのみが論理学に関連のあるものなのです。私はそれを、A および B によって表現された思想と呼んでいます。

応用したり、あるいは理解することさえもが決して容易な規準ではない！ この規準もふたたび、一方の内容への真理の帰属（Annahme）からもう一方の内容への真理の帰属への移行とその逆の移行を介して与えられている。このタイプの規準がもつ危険性は、もしかするとこの規準が問題となっている二つの命題の間の実質的同値性の真理ないしその論理的真理以上に厳密なものはなにも産み出さないのではないか、という点にある。意味を確定する構成要素のうちに論理的に明白なものを一切含まないという余分な付随的仮定はすべて、この懸念を考慮するために添えられている。さらに、次の点は銘記すべきである。考えられてきた規準のすべて、あるいは規準を得ようというフレーゲの企てすべてと言った方がよいかもしれないが、それらは直接話法 oratio recta の文を目指すものである。実際のところ、間接話法の問題は、この場面では議論されない方がよいのである。

フッサールへの第二の手紙から得られる規準は、それが適切であるにせよないにせよ、紛れもなく複雑であるために、満足のいくものではない。フレーゲもまたこの不満感を共有していたということは十分あり得るように思われる。というのも、「私の論理的教説概観」では「論理学入門」のはじめの部分の改訂を彼は行っており、そこで彼は反省にもとづいてこの問題に立ち返っているからである。[22]はじまりの一節は増補されて、今度は、文の等価性、すなわち命題の同一性の、単純で、すっきりとしており、かつエレガントな規準が含まれている。

さて二つの文 A と B は、次のような相互関係に立つことがあり

うる、すなわち、A の内容を真だと承認するひとは誰でもまた無造作に B の内容も真と承認しなければならず、そしてまた逆に、B の内容を承認するひとは誰でもまた A の内容を直ちに承認しなければならない（同値 Äquipollenz）。但し、その際 A と B の内容の理解には何の困難もないと前提する。

したがって、A と B の意味が把握されているときには、等価性の規準は、

　A は真である

という判断から

　B は真である

という判断への推論が直接的な推論であり、その逆もまた同様だ、ということである。私が思うに、これが、長い探求を通してフレーゲが把握してきた規準の最終的な定式化なのである。もちろんこの定式化は、適切な内容に対する真理帰属の移行という関係に依存している点で、それ以前の定式化と同じ鋳型にはめ込まれているが、付加条件の単純さ、すなわち推論の直接性こそがここではもっとも注目に値する。この定式化の明晰性こそが、それ以前の取り組みと比較して優れている点であり、フレーゲ自身もまた不満ではなかったように思われる。というのも、これ以降の著作で彼はこの問題に戻ることをしていないからである。

　証明論的意味論を用いるとき、この問題はこれよりもさらに単純化されうる。［そこでは］カノニカルな証明–対象がどのように形成されるかを定めることによって、われわれは命題（意図、問題）を

説明する。これに加えて、われわれは、二つのカノニカルな証明-対象が問題となっている命題の等しい証明であるのはどういうときかを説明しなくてはならない。命題が何であるかについてこの説明が与えられると、いまや命題の相等性を説明するのはきわめて容易になる。

A と B とが等しい命題であるのは、A のあらゆるカノニカルな証明-対象が B のカノニカルな証明-対象であり、その逆も同様な（そして、A の互いに等しいカノニカルな証明-対象が B の互いに等しいカノニカルな証明-対象であり、その逆もまた同様な）ときである。

このことは、フレーゲの規準における直接性がさらにもう少し説明されうることを意味している。等しい命題 A と B に関して、次の規則

$$\frac{a:A}{a:B} \quad かつ \quad \frac{b:B}{b:A}$$

が成り立ち、これに対応する $a=b:A$ のための規則も同様に成り立つ。単に同値な命題に関しては、証明-対象 $a:A$ が存在するということが与えられると、ある証明-対象 $b:B$ が存在し、その逆もまた同様だ、というようになっていなくてはならない。このことは、A のすべての証明-対象が B の証明-対象でなければならず、その逆も同様だ、ということを要求していない。そこで要求されているのは、

もし $x:A$ とすれば、$f(x):B$

かつ

　もし $y:B$ とすれば、$g(y):A$

となるような二つの関数 f と g が存在するということにすぎない。関数 f と g はそれぞれの方向への含意を主張することを可能にし、その結果、同値命題 $A\leftrightarrow B$ の真理が保証される。

　他方、二つの命題 A と B が等しい場合には、判断

　$a:A$

がなされるや否や、即座に判断

　$a:B$

がなされうるのであり、当然その逆もまた同様である。

　$A\leftrightarrow B$ は真である

のような命題に関しては、判断

　$a:A$

がなされるや否や、a を

　$f(a):B$

へと変形する関数 f のおかげで

　B は真である

という判断をわれわれはなすことができるが、一般に、どういう形であれ、

　$a:B$

という判断がなされうるという保証はない。

　『概念記法』で企てられた規準に戻ってくるということが、先に約束されていた。この定式化にかかわる問題は、

　A は真である

という切りつめられた形の判断のみが考えられている場合には、命題内容の同値性に関するこの［『概念記法』の］規準が二つのどんな同値命題 A と B によっても満たされてしまうように思われる、ということであった。

　C は真である

が、三つの仮定

　A が真であり、D が真であり、かつ E が真である

から推論されうると想定しよう。その場合、この「C は真である」は、以下のようにして

B が真であり、D が真であり、かつ E が真である

からもまた推論されうる。

　B が真であると仮定せよ

ところが、A と B は同値なのだから、それゆえ

　A は真である。

しかし、

　C は真である

が

　A が真であり、D が真であり、かつ E が真である

から推論されうる。したがって、それは、

　B が真であり、D が真であり、かつ E が真である

から推論されうるし、逆の方向についても同様である[23]。推論条件が適合してしまい、その結果、それらの命題は等しいことになってしまう。したがって、『概念記法』規準は、同値な命題間に無理やり同一性を課しているように思われるが、これは決して満足できるような事態ではない。

証明-対象をも含むようにわれわれの判断を拡張するとき、このような推論はもはや可能ではなくなる。実際、判断内容 A と B の間に上の推論条件が成り立つと仮定してみよう。その上で、A と B とが等しい命題だということを示したい。判断

$a : B$

からは、もちろん判断

$a : B$

を推論できるのは明らかである。この場合、先に許されたような付加的な仮定はなしですますことができる。しかし、上の推論条件が内容 A と B との間に成立しているのだから、この場合、判断

$a : A$

から、さらに

$a : B$

を推論することができ、その逆の方向もまた同様に推論できる。かくしてこれらの命題は等しい。[24]

しかしながら、明らかにフレーゲは、自らの規準が数学の外側でもまた普遍的に適用できることを意図していたのであり、これは強調されるべきである。証明論的意味論は数学の言語に関してのみ与えられてきたが、これが他の談話の領域にまでどうすればうまく拡張できるかは未解決問題である。特に、知覚という証明-行為の場

合に、証明−対象（として使われるべきもの）の存在論的身分は何であろうか。この問いを含めて、他の同様に困難な問題がさらに研究されねばならない。

この論文では、私は、論理学の哲学からの一つの論点、すなわち命題間の同一性の問題を具体的に論ずるという形で、証明論的意味論の応用の一つを示そうと試みたにすぎない。いくつかのそのような応用がすでに与えられてきた。ドンキー文の問題は、マーティン＝レーフによって、タイプ理論的抽象化を直接的に使用することで、端的な仕方で処理されたし、後には私自身が別の仕方でそれを扱った。[25] アーネ・ランタ（Aarne Ranta）は、マーティン＝レーフのタイプ理論を言語学へ体系的に応用するという顕著な成果をあげてきた。[26] いくつかの哲学的な話題も扱われてきた。マーティン＝レーフは、真理と分析的判断の概念を扱っている。[27] ペトリ・メンパー（Petri Mäenpää）は、分析と総合の方法を扱い、私は数学の哲学からのいくつかの話題を考察してきた。[28] かくして、意味論への証明論的なアプローチのもつ関心と実現可能性に関しては、好ましい判断をなすのに十分なものが達成されてきたように思われる。

原注
(1) 草稿についての詳細なコメントならびに、ここで報告された見解を形作るのに相当役立った多くの会話という形で Per Martin-Löf に多くを負うとともに、私の同僚、M. S. van der Schaar 博士にも負っている。彼は、「思想」の同一性規準に関するフレーゲの多彩な探求に私の注意を引きつけてくれた。ハイティンクの仕事に関するいくつかの論点のより十全な叙述は、私の "Constructions, Proofs and the Meaning of Logical Constants," *Journal of Philosophical Logic* 12 (1983), pp. 151-72, に見いだせる。すべての翻訳は私自身のものである。
(2) この節で扱われた話題のかなり詳細な扱いは、Per Martin-Löf,

"On the Meanings of the Logical Constants and the Justification of the Logical Laws," in *Atti degli incontri di logica matematica*, vol. 2, pp. 203–81, Scuola de Specializzazione in Logica Matematica, Departiment di Matematica, Unversità di Siena 1985 (Notes from lectures delivered in 1983) の第一講義に見られる。

(3) "Sur la logique intuitionniste," Académie Royale Belgique, Bull. Cl. Sci., V, 16, pp. 957–63, 特に、p. 958。この引用と続く二つの引用についている括弧付きローマ数字は、以下の論点 [I] − [IV] を実証するのに役立つ。

(4) "Die intuitionistische Grundlegung der Mathematik," *Erkenntnis* 2 (1931), pp. 106–15, 特に、113–14.

(5) *Mathematische Grundlagen forschung ; Intuitionismus, Beweistheorie*, Julius Springer, Berlin, 1934.

(6) 私の知るかぎり、この便利な"証明−対象"という用語が最初に導入されたのは、J. Diller and A. S. Troelstra, "Realizability and Intuitionistic Logic," *Synthese* 60 (1984), pp. 253–82 においてであった。

(7) このタイトルの彼の本 (*Intuitionistic Type Theory*)、Bibliopolis, Naples, 1984, および B. Nordström, K. Petterson and J. Smith, *Programming in Martin-Löf's Type Theory*, Oxford University Press 1990 を参照。

(8) 私はここで、アラビア数字を、自然数を表すカノニカルな名辞と考えてきた。マーティン=レーフのタイプ理論のような形式体系においては、カノニカルな数名辞は通常、0 と後続者関数 s から作られる。Wolfgang Künne, *Abstrakte Gegenstände* (Frankfurt am Main : Suhrkamp, 1983), ch. 4, §7 において、「呈示する単称名辞」(私の用語法でカノニカルな名前に対応する) に対して提供された取り扱いは、ここではもっともわかりやすい。

(9) D. Prawitz, *Natural Deduction*, Almquist & Wiksell, Stockholm, 1965.

(10) M. A. E. Dummett, "The Justification of Deduction" (「演繹の正当化」、『真理という謎』藤田晋吾訳、勁草書房、1986 年、所収), *Proceedings of the British Academy*, LIX (1973), pp. 1–34 参照。また、私の "Proof Theory and Meaning", in D. Gabbay and F. Guent-

hner (eds.), *Handbook of Philosophical Logic*, vol. III (Dordrecht: Reidel, 1986), ch. III: 8, 特に pp. 486–89 も参照。そこでは、この問題がもっと詳細に扱われている。

(11) α EXISTS という判断形式は、論文 "Analytic and Synthetic Judgements in Type Theory," in the Proceedings of the Workshop on Kant and Contemporary Philosophy (Florence, 27–30 May, 1992) においてマーティン＝レーフによって導入された。

(12) この、証明−節の中立性は、もちろん、すでに上でコメントした真理メイカー図式（*）の中立性以外の何ものでもない。

(13) *Constructivism in Mathematics*, vol. 1 (Amsterdam: North-Holland, 1988, exercise 1. 3. 4., pp. 32–33.

(14) ここで私は、命題を証明−対象のタイプとみなすことを選択している。命題 A の証明のタイプ

  Proof(A)

を導入し、それから

  A is true

   =

  Proof(A) EXISTS

のようにすることもできた。ここでの相違は、しかしながら、主として用語法上のものでしかない。

(15) 「証明」と「構成」の多義性に関するいくつかの問題は、私の論文 "Questions of Proof," *Manuscrito* (October, 1993 の数学の哲学に関する特集号) で扱われている。

(16) 断片 *Logik, Nachgelassene Schriften*, 2nd ed. (Hamburg: Felix Meiner, 1983), pp. 1–9 を参照。英訳は *Posthumous Writings* (Oxford: Basil Blackwell, 1979), pp. 1–9.

(17) *Zeitschrift für Philosophie und philosophische Kritik*, NF 100 (1892), pp. 25–50, 特に p. 32. [『著作集 4』78～79 頁。]

(18) *Logik* (1897), NS, p. 153. [『著作集 4』137～138 頁。]

(19) 関連する書誌データは、Gottlob Frege, *Wissenschaftlicher Briefwechsel*, Gottfried Gabriel, Hans Hermes, Friedrich Kambartel, Christian Thiel, and Albert Veraart (eds.) (Hamburg: Felix Meiner Verlag, 1976) で与えられている編集資料に見出される [『著作集 6』の編者解説も参照]。

(20) *NS*, p. 202 (*PW*, p. 186).〔『著作集4』171頁。〕*WB*, p. 104.〔『著作集6』14頁。〕

(21) *WB* の編者たちは、XIX／5における「パラドクス」についてのフッサールのコメントがラッセルのパラドクスに関わっているかもしれないとコメントしているが、私には、そのようなことはありそうにないと思われる。実際、フレーゲとの論争の原因となったサーベイ論文で、フッサールはマーティについてコメントしながら、まさしく、彼の等価性の概念とフレーゲが論証しようとしていた等価性とに直接関わるあるパラドクスについて語っている。フッサールはここでラッセルのパラドクスについての議論へと逸れていったというよりも、この話題を論じ続けていたという方がよほどありそうなことだと私には思われる。ラッセルのパラドクスは、フレーゲとフッサールの間でのやりとりで扱われてきた話題とはまったく異質な話題なのである。

(22) *NS*, pp. 213–18, 特に p. 213 (*PW* p. 197).〔『著作集4』189〜197頁。〕

(23) 私はここで、フレーゲの 'Folgerung' という語を、間接的に mediately 推論されうるものの意味で受け取っている。もし 'Folgerung' が「直接的に推論される」と読まれるべきだとすれば、『概念記法』規準は単に最終的な 1906（？）規準の変種であることが判明する。

(24) 厳密に言えば、私はここでさらに
$a = b : A$
という形式の判断を考えるべきだが、こちらの推論もまったく同様である。

(25) マーティン＝レーフの処理方法は、1980年のミュンヘンにおける、構成的集合論とタイプ理論についての会議で、ついでに、かつ非形式的な仕方で与えられたが、一度も出版されていない。私自身の独立の処理方法は、これまたついでながら、1981年11月の Bad Homburg における *Handbook* の著者たちによる会合で提示され、注の10で引用された "Proof Theory and Meaning," 87 で公表された。両方の処理方法について、私の "Constructive Generalized Quantifiers," *Synthese* 79 (1989), pp. 1–12, 特に、p. 8 を参照。

(26) "Propositions as Games as Types," *Synthese* 76 (1988), pp. 377–95, "Intuitionistic Categorical Grammar," *Linguistics and Phi-*

losophy 14 (1991), pp. 203-39, および彼の *Type-Theoretical Grammar* (Oxford, Oxford University Press, 1994).

(27) "A Path from Logic to Metaphysics," in G. Corsi and G. Sambin (eds.), *Atti del congresso Nuovi Problemi della Logica e della Filosofia della Scienza, Viareggio, 8-13 gennaio, 1990* (CLUEB, Bologna, 1991), pp. 141-49, および上の注11で引用された文献において。

(28) 彼の博士論文 *The Art of Analysis: Logic and History of Problem Solving* (Helsinki: University of Helsinki, 1993), また、"Constructions, Proofs and the Meaning of Logical Constants," *Journal of Philosophical Logic* 12 (1983), pp. 151-72, および注15で引用された "Questions of Proof" において。

訳注

[1] 'truth maker' における 'make' は、ここでは 'make it true' の意味で、すなわち何かを真とするという意味で使われており、それゆえ、'truth maker' という語は「(文や命題を) 真とするもの」と訳されねばならないが、これでは訳語として冗長すぎると考え、あえて翻訳せず「真理メイカー」という語を用いることにした。

---

*ここに訳出したのは、Göran Sundholm, "Proof-Theoretical Semantics and Fregean Identity Criteria for Propsitions", *The Monist*, vol. 77, no. 3, 1994, pp. 294-314 である。引用文献についてのデータは更新した。

編者解説

岡本賢吾

0 はじめに——本書の背景と概要

　ゴットロープ・フレーゲ（Gottlob Frege, 1848-1925）の仕事は、次の二つの点で、論理学の、あるいはより広く哲学全般の歴史の中で、他にあまり例を見ない突出した性格のものだったと評してよいだろう。その一つ目は、この仕事の全体が、ある定まった目標——数学（とりわけ算術）の論理的な再構成を実現すること、より限定して言えば「概念記法（Begriffsschrift, concept-script）」と呼ばれる独自の論理体系を完成すること——に一貫して向けられており、ほとんどもっぱら、そのために必要となる事柄のみについて、ただし徹底した網羅的な仕方で、検討をし尽くしているということである。もう一つは、こうした検討の過程で、従来の論理学・数学・哲学で用いられてきた概念が十分には役立たないという事情を強く自覚し、それらに代えて、いくつもの刷新的で啓発的なアイデア——形式言語の理念、関数抽出の考え、判断及び判断可能内容の概念、文脈原理、記号・内容・表象の区別、**対象**と**概念**の区別、**意義**と**意味**の区別、文の主張力の概念、関数の値域の概念、等々——を次々と案出し、導入したことである。

　こうした、いわば組織化され、また多くの革新を含む彼の仕事の特質を考慮すれば、彼の死後から半世紀近くの間、その実像が大半

の哲学者に十分に理解されず、半ば歴史の中に埋もれるままとなったことも、必ずしも驚くには当たらないだろう。実際、J・L・オースティン、P・T・ギーチ、G・E・M・アンスコム、あるいはC・パーソンズ──本書所収の論文（1965年）を参照──といった少数の優れた理解者を例外として、およそ1970年頃まで、フレーゲの仕事は単に断片的に取り上げられ、恣意的に論及されるのみで、ごく基本的な事柄さえ誤認されることが少なくなかった。ようやく70年代に入って、M・ダメットによる「ブレークスルー」と言ってよい浩瀚な研究──*FREGE : Philosophy of Language* (1st ed. 1973)──が出現し、従来とは一変して、特に言語哲学（自然言語の意味理論）における様々な主題との関わりで、フレーゲの仕事のアクチュアリティ、重要性が、分析哲学の世界で広く認知されるようになる。しかし公平なところ、依然としてこのダメットの解釈も、後年彼自身が認めることになる通り、例えばフレーゲ的な**概念**の関数的性格（不飽和性）をほとんどまともに評価できていないなど、決して満足の行くものではなかった──筆者の見るところ、あまりにも当時の分析哲学の世界の特殊な関心事に引きずられすぎている──と言うべきだろう。この点で一言補足しておけば、ダメットによるその後の成熟したフレーゲ理解の中身については、本書所収の彼の論文（1995年）からよく窺うことができる。

そうした中、80年代に入って、上述のギーチ、パーソンズ、ダメットらの研究を踏まえて登場したC・ライトの著作──*Frege's Conception of Numbers as Objects* (1983)──辺りが一つの契機となり、フレーゲに対する関心は、狭義の言語哲学の範囲を超えて、ラッセルのパラドクスの発見以来、まともな考察対象とされてこなかった彼の数学の哲学にまで拡大され、この分野の研究が急速な隆盛を迎えることになる。とりわけ、その際に大きな役割を演じたのは、論理学者G・ブーロスが本書所収の論文（1987年）を中心に展

開した、ある種の二階算術の体系「フレーゲ算術（FA）」であり、それを用いた「フレーゲの定理」の証明である。こうした論理学上の成果を後ろ盾とする形で、80年代後半から90年代全般にわたり、ライト、及びB・ヘイルといった哲学者が、フレーゲ的論理主義の一つの「改訂再生版」である、いわゆる「新フレーゲ主義／新論理主義」の立場を鮮明に打ち出すことになる。そしてその後、彼らは、この立場に懐疑的・批判的な哲学者たち（実はブーロス自身、そしてダメットもその一人である）との間で、活発な論戦を繰り広げてゆく。本書所収のライト論文（1999年）、ヘイル論文（1994年）は、新フレーゲ主義の詳細な哲学的マニフェストとして、また、反対者に対する彼らの側からの回答・再批判として、最も代表的と言ってよいものである。

このような次第で、分析哲学の世界に視野を限れば、フレーゲの論理哲学・数学の哲学の再評価の動向における、近年の最も代表的なトピックは、いま述べた新フレーゲ主義をめぐる論争であることになるだろう。しかし同時に、このような見方は、残念ながらいささか狭量で、フレーゲの仕事の価値を依然として表層的に見積もるものと言わねばならない。なぜなら、より広い視野に立って、論理学・数学基礎論の専門的研究にまで目を向ければ、実はすでにそれ以前から、フレーゲの概念記法のある種の再生——技術的にも哲学的にも、分析哲学の枠内で行われてきた試みよりずっとラディカルで、進んだ観点を含む独自の再構成——の努力が展開されてきたことが、容易に判るからである。（ここで一言ブーロスの「フレーゲ算術」について補足しておくと、確かにそれは彼の優れた知識と技量に裏打ちされたエレガントな成果ではあるが、しかし論理学・数学基礎論の尺度から見れば、標準的な「古典二階算術（PA2）」の体系にあまり問題のない拡張を施した、ごくありふれた体系の一つであり、敢えて言えばそれは、ライトのように、分析哲学の常識にすっかり収まる

345

範囲のディベートに専念するタイプの哲学者でも容易に自説の補強のために利用できるような、概念的に見て多分に保守的なものであることを忘れるべきではないだろう。)

というわけで本書では、こうした論理学・数学基礎論の分野での、これまであまり取り上げられてこなかった重要な展開にできるだけ多くの読者がアクセスできるよう、まず、その最も代表的な成果と言える、論理学者P・アクゼルの論文（1980年）の抄訳——冒頭の数節の哲学的考察の部分のみを訳出し、その後の技術的展開は訳者解説によって補ってある——を所収した。これはそう誇張でなく「待望の翻訳」と評してよいであろう。もう一つ、技術的には過度に専門的な内容に踏み込むことなく、しかもアクゼル論文と通底する立場——P・マーティン＝レーフの直観主義タイプ理論の観点——から、フレーゲの思想の概念について斬新な再構成を行った試みとしてやはり注目に値する、論理学者・哲学者G・スントホルムの論文（1994年）を収めた。

では、こうした論理学・数学基礎論の分野で展開されるフレーゲ研究は、分析哲学の世界のうちには何も対応物を発見できないのだろうか。確かに、新フレーゲ主義の立場をいくら操ってみても、有効な応答が出て来る望みはあまりありそうにない。しかし他方で、直接の応答を含んではいないとしても、いくつかの注目すべき方向性を打ち出した研究はすでに現れている。その一つは、フレーゲ解釈としての公正さと透徹性の点で新フレーゲ主義の水準をはるかに凌駕する、本書所収のM・ルフィーノの論文（2003年）である。そしてもう一つは、本書収録論文としてすでに名を挙げたもの、つまり、M・ダメットの論文（1995年）である。とりわけ、この論文でダメットが模索し、提案している文脈原理の新たな解釈は、直接にはアクゼルらへの言及を含んではいないものの、彼らが開拓しつつある理論がどのような哲学的意義や射程を持つかについて、いわ

ば先駆的で本質的な解明を与えるものとして読むことが十分に可能である。

近年、日本のフレーゲ研究は、『フレーゲ著作集』全6巻（勁草書房）の完結などもあり大いに進捗したと言えようが、他方で、新フレーゲ主義に代表される比較的新しい動向の紹介は立ち遅れ気味となってきた。本書が意図しているのは、この状況を改善するとともに、さらに新フレーゲ主義を超える動向を読者に提示することである。だが、この点を強調しようとしたため、以上の概観は、新フレーゲ主義に対して必要以上に点の辛いものになったかもしれない。以下では、本書の諸論文における主要なトピックについて、特に読者に馴染みにくいと思われる技術的な事柄を中心に、できるだけ公平で平易な解説を行うべく努めてみよう。その上で、読者各位が自らの考えで判断を下されることを筆者としては望みたい。さらに言えば、これを契機として、今後のフレーゲ研究の展開に一人でも多くの人が注目と理解を持って下さることになれば、本書の目的は十分に果たされたことになるであろう。

1 四つの論理体系——NS・FA・FS・PA2

本書の諸論文では、いくつかの論理体系が話題となっている。その第一はもちろん、ラッセルのパラドクスに陥ったフレーゲ自身の概念記法である。より詳しく言うと、これは、彼の中期の代表作『算術の基礎』(1884年) で素描され、その後の集大成的な著作『算術の基本法則』(第1巻1893年、第2巻1903年) で完全な姿を現したものだが、すぐ後で説明する通り、基本的にはこの体系は、現在の用語で言う「素朴集合論（NS）」の一ヴァージョンだと考えてよい。他方第二は、すでに名を挙げた、ブーロス論文の「フレーゲ算術（FA）」であり、そして第三は、アクゼル論文の「フレーゲ構造

(FS)」である（フレーゲ構造は、正確には、単一の論理体系——シンタクス——ではなく、シンタクスの形へと容易に書き換えることのできるある種のモデルであり、もっと単純化して言えば、このモデルによって特定されるシンタクスの属——本質的な共通性を備えたシンタクスたちのグループ——である）。この三者の関係は、まとめて言えば次のようになる。つまり、FA も FS も、矛盾を含んだ NS をある種の仕方で改訂し再生させようとする理論に他ならない、ということである。ただし FS については、標準的な述語論理の枠組みを大きく抜け出したものなのでひとまず措き、まず NS と FA の関係から見てみよう。

　実は、この両者の関係を考える上では、もう一つの隠れた"登場人物"、すなわち、（やはりすでに名を挙げたが）「古典二階算術(PA2)」——これは「二階ペアノ算術」とも呼ばれる——を考慮に入れた方が判りやすい。というのは、PA2 は、もともとフレーゲ自身が概念記法（彼流の NS のヴァージョン）を用いて再構成しようとした——つまり、論理的に基礎づけようとした——範囲の数学にほぼ相当している（この範囲の数学の直接的な形式化である）と考えてよいからである（歴史的には、PA2 そのものが厳密に定式化されたのは、ほぼヒルベルト・ベルナイス以来のことであるが、しかしその概要はすでに、デデキントやフレーゲによって予見されていたと言ってよいだろう）。実際、フレーゲが直接に取り扱おうとした数学とは、彼の用語で言う「算術」、つまり、自然数論から実数論にわたる範囲である。しかるに PA2 は、以下に説明する通り、ある意味で、この範囲の数学にちょうど適合した、さしあたり望みうるその最善・最強の形式化と見てよいものに他ならない。（ただし、話を複雑化させるようであるが、より詳しく言うと、PA2 の導出をフレーゲ的論理主義の妥当な目標点としてよいかには重大な疑問も残る。実は PA2 では、個体つまり自然数と、それらの個体たちの集合——こ

れは例えば、実数に当たる——の間のタイプ分けが厳格に守られており、併せて言えば、FA でもこの事情はまったく変わらない。しかしこうしたやり方は、一般にタイプ分けから自由な仕方で展開される現実の数学の理論構成とはかけ離れており、フレーゲ自身は、むしろ、こうした現実の数学の構造を反映した形式化を意図していたはずだと考えられるからである。実際、NS は本性的にタイプ分けから自由な理論である。そして実はここで、一旦話題から除外したアクゼルの FS が関係してくる——これは NS のタイプ自由な性格を全面的に保持することを目的として構築された理論である——わけだが、この点についてもひとまず後に譲る。)

　そこでもう一度、NS、FA、PA2 の関係を整理しよう。フレーゲは、NS の一ヴァージョンを用いて、実際に『算術の基礎』及び『算術の基本法則』において、PA2 にほぼ相当する理論を導出してみせた。しかしもちろん、ラッセルのパラドクスゆえに、この彼の導出はそのままでは維持できない。ところで他方、実は FA を用いると、やはり PA2 を導出することができる。しかもそれだけでなく（以下の二点が、本書のブーロス論文の中心トピックである）、(1) FA はラッセルのパラドクスを免れているのはもちろん、もっと強く、その無矛盾性に関して PA2 自身と等価である——どちらか一方が無矛盾であれば、もう一方も無矛盾である——ことが証明できる。(2) さらに、FA における PA2 の導出（簡単に言えば、PA2 の公理すべてを、FA の定理に他ならないものとして証明してやること）というのは、実は、フレーゲが NS を用いて（『算術の基礎』及び『算術の基本法則』で）行って見せた筋道にほとんどそのまま従った仕方で——つまり、フレーゲのやり方を忠実に復元するような仕方で——実行できる、ということである（この点を踏まえてブーロスは、FA における PA2 の導出のことを——あるいは、そうした導出が可能であるという論理学上の事実を——「フレーゲの定理」と呼んで

いる)。というわけで、なぜFAがフレーゲ解釈の世界で注目を集めたかという理由は、以上からよく理解されるだろう。すなわちFAは、フレーゲが行った算術の論理的再構成を、ある意味で文字通りそのまま、しかも現在の基準に照らす限り矛盾の恐れがない仕方で、可能にさせるものだということである。そこでさらに、NS、FA、PA2の構造を説明してみる。

2 PA2とはどのような理論か
―― 自然数論と実数論の形式化

　三者は、基本的には、(古典)二階論理の言語という同じ基盤の上に築かれた、三つの異なった理論である。二階論理とは、要するに、一階論理と同様に個体(フレーゲ的に言えば、**対象**)を代理する変項に対して量化を行うことができる――つまり「$\forall x(...x...)$」(「あらゆる個体xについて、$...x...$」)、「$\exists x(...x...)$」(「ある個体xについて、$...x...$」)という形の式を形成できる――だけでなく、さらに、性質(フレーゲ的に言えば、**概念**であるが、しかし二階論理では、通常、外延性公理が置かれ、同じ外延を持つ性質同士は同一のものとして扱われるので、ここで言う性質ないし**概念**は、実質的には、集合だと考えてよい)を代理する変項も導入されており、これらに対する量化が許される――「$\forall F(...F...)$」(「いかなる性質ないし集合Fについても、$...F...$」)、「$\exists F(...F...)$」(「ある性質ないし集合Fについて、$...F...$」)といった式を形成することができる――ような言語である。もう一点、この言語に特徴的な点は、「二階包括公理」が置かれていることにより、任意の開放式$\Phi(x)$から、この開放式を満たす個体たち(要するに、性質$\Phi(x)$を持つ個体たち)全体の集合を括り出す(抽象する)ことが可能となっている、ということである。もっとはっきり述べよう。通常は表立っては導入されないが、

二階論理の言語には、いわゆる抽象演算子「$\{x|...x...\}$」が含まれていると考えてよい（つまり、原始語として入っていなくとも容易に定義可能である）。これは任意の $\Phi(x)$ に適用されて、「$\{x|\Phi(x)\}$」という複合表現——「抽象ターム」と呼んでおく——を形成し、さらにそれは、次の公理を満たす（以下に登場する「$\in$」は、単に述語づけを代理するだけの飾り文字的なもので、「$x\in\{x|\Phi(x)\}$」は、ふつう通り「x は $\{x|\Phi(x)\}$ のメンバーである」と読んでよい）。

[**抽象タームの公理**]　任意の $\Phi(x)$ を採る。このとき、いかなる個体 y についても、$y\in\{x|\Phi(x)\}$ と、$\Phi(y)$ とは、互いに同値である。
 $\forall y(y\in\{x|\Phi(x)\} \leftrightarrow \Phi(y))$

この公理によって、抽象ターム「$\{x|\Phi(x)\}$」は、まさしく性質 $\Phi(x)$ を持つ個体たち全体の集合を表示する（抽象している）ものと考えてよいことが理解されよう。ただしこのとき（すでに PA2 との関係でも述べたことだが）、一般に純粋な二階論理の言語では、そのように抽象される集合は、決してそれ自体では個体の一つとは見なされず——言い換えれば、抽象ターム「$\{x|\Phi(x)\}$」は常に、一階の「個体ターム」ではなく、二階の「性質（集合）ターム」として扱われる、ということである——、タイプの区別が守られることに留意されたい。

さて、一般の二階論理についてはここまでである。そこで最初に、PA2 から見ることにしよう。ただしそのためには、まず簡単に、PA2 の一階論理版である「古典一階算術（PA1）」（「一階ペアノ算術」）——これについては、おそらく耳にしたことのある読者も多いだろう——を参照しておいた方がよい。PA1 は、要するに、一階論理の言語に個体定項「0」、サクセッサー関数（$x+1$ に当たる関数）記号「S」、さらに加法関数記号「+」と乗法関数記号「・」

とを付け加え、これらの記号の基本的な用法を規定する六個の公理と、一つの推論原理（数学的帰納法図式）とを置くだけのものである。こうした単純な作りにもかかわらず、実は PA1 の中でも、かなり強力な自然数論を展開することができる。しかし PA1 は、標準的な自然数構造 N を（同型を除いて）一意に特徴づけているわけではなく、N とは異なる非標準モデルを無数に持ってしまう。またもちろん PA1 は、個体変項に対する量化はできるものの、二階変項を欠いているため、個体たち（その意図としては自然数たち）の性質、集合といったものをそれ自体として取り扱うことはできない。

　他方 PA2 は、以上のような PA1 を、まさに二階論理に置き移したものである。つまり PA2 では、先に見た二階論理の道具立て（二階量化、抽象ターム、等々）が使えるが、しかしそれ以外の点では PA1 とそれほど異なるわけではなく、「0」「S」「+」「・」を支配する諸公理については PA1 とまったく同じであり、単に、数学的帰納法が二階量化を用いて定式化されているだけである。だがこうした拡張のおかげで、PA2 では以下の二点が実現される。すなわち第一に、PA2 は、標準的な自然数構造 N を（同型を除いて）一意に特徴づけている（いわゆる「N-カテゴリカル」な理論である）。つまり簡単に言って PA2 は、N についてとりあえず望みうる最善・最強の形式理論と考えてよい。しかも第二に、PA2 は、N の様々な部分集合（無限集合も含めて）を扱うことができ、言い換えれば、N のすべての部分集合を集めた集合——これを N の「ベキ集合」と呼ぶ——$P(N)$ 上での集合論を展開することができる。このためそれは実質的には、解析学（実数論）のかなりの部分を含んでいる。こうした意味で（先に触れた留保は残るものの）、「算術」の論理的再構成を目指すフレーゲの立場にとって、PA2 は一つの目標点となる理論と言ってよいものであることが理解されよう。

というわけで、PA2 の位置づけはおおよそ明らかになった。とはいえ、このようなものとしての PA2（に当たる理論）を、わざわざ論理的に再構成する必要があるのはなぜだろうか。つまり、なぜフレーゲは、いきなり PA2（に当たる理論）から始めずに、あくまでそれを NS から導出しようとしたのだろうか。実は PA2 は、一言で言えば、N そのもの（自然数の概念）を前提する理論、つまり、すでに N が出来上がった形で与えられているものとして出発する理論である。なぜなら PA2 は、N を明示的に定義する（より基本的・一般的な諸概念から構成する）プロセスを経ず、単に、その陰伏的な特徴づけを与えるだけだからであり、もう少し詳しく言えば、まず最初に、N に妥当する六個の数学的命題——もちろんそれらは十分基本的なものではあるが——をうまく選び出し、さらに、やはり N に妥当する推論原理としての二階の数学的帰納法をそこに組み合わせて、これらすべてを公理として端的に約定する（要請する）ことにより、この理論のモデルが N（と同型の構造）のみに限られるよう按配してあるだけのものだからである。

これに対して、フレーゲが構想していたのは、簡単に言えば次のようなことに他ならない。すなわち、(1) まったく任意の命題ないし事態（フレーゲ自身の用語では「判断可能内容」ないし「思想」）、(2) そこに登場しうるまったく任意の**対象**（個体）、(3) それらの**対象**について当て嵌まったり当て嵌まらなかったりする、まったく任意の**概念**（性質）や関係、(4) さらには、そうした任意の**概念**によって定まる、外延ないし集合に当たる**対象**（フレーゲの用語では「値域」）という、ごく一般的な諸概念、つまり「論理的」と言えるような諸概念だけを前提として（この辺りのフレーゲの考えについては、ルフィーノ論文が大変啓発的な指摘を数多く行っているのでぜひ参照されたい）、そこから、個々の自然数、それらから成る自然数構造 N、N 上の諸関数、さらには個々の実数、それらから成る

実数構造 R、R 上の諸関数、といった数学的な対象、関数、構造を構成（抽出）して見せる、ということである。彼が NS に期待したのは、まさにこのような基礎づけを可能にさせる基盤理論としての役割だった。そこで次に NS を見よう。

3 NS とはどのような理論か──値域タームの働き

NS は、一言で言えば、二階論理の言語に、次の［**NS の原理**］を導入しただけのものである。

［**NS の原理**］ いかなる抽象ターム「$\{x|\Phi(x)\}$」についても、これを個体タームとして扱ってよい。つまり、このタームが表示する集合は、それ自身、個体の一つだと考えてよい。

要するに NS は、言語的道具立てとしては純粋な二階論理の言語と変わらないが、ただし、抽象タームを個体タームとして扱ってよいと宣言しているところで（つまり、タイプ分けを捨ててしまっているところで）異なる、ということである（さらにこれに伴い、「∈」も、単に述定を代理するための飾り文字を超えた、実質的な関係述語となる）。このとき NS では、例えば「¬$(x{\in}x)$」（「¬」は否定を表す）が適正な開放式として認められるため──［**NS の原理**］を欠いた二階論理の言語では、この式を形成することはできない（無意味である）ことに留意されたい──、そこから抽象ターム「$\{x|¬(x{\in}x)\}$」を形成すれば、直ちにラッセルのパラドクスが帰結してしまうことは、よく知られている通りである。以下では、［**NS の原理**］の下で個体タームとされた抽象タームのことを、（フレーゲの用語に倣い）「値域ターム」と呼ぼう。他方、この原理がなく、二階のタームとして扱われる限りでの抽象タームは、「非-値域ター

ム」と呼ぶ（したがって、例えばPA2に登場する抽象タームは、非-値域タームである）。NSとは、抽象タームがすなわち値域タームであるような二階言語に他ならない。

さて、NSは確かにそのままでは矛盾を含むものの、値域タームという強力な道具立てのおかげで、次のような理論となっている。すなわち、PA2のように自然数概念を前提して始めることなく、第一に、この自然数の概念を、（無限基数まで含む）より一般的な概念である「基数（Anzahl）」の概念から導き直し、さらに第二に、この基数の概念をも、より一般的・論理的な値域の概念から導き直すことができる、ということである（実は他にも、実数概念について興味深い再構成を行うことができるのだが、残念ながらここでは立ち入る余裕がない）。基数というのはフレーゲ自身に由来する概念であるが、要するに、ある**概念**F（ここではフレーゲの用語に合わせて「**概念**」の語を用いるが、すでに述べた通り、一般に二階論理では外延的に等しい諸概念は同一視すると考えてよいので、「概念」と言っても「集合」と言っても同じである）を満たす諸**対象**がどれだけ多くあるかを表現する数——「Fであるものたちはいくつあるか (How many F's are there?)」という問いに対する答えを与える数——のことである。したがって第一義的には基数は、何らかの**概念**Fとの関わりにおいて、この概念の基数として（つまり「**概念**Fに帰属する基数」という言い回しにおいて）捉えられ、定義されるべきものである。では、それは具体的にはどのようなものか。まず、有限なF（たかだか、有限個の諸**対象**が属するだけである**概念**）の範囲で考えれば、もちろんそうしたFの基数とは、0, 1, 2, ... 等の自然数に他ならない。つまり、基数の概念は自然数の概念を含む。しかし同時に、無限なF（無限に多くの**対象**が属する**概念**）も取り扱いの対象となる以上、無限なFに帰属する基数、つまり、自然数を超えた無限基数の存在も認められる（フレーゲ自身は、可算無限の

F に帰属する基数までしか問題にしていないが、ただし、実はこうした彼の無限基数は、ブーロス論文でも示唆されている通り、カントール的な濃度とも順序数とも単純には同一視できない独特の性格を持つ。だがこの点にはここでは立ち入らない)。もう一点、留意しておくべきなのは、一般に基数は、それ自身、一個の**対象**(個体)として捉えられねばならないということである。実際、通常のインフォーマルな数学においても、基数に当たるものは明らかに**対象**として取り扱われている(フレーゲが指摘した通り、「0」、「1」等の基数詞は、固有名として用いられる)。

以上のような考察を踏まえてフレーゲは、「**概念** F に帰属する基数」という言い回しをまさに一定の値域タームとして定義して見せた。その具体的なやり方自体は単純である。まずここで、基数演算子「$Nx:…x…$」というものを導入しよう(これは結局、値域タームを用いて定義し直されるから、原始概念を増やしたことにはならない)。基数演算子は、(NS に属する)任意の開放式「$\Phi(x)$」に適用され、「$Nx:\Phi(x)$」という複合表現(これを「基数ターム」と呼ぼう)を形成する。要するに「$Nx:\Phi(x)$」は、「**概念** $\Phi(x)$ に帰属する基数」と読んでよいものであり、一般に基数タームは、値域タームと同様、個体タームである。さて、**概念** F に帰属する基数は、当然、他の様々の**概念**にも帰属しうるだろう。そのような他の**概念**とは、F と一対一に対応するような概念のはずである。言い換えると、そのような他の**概念**を G とすれば、ある適当な関係 R があって、この R により、F に属する諸対象と G に属する諸対象とが一対一に対応づけられているはずである。つまり次のように言ってよいはずである。

[ヒュームの原理]　いかなる**概念** F、G についても、$Nx:Fx=Nx:Gx$ であるのは、ある関係 R があって、この R により、F に

属する諸**対象**と G に属する諸**対象**とが一対一に対応づけられているときであり、かつ、そのときに限る。

$$\forall F \forall G(Nx{:}Fx \ = \ Nx{:}Gx \ \leftrightarrow \ \exists R(R1\text{-}1[F, G]))$$

ここで、「$R1\text{-}1[F, G]$」は、R によって F と G が一対一に対応づけられることを表すが、それが論理の語彙だけで簡単に定式化できることは、よく知られている通りである(ブーロス論文などを参照されたい)。「$\exists R(R1\text{-}1[F, G])$」を「$F$ と G は等数的である」と言い表すことにしよう。

そこでさらに、以上を逆手にとって次のように考える(実はこれは、一般の数学でも当たり前に用いられるやり方である)。すなわち、**概念** F に帰属する基数とは、要するに、F と等数的であるような**概念** G をすべて集めたもの、つまり、「G は F と等数的である」という**概念**(より正確には、この開放式によって表現される**概念**――ここで「G」は定項ではなく変項であることに注意)そのものの値域に他ならない、ということである。かくして基数タームは次のように定義できる。

[**基数タームの定義**] 任意の**概念** F について、$Nx{:}Fx \ = \ \{G | G$ は F と等数的である$\}$ と定義する。

$$\forall F(Nx{:}Fx \ =_{\text{def.}} \ \{G | \exists R(R1\text{-}1[F, G])\})$$

この結果、上の [**ヒュームの原理**] は、それ自体で約定(要請)される公理ではなく、この定義に基づいて証明される一個の定理となる(つまり、基数の概念が値域の概念から導き出される)。ところで、さらにここからは、もはや値域タームには直接訴える必要なく、基数タームそのものを用いて、

[**0 の定義**]　$0 = Nx: \neg(x=x)$

といった定義を与え、また「x は自然数である」の定義に進んでゆき、結局、PA2（に当たる理論）の公理そのものの導出にまで至ることができるわけだが、ここでこれ以上そうした詳細を追う必要はないだろう。なお、こうした問題、さらには以下で見るFA、及び新フレーゲ主義については、日本語での判りやすい解説がある。それは、飯田隆編『論理の哲学』（講談社）中の、三平正明による第六章「論理主義の現在」である。また、そこでも参考文献として挙げられている田畑博敏『フレーゲの論理哲学』（九州大学出版会）はもっと専門的であるが、やはり大変役に立つ。

4　FAとはどのような理論か
――原始語としての基数演算子

今度はFAを見よう。一言で言えばそれは、パラドクスを避けつつ、PA2の導出を可能とさせるために、NSにおけるような値域タームは捨てて、その代わりに、基数タームだけを残す――基数演算子を原始語として導入する――ことにした理論である。すなわち、(1) 純粋な二階論理に、先ほどと同じ基数演算子「$Nx:...x...$」を付け加え、（FAに属する）任意の開放式「$\Phi(x)$」に適用して、「$Nx:\Phi(x)$」という基数タームを形成することを許す。このとき基数タームは個体タームである（なお、FAにも抽象タームは存在すると考えてよいが、それらはもちろん非-値域タームである）。(2) さらに、基数タームの用法を特徴づけるために、先の [**ヒュームの原理**] をそのまま公理として置く。これがFAに他ならない。

より正確に言うと、実際にはFAでは、基数演算子そのものではなく、**概念** F とその基数である**対象** x とを関係づける二項述語

「η」なるものが導入され——「$F\eta x$」は「**対象** x は**概念** F の基数である」と読んでよい——、また、[ヒュームの原理] そのものではなく、次のような公理が置かれる。

> [**Numbers**] いかなる**概念** F についても，ある一意に定まる**対象** x が存在し、このとき、いかなる**概念** G についても、$G\eta x$ であることと、$\exists R(R1\text{-}1[F, G])$ であることとは同値である。
> $$\forall F \exists!x \forall G(G\eta x \leftrightarrow \exists R(R1\text{-}1[F, G]))$$

[**Numbers**] と [ヒュームの原理] が等価であること、また、「η」を用いれば「$Nx:...x...$」が定義でき、その逆もできること、等は、二階論理の中で容易に証明できる。

さて、フレーゲが行った NS での PA2（に当たる理論）の導出のうち、ひとたび基数タームが定義され、[ヒュームの原理] が証明されて以降のプロセスについては、上でも若干示唆したが、実はもはや直接には値域タームに訴える必要がない。まさにこのために、FA はこのプロセスを、ほとんどそのまま再現することができる（実はこれに相当する論点は、インフォーマルな仕方では、すでにライトが先に名を挙げた彼の著作で指摘していただけでなく、それ以前にパーソンズ論文でもかなり詳しく述べられていたし、さらにはパーソンズがそこで論及している通り、遡ってギーチによっても予見されていた）。他方また、ブーロス論文にある通り、FA に登場する各々の基数タームを PA2 の一定の数詞「$S(...S(0)...)$」で適当にコード化してやれば、FA の式をすべて PA2 の式に翻訳することができ、さらにこのとき、FA の定理の翻訳は、すべて PA2 の定理となることが示せる（特に、仮に FA で矛盾式が証明されれば、これは PA2 の矛盾式に翻訳され、しかも PA2 の定理となってしまうので、FA が矛盾すれば PA2 も矛盾する、言い換えれば、PA2 が無矛盾ならば FA

も無矛盾である、と言える)。先に第1節の終わりで「FA は、フレーゲが行った算術の論理的再構成を、ある意味で文字通りそのまま、しかも現在の基準に照らす限り矛盾の恐れがない仕方で、可能にさせるものだ」と述べたのは、この意味においてである。

では、このようなものとしての FA を、哲学的にはどう評価しうるだろうか。まず明らかなのは、FA は、フレーゲが NS によって行おうとした二段階の概念的な導出――自然数概念を基数概念から、さらに、基数概念を値域概念から、導出すること――のうち、たかだか第一段階しか果たしておらず、十分に「論理的」「一般的」と言えるような概念的レベルまで導出が掘り下げられていない、ということである。この意味で、ルフィーノ論文が詳しく解明している通り、フレーゲ自身の論理主義の構想から見るならば、FA がおよそ満足の行く基盤理論でありえないことは明らかである(さらに、すでに触れた、FA が厳格なタイプ分けを守り、そこから抜け出られない――例えば、通常数学で行われるような仕方で、自然数＝個体と、実数＝集合とを、同等のレベルの対象として取り扱うことができない――という問題もある)。とはいえもちろん、それだけで話が終わってしまうわけではないだろう。新フレーゲ主義の立場からライトやヘイルが主張するのは、最も基本的には、[**ヒュームの原理**]それ自体が、ほとんど「論理的真理」「分析的真理」と言ってよいような性格のものであり、しかもこの原理だけから、基数という無限に多様な抽象的対象の存在が帰結する以上、そうした無限な抽象的対象の存在を受け入れることが、意味理論的・認識論的に十分に正当化される(抽象的対象の存在を、何らかの唯名論的・物理主義的な仕方で存在論的に還元しようとする必要はない)ということである。

ここで筆者自身の意見を言ってよければ、確かに、そうした存在論的還元など行われなくとも、無限な抽象的対象の存在を受け入れることが正当化されるというのは、おそらく正しい。しかし同時に、

この主張のために［ヒュームの原理］を持ち出すのはいかにも的外れである。冷静に考えてみよう。そもそも、たかだか命題論理の言語を採っただけでも、実はすでにそこにおいて、無限に多くの対象の存在は幾重にも前提されている。原始命題記号を始めとして、この言語のシンタクスを形作る諸シンボルは、いずれも少なくとも可算無限ないし潜在無限でなければならないし、さらに何より、証明という、やはり無限に多様なシンボル構成が存在する（一般に、命題論理の一つの定理ごとに無限に多様な証明構成が存在する）。しかも、ここではこれ以上立ち入らないが、こうしたシンボル構成は、単に無限であるのみならず、ヒルベルトからゲーデル、ゲンツェン以来の現代証明論が示してきた通り、少なくとも再帰的関数レベルの十分に豊かな数論的構造を体現している。無限に多様な対象の存在──むしろ、より適切には、無限構造──の意味理論的正当化という問題をまともに探究するのであれば、「論理的真理」「分析的真理」と言えそうなものを見つけ出すといった、恣意的で因習的な試みに入り込む前に、この種の証明論的・シンボル論的考察に向かうべきである。この事情を予感さえしていない新フレーゲ主義者は、論理から何を学び取るかという点において、あまりに素朴で稚拙だと言わねばならない。

　さらに、より重要と思われる FA の概念的弱点として次がある。FA では、抽象演算子は、二つのもの──非-値域タームを形成するための元来の二階論理の抽象演算子と、基数演算子──に分離されており、しかもこのとき、基数演算子は［ヒュームの原理］によってその用法が部分的に特徴づけられているだけである（この原理は、その左辺で「＝」の両側に基数タームが登場してしまっているため、フレーゲがすでに『算術の基礎』で指摘していた通り、基数ターム同士の同一性基準しか述べておらず、一つの基数タームと他の任意の個体タームとの間の同一性条件を与えていない）。この結果、抽象

演算子（ラムダ演算子）が本来どのような論理的・数学的射程を持ちうるかという関心から見たときには、FA はあまり豊かな事柄を教えることができない。もちろん、FA のような形式体系が存在すること自体には何の問題もないし、それが種々の目的に有用で啓発的でありうることも当然である。しかしながら、もともと抽象演算子（とりわけ、タイプ分けから自由なそれ、つまり NS におけるような値域演算子）は、文脈原理の考え──大まかに言って、語あるいはシンボルの意味は、その語ないしシンボルを含むより大きな脈絡、つまり典型的には文における、当の語ないしシンボルの振る舞い、機能によって定まる、という考え──と一体化して、フレーゲの論理哲学・数学の哲学の核心と言ってよい部分を形作っていた要素であり、これはおそらく、狭義における彼の論理主義の考えがどのようなものであったか、果たしてそれは成功の望みがあるか、といった問題を超えた、より射程の大きい哲学的興味を備えていると言うべきであろう。そしてこのように考えたとき、FA や新フレーゲ主義よりずっとアクチュアリティを持って浮かび上がってくるのが、ダメット論文における文脈原理の考察であり、またアクゼル並びにスントホルムの論文である。そこで以下では、最後として、アクゼル論文の背景にある考えをダメット論文を参考にしながら簡単に解説してみることにする。

5　NS から FS へ──文脈原理の一つの徹底化

もう一度 NS に戻ろう。この理論を、古典二階論理という言語的枠組みを地盤に据えて、その上に値域タームが組み込まれたものと見てしまうと（実際、第 3 節ではまさにそのような述べ方をしたわけだが）、NS の改訂の余地としては、(1) FA におけるように、非-値域タームと基数タームだけを残して値域タームは丸ごと捨ててし

まうか、あるいは (2) たかだか、値域タームの形成に制限を加える——「{x|...x...}」という演算子を、任意の $\Phi(x)$ に適用することを禁じて、何らかの範囲の開放式だけに限る——といった方策程度しか思い当たらない。しかし逆に、(3) 値域タームの形成を随意に許し（したがって [**NS の原理**] は受け入れるわけである）、ともかく [**抽象タームの公理**]（第 2 節参照）を中心とする理論を作るとすると——このときパラドクスの回避は、文結合子や量化子の働きを一定の仕方で改変すること（いわゆる論理の改訂）によって図られることになる——、事情はどうなるだろうか。

一見すると、(3) の路線は、およそフレーゲの考えに反するもののように思えるだろう。実際、フレーゲ自身は、論理の改訂には異を唱えた公算が高い。しかし、彼が提起した文脈原理の考えを重視した場合には、(3) は決して奇異ではないことが判る。まず、もう一度 [**抽象タームの公理**] を見よう。

[**抽象タームの公理**]　任意の $\Phi(x)$ について、
　　$\forall y(y \in \{x|\Phi(x)\} \leftrightarrow \Phi(y))$

「$\{x|\Phi(x)\}$」の用法は、基本的にはこの公理によって約定されるだけであるから、この公理はまさにこのタームの意味を定めるものと考えてよい。さらに、ここで「∈」は、先にも述べたが、さしあたり「$\{x|\Phi(x)\}$」が対象 y に述語づけられることを表す「飾り文字」にすぎないから、結局次のように言える。つまりこの公理は、「$\{x|\Phi(x)\}$」の意味を、それが任意の対象 y に述語づけられたときに何をもたらすか、言い換えれば、「$\{x|\Phi(x)\}$」が、それを含む文(式)「$y \in \{x|\Phi(x)\}$」の中でどう振る舞い、どう機能するかを明示することによって定めている、ということである。では、具体的には、それはどう定められたことになるのか。一見トリヴィアルに思

えるかもしれないが、その答えは、この公理の右辺にある通り、文「$y \in \{x|\Phi(x)\}$」は「$\Phi(y)$」と同値であるということ、言い換えれば、文「$y \in \{x|\Phi(x)\}$」における「$\{x|\Phi(x)\}$」の機能とは、この文全体を「$\Phi(y)$」と等価なものとさせることにある、ということである。

かくして、[**抽象タームの公理**]が、基本的には文脈原理の考えをほとんどストレートに体現するものであることが理解されるだろう。実は、このような仕方であるタームの意味、用法を定めるというのは、現代では、一般の数学でも論理学でもごく当たり前に適用される方法である(種々の関数や演算子の定義ないし用法は、このような仕方でその機能を特定することによって与えられる)。またここではこれ以上立ち入らないが、他ならぬフレーゲ自身、『算術の基本法則』において、値域タームの場合に限らず、任意の関数表現の意味を定める際にこうした手法を採っていたことが判る(ダメット論文の第8節などに参考になる記述がある)。

ただし、ここまで述べたのは、それ自体では、[**抽象タームの公理**]だけから言える一般論であって、(3)の路線のさらなるポイント、つまり [**NSの原理**] を採用しようとすること(抽象タームを個体タームとさせること、もっと一般的に言って、タイプ分けを捨ててタイプ自由な理論に進むこと)の意味については、もう少し踏み込んだ考察が必要である(実際、この原理が採用されると、やはりすでに述べた通り、「$\in$」はただの述語づけの「飾り文字」にとどまらない、対象間の何らかの実質的な二項関係を代理する機能を持つようになる)。

一言で言って、[**NSの原理**] を採用するとは、以上のように、文脈原理に従ってその意味を定められるターム「$\{x|\Phi(x)\}$」によって、同時に、数学理論(さしあたりは算術)の基礎的な対象領域そのものをも供給しようとすることだ、と考えてよいだろう。実はこの点でも、ダメット論文に参考になる解説がある。すなわち彼は、

「文脈原理は次のことを要求しているように見える。つまり、ある形式言語の解釈を定めるとき、まず変数の走る対象領域を規定し、そのあとで初めて原始記号の**意味**をその領域に即して約定する、といったやり方を試みるべきではなく、その二つの課題を同時に遂行する必要がある、ということである」(24頁)と述べるが、ここで生じているのは、まさにこうした「二つの課題」の同時的な遂行ということだと見てよいと思われる。

というわけで、ここで言う(3)の路線は、それが実際に遂行されれば、ある種の仕方における文脈原理の観点の徹底化と見なしうるものとなることが理解されよう。すでに予想されたであろう通り、筆者の見るところ、アクゼル論文に展開されているFSとは、まさにこの(3)そのものの路線を追求した一つの試みに他ならない。もはや冗長になりすぎたので、これ以上詳細には立ち入らないが、アクゼル自身の的確な叙述と訳者解説から、どうか以上の点を自ら読み取っていただくよう読者にお願いする。そして最後に、ここでは紹介し切れなかったスントホルムの論文まで含めて、フレーゲの論理哲学・数学の哲学のうちには、概念的にも技術的にも、現代の先端的な諸問題に直結する洞察が豊かに含まれている点を指摘して、この解説の結びとしたい。

本書は、金子洋之と筆者が協力して編集したオリジナルの論文集であるが、実際の編集作業の多大な部分を担ったのは金子である。特に、目配りの行き届いた論文の選択は、ほとんどもっぱら金子の眼力によることを明記しておきたい。また、勁草書房の土井美智子氏には、言葉では申し上げようのないほどお世話になった。編者の一人として、改めて心よりお礼を申し上げさせていただく。

人名索引

あ 行
アクゼル Aczel, P.　303
アンセルムス Anselmus　262
ヴァン・ハイエノールト van Heijenoort, J.　15, 16, 22, 24, 27, 28
ウィア Weir, A.　146, 158, 164–165
ウィトゲンシュタイン Wittgenstein, L.　64, 69, 77, 208, 310, 311, 314

か 行
カリー Curry, H. B.　271, 303
カント Kant, I.　2, 3, 8, 9, 72, 99, 109, 243, 244, 313
カントール Cantor, G.　59, 103, 130, 185, 229
ギーチ Geach, P.　49
クワイン Quine, W. V.　10, 29, 40–41, 58, 73, 123, 223, 240, 241, 324
ゲーデル Gödel, K.　77
ケリー Kerry, B.　180, 186
ゲンツェン Gentzen, G.　319

さ 行
ジャーデイン Jourdain, P.　178, 196
シャピロ Shapiro, S.　146, 153, 158
シュタイナー Steiner, M.　76–77
シュレーダー Schröder, E.　188, 199, 201, 213
シルン Schirn, M.　182, 206
スコット Scott, D.　270, 297

スルガ Sluga, H.　183

た 行
ダメット Dummett, M.　45–47, 51, 56, 115, 130, 142, 163, 165, 176–177, 255, 319
タルスキ Tarski, A.　282, 283, 303, 323
チャーチ Church, A.　271
ツェルメロ Zermelo, E.　44, 265
ティール Thiel, C.　183
デデキント Dedekind, R.　138
デモプーロス Demopoulos, W.　115, 162
トレルストラ Troelstra, A.S.　323

な 行
ニュートン Newton, I.　229

は 行
バージ Burge, T.　182
バージェス Burgess, J.　84–85, 89, 256
パーソンズ Parsons, C.　111, 162
パーソンズ Parsons, T.　182
バートレット Bartlett, J.　182
ハイティンク Heyting, A.　315, 317, 318, 337
パトナム Putnam, H.　25, 29
パパート Papert, S.　64–67, 76–77
ヒューム Hume, D.　243

367

ヒルベルト　Hilbert, D.　　28, 64, 72, 87
ヒンティッカ　Hintikka, J.　　15, 16, 22, 24, 27, 28
ファン・ダーレン　van Dalen, D.　　323
フィールド　Field, H.　　119-120, 135, 224-232, 238-246, 256, 257, 260-262
フィッチ　Fitch, F.　　271
フーリエ　Fourier, J.　　229
ブール　Boole, G.　　187, 211, 213
ブーロス　Boolos, G.　　113-115, 120, 122-132, 162, 166, 171, 173
フェファーマン　Feferman, S.　　270
フォン・ノイマン　von Neumann, J.　　44, 101
フッサール　Husserl, E.　　213, 327, 328, 330
プラウィッツ　Prawitz, D.　　320
ブラウワー　Brouwer, L. E. J.　　64, 72, 312, 315
ブレンターノ　Brentano, F.　　310
ペアノ　Peano, G.　　59, 60, 81
ヘイル　Hale, B.　　122, 141, 162-163, 166
ヘック　Heck, R.　　115, 131, 174
ベナセラフ　Benacerraf, P.　　61, 222, 225
ポアンカレ　Poincaré, H.　　64, 66, 69, 72, 77
ホーズ　Hodes, H.　　84-85, 166
ボルツァーノ　Bolzano, B.　　313, 314, 323

ま 行

マーティン＝レーフ　Martin-Löf, P.　　271, 318, 337
マルティ　Marty, A.　　327
メンパー　Mäenpää, P.　　337

ら 行

ライト　Wright, C.　　85, 111, 171, 172, 258, 262, 263
ライプニッツ　Leibniz, G. W.　　82, 112, 310
ラッセル　Russell, B.　　4, 5, 10, 81, 83, 87, 108, 163, 303, 310, 314
ランタ　Ranta, A.　　337
ルイス　Lewis, D.　　238, 259
レズニク　Resnik, M.　　28
ロッツェ　Lotze, H.　　213

わ 行

ワン　Wang, H.　　64

事項索引

あ 行

悪循環原理　163
アプリオリ　71, 115, 234
意義　3-9, 11-13, 17-20, 22, 31, 40, 45, 46, 271
一対一対応　57, 88, 159-161
意図（志向）　316
意味　4-20, 22, 23, 31
意味内容と表示されるもの　6, 8-10, 12, 13, 17
意味の理論　32
意味論　15, 16, 23, 31, 33
意味論的値　16, 31, 33
意味論的理論　16, 19, 24, 26, 29, 33
入れ替え論証　16, 20, 33, 34
嘘つきのパラドクス　146
宇宙のサイズ　150, 154-155
穏健性　144, 155, 158

か 行

外延　30, 80, 92-93, 104, 171, 172, 174, 191, 195, 197, 205, 266, 289
外延主義　188, 199, 201-203, 207, 213
外延性公理　101
外的定義可能性　267
概念　7, 8, 20, 34, 35, 38, 80, 181, 183, 191
　——間の同一性　192, 207
　——に帰属する（基）数　2, 56, 80, 184, 252
　——の外延　2, 18, 34, 49, 55, 174, 178, 179, 183-186, 194, 200
　——の内包　201
　——のもとに属する　38, 44, 80, 189-191, 253
「概念馬のパラドクス」　180
確実性　123
確定記述　3-6, 184, 282
カテゴリーミステイク　194
可能世界　248-253
カリーのパラドクス　146, 303
関係　20, 35
還元（主義）　17, 64, 65, 179
関数量化　281
カントールのパラドクス　80, 129
規準　69
基数　3, 52, 129, 172　→　濃度も参照
　有限——　118, 251
　——の同一性基準　253
基数オペレータ　2, 116, 124, 139-142
帰納的定義　65, 67-69
基本法則（Ⅴ）　→　公理（Ⅴ）を参照
共範疇的表現　10, 33
極限型到達不能基数　144, 149, 154-155
議論領域　50, 51, 61
クラス　62, 63, 199, 200, 205, 213
クラス計算　197
グラフ　194
クレタ人のパラドクス　146
「経験主義の二つのドグマ」　114
原始再帰算術　102

高階（述語）論理　62, 136-139, 240
後者型到達不能基数　144, 146, 151
構成　317
合成　273
後続（後者）関係　59
後続（後者）関数　71
公理（V）　25, 33, 51, 105-106, 148-149, 171, 172, 174, 177, 189, 192, 195, 204, 207, 209-212, 278
個数言明　183
誤謬推論　233
固有名　3-5
コンビネータ論理　271, 302

さ　行

再帰的枚挙可能　270
際限なき拡張可能性　129, 130, 163
最小不動点　267
再認命題　40
算術の言明の意味の認識論　139-141
算術の言明の真理性　139
シーザー問題　→　ジュリアス・シーザー問題を参照
指示　3, 16, 18, 21, 25, 26, 30, 271
指示性　209
指示対象　30, 46
自然主義　232
自然数　94, 159
思想　6, 202, 309, 314, 315
実在論　25, 26, 225, 255
実数論　165
集合　129, 266, 304
集合論　61, 288, 289
　――的パラドクス　63
充足理由律　310
自由変項　50
述語論理　61
種（別）概念　128, 163, 251
ジュリアス・シーザー（ユリウス・カエサル）問題　22, 24, 175, 204
順序数　129, 268
証明　311
　カノニカルな――　319
　直接――　319
証明行為　313
証明-対象　317, 331, 332
証明論的意味論　311, 323, 331, 336
新フレーゲ主義　119, 171-172
真理　274
心理主義　207, 214
真理条件　46
真理値　178, 202, 309
真理の定義不可能性　282, 283
真理メイカー（図式）　309, 311, 322, 341
数学的帰納法　90
数学的真理　240, 260
数的同値　42, 44, 60
スコット領域理論　298
スコット連続性　298, 300
整列順序　153
阻却可能　123
束論的モデル　270
礎石　196
祖先関係　96
祖先的前者　159
存在仮定　83
存在言明　245
存在汎化　40
存在論的コミットメント　243, 244, 253, 261
存在論的証明　262
存立　310

た　行

対角線論法　295
対象　8, 39, 80
『対象としての数というフレーゲの考え

方』 111, 159, 172
対象領域 15, 18, 24, 25
第二不完全性定理 77
単称名辞(単称名) 3, 4, 6, 14, 31, 69, 209
単調増加作用素 267
値域 18, 22, 25, 33, 34, 51, 55, 174, 179, 191-194, 197, 277
値域作用素 191
値域の同一性規準 25, 33, 34, 193, 212
値域名 17, 19, 20, 25, 29, 34
知識の因果説 222-225, 235, 254
チャーチ数詞 294
チャーチの提題 270
抽象(化)原理 121, 134-136, 144-158, 173
抽象的対象 17, 26, 177, 221
直続 93-95, 100
直観 9
直観主義タイプ理論 → マーティン=レーフの型理論を参照
直観主義(命題)論理 315, 323
ツェルメロ-フレンケル集合論(ZF) 89-90, 125-126, 137, 265
定冠詞 83, 180, 183, 185, 207
定理 313
『哲学探究』 45, 75
デデキント無限 107
同一性(congruence) 327
同一性言明 193
同一性テーゼ 182, 183, 185, 186
「同一性なくして存在者なし」 40, 324
同一なものの代入可能性の原理 → ライプニッツの原理を参照
等価性 327
等号 82
等数性(等数的) 29, 42, 81, 83, 92, 104, 121, 172, 184
同値類 44

独我論 233
ドンキー文 337

な 行

内在主義 14-16, 21, 25
内的定義可能性 267, 283, 300, 302
内包主義 199, 201-203, 213
内容 3, 6, 11-13
二階算術 90, 123
二階(述語)論理 58, 60, 62, 79, 86, 141, 173, 198
二値性 309, 310
『人間本性論』 84
認識論 237
認識論的制約 139, 142
濃度 86, 88, 103

は 行

汎関数 273
反実在論 225, 229
半順序集合 297
反ゼロ 125, 127
判断 310, 313
判断可能な内容 6, 196
反復階層的集合観 201, 265
非因果的説明 226, 227, 235, 236
非可述的 52, 62, 63, 291
非実在論 233, 258
非推論的信念 233
必然性 235, 239, 243, 260
必然的真理 115, 222, 223, 230, 237
ヒュームの原理 84, 88, 93, 98, 113-143, 162, 173, 174, 177, 198, 204
表象 8-9
不可欠性論証(クワイン=パトナムの) 257
付加公理 101
不完全(記号) 10, 180
複合観念 310

物化　10
不動点　303
普遍概念　185
普遍的記号言語　196
不飽和　10, 180
プラトニズム　221-227, 231, 234, 236, 239, 246-247, 253, 255
ブラリ-フォルティのパラドクス　165
フレーゲ構造　266, 269, 272, 277, 280, 283-285, 300-307
フレーゲ算術（FA）　81-109, 123, 125, 131, 140-142
分岐階層　52
分岐量化子　85
分出公理　101
分析性（分析的）　109, 113-114, 123, 137-138, 143, 210
分析的真理　118
文脈原理　1-3, 7, 11, 14, 17, 19, 22, 24, 45, 47, 51
文脈的定義　2, 19, 53
ペアノ算術　101, 132, 140, 173
ペアノの公理（公準）　99, 138, 162
ヘテロロジカル　146-147
変形　181
包括公理　83, 87-91, 279, 282, 288, 289
包含関係　199, 200
方向　7, 119-120　→　（DE）も参照
補概念　124
保存性（保存的）　135-136, 144, 150-158, 164, 228, 230-231, 257
本質主義　260

ま　行

マーティン＝レーフの型理論　269, 318, 338
無限公理　108
無限数　102

無矛盾　106, 173
無矛盾性（証明）　15, 24, 25, 28, 79, 87, 227-9, 231, 258
　　相対的――　102, 173
明示的定義　2, 48, 49, 67-68, 242
命題　274, 313, 315
命題関数　266, 275, 280, 287, 291, 304
命題それ自体　314
メンバーシップ関係　199, 200
モードゥス・ポネンス　66-67, 319

や　行

厄介原理（NP）　134-136, 144
唯名論　142, 230
唯名論化（物理学理論の）　257
有限算術　132-133
有限数　94

ら　行

ライプニッツの原理　40, 189, 194
ラッセルのタイプ（型）理論　60, 111, 265
ラッセル（の）パラドクス　24, 33, 43, 60, 80, 86, 92, 103, 107, 109, 145, 172, 174, 183, 208, 209, 265, 266, 271, 279, 289, 291, 303, 304, 307, 340
ラムダ計算　266, 267, 269, 292
ラムダ項　293-295
ラムダ抽象　272
領域計算　188, 200
量化　50
量化可能性　41
累積階層的集合観　→　反復階層的な集合観を参照
類に属する勝手な対象（generic object）　290
連続体仮説　63
ロビンソン算術（Q）　90
論理主義　1, 17, 37, 70, 103, 107, 108,

130, 172, 198, 206, 210, 241, 287, 290
論理積　188
論理的帰結　232, 234-236, 261
論理的真理　72
　　厳格な——　244, 245
論理的対象　43, 44, 55, 109, 171, 175, 176-180, 195, 197-198, 205, 212
論理的必然性　234, 240, 243
　　——についての厳格な観点　240-243
論理の認識的有用性　321
論理和　188

わ　行
「悪い仲間」による反論　135-137

欧文・記号
C - 同一性　190-191
CFA_1　269
(DE)　117, 166
D 抽象　145, 149-155, 167
FA　→　フレーゲ算術を参照
N - 標準的　268
NP　→　厄介原理を参照
Nq　141, 158-162
Numbers　83, 87, 91, 105-108
ω - 標準モデル　269
Rule(V)　→　公理(V)を参照
SuperRussell　105-106
ZF　→　ツェルメロ - フレンケル集合論を参照

フレーゲの著作・論文索引

『概念記法』(1879)　　6, 79, 94, 97, 100, 109, 196, 324, 334, 335
「ブールの論理計算と概念記法」(1881)　　187
『算術の基礎』(1884)　　1, 6-7, 11, 37, 80, 97, 100, 103, 108, 113, 166, 171
「算術の形式的理論について」(1885)　　185
「関数と概念」(1891)　　3
「概念と対象について」(1892)　　171, 175
「意義と意味について」(1892)　　325
「意義と意味詳論」(1892-95)　　189, 194, 197, 201, 208
『算術の基本法則』(1893/1903)　　1, 6, 9, 11, 47, 79, 110, 171, 265, 266, 271, 277, 278, 280, 285, 309
「E・シュレーダー『論理代数講義』における幾つかの点についての批判的解明」(1895)　　188
「論理学」(1897)　　326
「論理学入門」(1906)　　327, 330
「私の論理的教説概観」(1906)　　330
「シェーンフリース「集合論の論理的パラドクス」について」(1906)　　178, 192
『思想』(1918)　　311

原著者略歴

マイケル・ダメット (Michael Dummett)

1925年ロンドン生まれ。オックスフォード大学クライスト・チャーチ校で学ぶ。オックスフォード大学ウィカム講座教授 (1979〜1992年)。現在、同名誉教授。

主著：*Frege : Philosophy of Language* (Duckworth, 1973, 1981), *Truth and Other Enigmas* (Duckworth, 1978, 邦訳『真理という謎』藤田晋吾訳、勁草書房), *The Interpretation of Frege's Philosophy* (Duckworth, 1981), *The Logical Basis of Metaphysics* (Duckworth, 1991), *Origins of Analytical Philosophy* (Duckworth, 1993, 邦訳『分析哲学の起源』野本和幸他訳、勁草書房), *Truth and the Past* (Columbia University Press, 2004, 邦訳『真理と過去』藤田・中村訳、勁草書房) 他多数。

チャールズ・パーソンズ (Charles Parsons)

ハーバード大学で学士号および博士号を取得。1965年より二〇有余年に渡りコロンビア大学で教鞭を取った後、1989年よりハーバード大学。1991年エドガー・パース教授を任ぜられる。2005年に退官し、現在はハーバード大学名誉教授。

主著：*Mathematics in Philosophy : Selected Essays* (Cornell University Press, 1983). 現在、*Mathematical Thought and Its Objects* と題した著書を執筆中。

ジョージ・ブーロス (George Boolos)

1940年生まれ。マサチューセッツ工科大学の哲学教授であったが、1996年死去。集合論、二階の論理、フレーゲ研究、provability logic などにおいてさまざまな仕事を残している。

主著：*Computability and Logic* (Cambridge University Press, 4th edition, 2002, 共著), *The Logic of Provability* (Cambridge University Press, 1993).

クリスピン・ライト (Crispin Wright)

現在、セント・アンドリューズ大学教授、コロンビア大学客員教授。数学の哲学、論理学の哲学、言語哲学、ウィトゲンシュタイン、フレーゲ等について膨大な論文・著書がある。

主著：*Wittgenstein on the Foundations of Mathematics* (Duckworth, 1980), *Frege's Conception of Numbers as Objects* (Aberdeen University Press, 1983), *Realism, Meaning and Truth* (Blackwell, 1987, 1993), *Truth and Objectivity* (Harvard University Press, 1992), 他。

マルコ・ルフィーノ (Marco Ruffino)

リオデジャネイロ連邦大学哲学科所属。他に論文 'Extensions as Representative Objects in Frege's Logic' (*Erkenntnis*, 53, No. 2, 2000), 'Logical Objects in Frege's Grundgesetze, section 10' (E. Reck (ed.), *From Frege to Wittgenstein*, Oxford, 2002) などがある。

ボブ・ヘイル (Bob Hale)
1945年オルダーショット生まれ。現在、シェフィールド大学教授。主として、数学の哲学、フレーゲの実数論、数学と様相の関係について多数の論文がある。
主著：*Abstract Objects*（Blackwell, 1987）, *The Reason's Proper Study*（Oxford University Press, 2001, Crispin Wright との共著）, *A Companion to the Philosophy of Language*（Blackwell, 1997, Crispin Wright との共編）.

ピーター・アクゼル (Peter Aczel)
現在、マンチェスター大学計算機科学科および数学科教授。
主著：*Non-Well-Founded Sets*（CSLI, 1988）.

ヨラン・スントホルム (Göran Sundholm)
1953年スウェーデン生まれ。現在、ライデン大学哲学科教授。主として、論理学史や直観主義論理の意味論、証明論的意味論を研究分野とし、多数の論文がある。
主要論文：'Proof Theory and Meaning'（*Handbook of Philosophical Logic*, vol. 3）, 'Constructions, proofs and the meaning of the logical constants'（*Journal of Philosophical Logic*, 12, No. 2. 1983）.

編者・訳者紹介（＊は編者）
岩本　敦（いわもと　あつし）
1973年、東京都生まれ。東京大学大学院人文社会系研究科博士課程在籍。麗澤大学非常勤講師。

小川芳範（おがわ　よしのり）
1962年、愛知県生まれ。慶應義塾大学 21世紀 COE 人文科学研究拠点リサーチフェロー。

井上直昭（いのうえ　なおあき）
1972年、長野県生まれ。筑波大学人文社会科学研究科哲学・思想専攻助手。

津留竜馬（つる　りょうま）
1971年、東京都生まれ。日本大学文理学部非常勤講師。

須長一幸（すなが　かずゆき）
1970年、栃木県生まれ。新潟大学特任助教授。

長谷川吉昌（はせがわ　よしまさ）
1964年、大阪府生まれ。札幌大学非常勤講師。

土谷岳士（つちや　たけし）
　1969 年、東京都生まれ。東京都立大学大学院人文科学研究科哲学専攻。

金子洋之（かねこ　ひろし）＊
　1956 年、北海道生まれ。専修大学文学部教授。

岡本賢吾（おかもと　けんご）＊
　1957 年、東京都生まれ。首都大学東京都市教養学部助教授。

フレーゲ哲学の最新像　　双書 現代哲学 5

2007 年 2 月 20 日　第 1 版第 1 刷発行

編者　岡本賢吾
　　　金子洋之

発行者　井村寿人

発行所　株式会社　勁(けい)草(そう)書房

112-0005　東京都文京区水道2-1-1　振替　00150-2-175253
　　　　（編集）電話 03-3815-5277／FAX 03-3814-6968
　　　　（営業）電話 03-3814-6861／FAX 03-3814-6854
　　　　　　　　　　　　　　　　　　　　　理想社・鈴木製本

© OKAMOTO Kengo, KANEKO Hiroshi　2007

ISBN978-4-326-19951-8　　Printed in Japan

JCLS ＜㈱日本著作出版権管理システム委託出版物＞
本書の無断複写は著作権法上での例外を除き禁じられています。
複写される場合は、そのつど事前に㈱日本著作出版権管理システム
（電話 03-3817-5670、FAX03-3815-8199）の許諾を得てください。

＊落丁本・乱丁本はお取替いたします。

http://www.keisoshobo.co.jp

▼双書 現代哲学　最近二〇年の分析的な哲学の古典を紹介する翻訳シリーズ
[四六判・上製、一部仮題]

フレッド・ドレツキ／水本正晴訳　　　　　　　　　　　3570 円
行動を説明する　因果の世界における理由

柏端達也・青山拓央・谷川卓編訳　　　　　　　　　　　3570 円
現代形而上学論文集
（ルイス、メリックス、インワーゲン、キム、デイヴィドソン、プライアほか、サイモンズ）

ジェグォン・キム／太田雅子訳　　　　　　　　　　　　3150 円
物理世界のなかの心　心身問題と心的因果

スティーヴン・P・スティッチ／薄井尚樹訳　　　　　　3675 円
断片化する理性　認識論的プラグマティズム

岡本賢吾・金子洋之編　　　　　　　　　　　　　　　　3990 円
フレーゲ哲学の最新像
（ダメット、ブーロス、ライト、パーソンズ、ルフィーノ、ヘイル、アクゼル、スントホルム）

デイヴィッド・ルイス／吉満昭宏訳　　　　　　　　　[以下続刊]
反事実的条件法

クリストファー・チャーニアク／柴田正良監訳
最小合理性

ラリー・ラウダン／戸田山和久・小草泰訳
科学と価値

ナンシー・カートライト／戸田山和久監訳
物理法則はどのように嘘をつくか

ジョン・エチェメンディ／遠山茂朗訳
論理的帰結関係の概念

＊表示価格は 2007 年 2 月現在。消費税は含まれております。